"田野·村落·文化"丛书（第一辑）

主　编：谢景连
副主编：麻勇恒　王健

RONGHE YU HUJIAN：
MIAODONG WENHUA
GONGSHENGZHONG DE DADAI

U0813272

融合与互鉴：
苗侗文化共生中的大歹

李孝梅　著

中央民族大学出版社
China Minzu University Press

图书在版编目（CIP）数据

融合与互鉴：苗侗文化共生中的大歹 / 李孝梅著 . —北京：中央民族大学出版社，2022.8

（“田野 · 村落 · 文化”丛书 / 谢景连主编）

ISBN 978-7-5660-2110-6

Ⅰ . ①融⋯ Ⅱ . ①李⋯ Ⅲ . ①苗族－村落文化－研究－从江县 Ⅳ . ① K281.6

中国版本图书馆 CIP 数据核字（2022）第 137206 号

融合与互鉴：苗侗文化共生中的大歹

著　　者　李孝梅

责任编辑　罗丹阳

封面设计　舒刚卫

出版发行　中央民族大学出版社

北京市海淀区中关村南大街 27 号　　邮编：100081

电话：（010）68472815（发行部）　传真：（010）68933757（发行部）

（010）68932218（总编室）　（010）68932447（办公室）

经 销 者　全国各地新华书店

印 刷 厂　北京鑫宇图源印刷科技有限公司

开　　本　787×1092　1/16　　印张：19.75

字　　数　283 千字

版　　次　2022 年 8 月第 1 版　2022 年 8 月第 1 次印刷

书　　号　ISBN 978-7-5660-2110-6

定　　价　88.00 元

“田野·村落·文化”丛书编委名单

《田野·村落·文化》丛书

总　序

民族学研究的目的是力求系统、全面的认知特定民族文化，并在这样的基础上探讨与特定民族长期共存的相处之道，以期求得民族间兼容互惠、协同共存、共同发展。然而，任何民族文化无疑不是一个相对独立、完整的复杂信息体系，在这个体系中，文化的构成要素不胜枚举，各文化要素之间的关联性更是复杂多样。在文化的实际运行中，文化要素之间的联动与休眠的频次不同，持续时间又各异，以至于要综合系统的认知任何一种民族文化，其复杂性和艰巨性，由此可见一斑，它肯定要面对海量的信息集成，哪怕是任何睿智的学者，甚至是实力雄厚的研究机构，要彻底认识一种民族文化，最终都很难办到。于是研究者通常只能退而求其次，凭借研究者自己所荷载的文化为标杆，通过观察、记录、分析和比较，去认识他所需要认识的异种民族文化内容。认识的机制从原则上讲，只能是捕捉那些能够感知的表象，通过他自己的逻辑分析，去猜测异种文化的丰富内涵。然后，从中选取读者最感兴趣的部分加以转述和表达，力图让读者至少可以粗略的了解异质文化的基本特点，由此编成的原始资料汇集，也就是学者们所称的“民族志”，与文化实情相比，总不免挂一漏万，以偏概全。

由此看来，任何意义上的民族志都必然要带上调查人所荷载文化的烙印，局限性在所难免，展示的仅是研究者感兴趣、自身认为有用的资料，而不是事无巨细的罗列。资料的呈现方式肯定不会按照被研究者的文化本体结构去加以分门别类的汇总，而是取舍于民族志受众的习惯去加以呈现，迁就读者的痕迹总会时隐时现。这样一来，任何把民族志视为对特定民族文化的全面展示的想法，肯定会大失所望。这套《田野·村落·文化》丛书，在这一问题上也不会例外，它也仅是顺应时代的要求，根据实际需要，经研究者的汰选后，才呈现给读者的资料汇编。虽然不能代表特定民族文化的全部内容，但至少可以让读者粗略的了解研究者认为特定民族文化有价值、有意义的基本内容，作为了解特定民族文化的通用性文本和深入研究的起步性资料来源。

民族志编撰由来已久，几乎贯穿了民族学学科研究的全过程，然而在不同的时代，民族志编撰也发生了一系列不容忽视的变迁，得到了进一步的发展和完善，也留下了一些始料不及的疏漏。大致而言，20世纪30年代以前，民族志的编撰要受到时间、空间、经费、指导思想、人力物力、国际局势等一系列直接或间接因素的牵制，当时的民族学田野调查必然带有探险性、风险性和偶然性，这从传世的经典民族志中就可以得到普遍的体现。经典民族志通常是一位职业或者半职业的民族学家带着自己的兴趣和爱好，以及读者的诉求，去到异国他乡，凭借自己的感受去获取有关民族文化的原始资料，再转述成读者需要的文本形式。说它具有探险性，那是因为当时民族学还处于起步阶段，对全球范围内的民族构成无法全面了解，连能够去什么地区调查，研究者自己都无法决定。说他有风险性，同样是因为调查者自己无法选择，同时被调查者很难理解他们的意图和目的，在调查中，研究者被误解，甚至为此付出惨重的代价，也是经常发生的事情。以至于研究者能够看到的、听到的异民族文化原始资料，必然具有残缺性、零碎性、不成系统。说他具有偶然性，同样是因为当时的调查者能够看到什么、听到什么，无论他作出什么努力，绝大部分的既有目标会落空，未曾考虑的事情反而会撞进他的调查生活，并影响到他的最终结论。

民族学研究的先驱，不管是摩尔根、泰勒，还是弗雷泽，他们笔下的民族志资料或则是经典民族志，就是这么得来的，以至于特定的文化事象与各文化事象的结构功能关系，也只能作出意向性的说明，很难对特定的文化事实作出系统深入全面的呈现。但这一系列特征又是那个历史时期必然出现的结果，从今天看来，不管是有多大的不足和局限，都是那个历史的产物，我们只能接受，没有理由挑挑三拣四，说长道短。

20世纪30年代，马林诺夫斯基作了一项突破性的民族志编撰。这是因为当时各种偶然机会的作用下，他得以在美拉尼西亚的一个小岛上整整生活四年多，这不是他自己有意选择的结果，而是众多社会因素影响的结果。但马林诺夫斯基的这一经历却翻开了民族志的新一页，即在有限的空间范围内，对特定民族文化展开长时间的观察、体验和反复的比对，再写成传世的民族志。围绕一个人数不多的民族群体，整整写出12本大书，由此付出的劳动和艰辛，不仅在那个时代，就是在其后的很长一段时间，也少有民族学家能够做到这一步，称他为一个创举，翻开了民族志的新一页，一点也不为过。在今天看来，任何人都无法否认这12本著作资料的丰富程度，鲜明的在地性，准确时间跨度和始终如一的研究思路，这些都无可挑剔。但如果换一个视角看，这些书所表达出的内容距离当地民族文化的全部丰富内涵，事实上还差的很远，这是因为当地民族文化中的不少内容，马林诺夫斯基没有机会碰到，或者即使碰到了，他没有敏感的意识到其存在，亦或这样的文化事象过于隐蔽。不管是因为什么原因，类似的缺失总是在所难免。举例说，在他的12本著作中，当地民众如何与复杂的海岛和海洋环境中的生物打交道，如何通过认知去作出正确的利用选择，作者对此并没有在意，他不可能具有达尔文和拉马克那样对物种的敏感性。所以在取得重大成功的同时，要全面认识另一种民族文化，依然存在着不容忽视的不足和疏漏。

第二次世界大战以后，时代格局发生了全局性的巨变，冷战思维深入了民族学研究和民族志编撰中，优秀的学者和专家在这样的形势下也不得不屈从于时局的变化，民族志编撰的功利性变得非常明显，调查对象的选择、调查方式的调整、民族志编写的体例乃至表述方式上，都打上了时代的烙印，要追求民族志编成的系统、全面、中立，更其艰难。但这同样是时代的产物，是好是坏、是对是错的争论，必要性并不大，因为在这样的情况下，本身就不具有科学意义上的可比性。在功利和形势的双重胁迫下，研究者的追求不管怎么努力，肯定会被扭曲。时至今日，在这一问题上我们依旧无可奈何，不管遇到什么问题也都得接受，承认其存在，然后再考虑进一步的甄别和汰选。

总而言之，民族调查本身就是一场科学活动，而任何科学活动也必然是社会活动，活动就要承受和应对来自社会的影响。时代发展到今天，中国要建构好自己的民族学，并站在时代的要求从事新型的民族志编纂，则需要看我们如何去做了。

凯里学院民族学团队正是基于这样的认识和考量，力图规划一次能够回应时代紧迫需求的规模性田野调查，并在这样的基础上汇编成了这套卷帙浩繁的《田野·村落·文化》丛书，希望对民族学的中国化尽一份绵薄之力，我们都为之欢欣鼓舞。那么对我们的读者而言，作出如下提示实属责无旁贷。

这套丛书的独特性在如下四个方面表现得尤为突出，值得读者抱以更多的关注。其一，这份原始资料集成的时间跨度、空间范围与组织规范高度稳定，从而使得搜集的所有文化事象和隐含的文化内在结构特点，其可比性有保障，这对进一步深入研究与利用价值极高。这套丛书的调查前后经历了10年时间，调查的范围主要集中于黔东南苗族侗族自治州，对凯里、锦屏、天柱、黎平、剑河、雷山、榕江、从江、黄平、丹寨、岑巩等县市的70多个村落开展过田野调查，参与的人员大多都是本校的老师和学生，所接受的教育和训练同质较性高，这就为进一步的比较研究奠定了坚实的基础，完全可以作为进一步深入研究的资料库存。

其二，此项田野调查工作正值中国改革开放得以深化，而又面临世界格局巨变的转折期，被调查的每一个民族在百年未遇之大变革面前，无一不受到来至外部的冲击和影响，传统文化在这样的时刻发生变迁实属无可避免。在这样的时段展开调查，获取第一手资料，对探讨文化的变迁历程，变迁的机制，变迁的走向和最终可能的结果都可以得到确凿可凭的实证资料。尽管此后大规模的田野调查还会陆续展开，如果没有及时开展此项田野调查工作，则会错过获取文化变迁动态过程的大好机遇，在国内尚无类似丛书的情况下，这份资料的问世具有不可替代的价值。

其三，此项田野调查的组织工作相对严密，调查规范首尾一贯，人员构成稳定，更重要的是功利性的干扰被降到了最低限度，因为参与者大多是在校教师与学生。以至于所获资料的可靠性、在地性、行文规范性都有充分的保障，下一步对所获资料无论是展开甄别、归类和提炼工作，难度都不会太大。

其四，此项田野调查工作，在新技术和新装备的启用上也相当出色。田野调查的参与者大多来自学校所在的黔东南苗族侗族自治州，校方与被调查的村寨长期借助现代通讯，保持着密切的联系，年轻的学者对现代的新技术和新装备都能娴熟掌握。以至于文字、录音、影像资料可以得到高度的整合。除了调查者参与式调查外，资料的增补、核实和修改工作都可以通过电讯完成。此前的田野调查难以克服的技术性障碍，在这份资料中大致都可以得到现代技术的支持和克服。

正是因为具有以上四个方面的优势，因而这套丛书不仅能够满足普及性的要求，还能够满足中层，甚至高层的深入研究的需求，开创的组织管理模式对其他地区的民族调查可以发挥参考和借鉴作用，完全可以称得上是在全新的时代，支撑了全新的中国式田野调查方法和村落民族志的编撰体例，可喜可贺。

《田野·村落·文化》这套丛书陆续出版后，还必须注意到在取得阶段性成果的背后，还有一个组织有序的研究团队也在茁壮成长和壮大，这不仅得力于此项田野调查工作的组织者的深谋远虑，还因为凯里学院占尽了天时地利人和之便。一方面，这一调查和研究团队遇上了生态文明建设的大好时机，凯里学院所处的黔东南本身就是人与自然和谐关系保持相对完好的地带，“从江侗乡稻鱼鸭系统”（2011）和“贵州锦屏杉木传统种植与管理系统”（2020）先后入选全球重要农业文化遗产和中国重要农业文化遗产，当地社会和自然环境具有明显的典型性。因而在这里组织有序的田野调查，操作起来无需远求，就地就可以解决大部分的难题。另一方面，这一地区本身就是多民族杂居的地带，各种不同文化的交往交流交融是数百年来的老传统和历史事实，但对当地生态环境的冲击与干扰并不明显。直到今天，这里还可以称得上是生态维护做得相对到位的人文地理区段，在这里展开有组织的田野调查，所能获取的文化生态资料，在全国范围内都具有明显的典型性和代表性。更由于凯里学院是地方院校，学生大多来源于本土社会，对本民族文化与家乡情有独钟。凝聚共识，持之以恒，很容易得到所处社区的潜在支持和激励。

上述三个方面的优势往往是某些名校很难具备的潜在优势，因而组织庞大的研究团队，集中力量从事规划有序的科研工作时，容易达成共识、协调一致，更容易为年轻人提供实践的机会。同时，组织者与老师、学生之间也很少出现意见分歧，不至于干扰实践活动的开展。最终都会表现为这样的研究团队一经形成，很少会因为人事的变动、形势的变化而受到明显的干扰。任何研究使命一旦确定，总能够坚持到底，一以贯之。当然，任何一项成就，不仅是学校和老师努力的结果，社会的支撑也一直发挥着重要作用。所以，我们完全有理由说，只要有这样的研究团队，下一步调查工作的发展，肯定可以越做越好，因为这个团队与所处的文化生态背景本身就存在着协作的关系，前程远大，可期可待。

民族学此前已经做过的重大田野调查工作虽然不少，但在此前的经典论著中，都会很自然的表现出共性的特点，那就是知名的专家学者在其间发挥着关键性的作用。除了他们亲自参与田野调查研究外，还可以凭借个人的影响，雇佣资深的学者一并参与田野调查工作，取得的成就虽然令人瞩目，但所涉及的规模始终很难扩大。尽管知名专家在不同地区组织过多项田野调查工作，但所能达到的广度和深度总不免缺乏后劲。

就贵州境内而言，规模较大的民族调查首推“六山六水”的田野调查，这是一项坚持了数十年在全省范围内展开的民族学田野调查。但其间的问题在于，它是一种由特定研究单位规划组织的调查，参与的人数虽然不少，但不在本单位直接管辖之下的研究者比例较大，研究单位自身的人事变动不可避免。在数十年间，田野调查取向、工作方案、研究目标经过了多次调整，以至于形成的成果虽然很多，涉及面也较广，但所获资料之间的内在关联性、可比性、可借用性却不牢靠。凯里学院组织的这项规模性田野调查则不同，与“六山六水”的传统调查相比，持续的时间相对短暂，涉及的范围也相对狭窄，但整个研究工作却能做到一贯到底，从而资料积累的深度和广度反而更具优势，资料的可比性反而较高。这应当归因于此次田野调查指导思想稳定、参与人员稳定这两大基础条件。就这个意义上说，将此项田野调查和这套丛书的出版视为贵州省内民族调查的新一页，实属实至名归。

鉴于这套丛书卷帙浩繁，搜集的原始资料涉及面很广，因而在阅读、理解和应用这套丛书显然需要作出层次区分。对一般读者而言，没有必要逐字逐句的从头读到尾，只需要精读自己感兴趣的部分就够了。对于国内的其他研究者而言，系统性把握特定文化事象的来龙去脉，理应成为阅读和利用的重点，而不必深究原始资料记录表达上的细节性差异。但对于高层次的研究者而言，在这套丛书基础上展开多维度、多视角的反复对比分析，就显得至关重要了。这是因为字面表达上的细微差异，背后必然隐含着深层次的文化逻辑关系，深入剖析这样的差异后，进一步的理论归纳和提炼也就水到渠成了。

是为序。

杨庭硕

岁次壬寅夏至于贵阳东山家中

目　录

绪 论

一、研究缘起

我之所以到大歹村进行田野调查研究，主要有两个方面的原因：

第一，按照《贵州省扶贫开发领导小组关于印发〈贵州省2020年贫困县退出专项评估检查工作方案〉的通知》精神，2020年贵州省从江县要实现脱贫。脱贫要得以顺利进行，首先就要了解当地为什么致贫。针对从江县的贫困情况，凯里学院承担了贵州省教育厅委托的课题《从江县致贫与脱贫研究》，为了尽快完成任务，并能够提出对从江县脱贫有建设性、可操作性的意见和建议，凯里学院整合了全校师生资源，由研究民族学、旅游学、民俗学、历史学、管理学、环境科学等多个学科方向的老师带队，以民族学专业的学生为骨干，对从江县的6个世居民族村寨：加鸠镇党郎苗族村、丙妹镇大歹苗族村、刚边乡三联壮族村、翠里乡高华瑶族村、洛香镇四联侗族村与下江镇高平水族村进行实地调查，以期获得致贫原因和脱贫的建议和意见。

第二，凯里学院民族学专业的人才培养方案中，有明确的《田野调查》实践课程的设置。每年上半年，都会选择几个典型的田野调查点进行实地调查。2020年由于疫情的影响，学生到六月初才返校，上半年的田野调查实践课正常开展。作为民族学专业2018民本班班主任的我，义不容辞地参与了2020年6月份的民族学专业田野调查。相较于前面几次的田野调查来说，此次田野调查的学生规模较大，有大一、大二、大三的全体学生参与。由于我的主要研究方向是苗族文化，因此被分配到从江县丙妹镇大歹苗族村组。我们的组员有三位带队老师，23名学生。

正是由于以上两个原因，即教育厅课题和民族学专业《田野调查》实践课的安排，我有幸来到大歹村进行了为期近半个月的田野调查。

大歹村距离丙妹镇、从江县城车程不超过一个小时，相较于其他几个调查点而言，它不算偏远，交通也较为方便，但就是这样一个地理位置较为优越的村落，却是贵州省的深度贫困村。大歹村给外界的印象就是：村民教育文化程度很低、穷得连鞋子都穿不起、生的孩子太多、妇女很少外出打工、妇女儿童很怕生等，经常听到一些扶贫干部说："如果从江脱贫，贵州就脱贫；如果大歹脱贫，从江就脱贫"，由此可见大歹村贫穷落后的程度。大歹村为什么是深度贫困村？村民的教育文化程度为什么低？妇女为什么极少出门打工，她们为什么崇尚多生？村民们真的穷得连鞋子都买不起吗？怎样实现大歹村的整村脱贫？针对这些问题，大歹村调查小组的老师和学生分配任务，负责各项主题，试图对上述问题进行回答，并给出建议和意见。

二、研究意义

理论意义：通过查阅相关的文献资料，我发现在文献中很难找到大歹村的记录。即便在《从江县志》里，大歹村也极少提到，即使提到也只是只言片语，一笔带过，可以说，对于大歹苗族的研究几乎是空白的。因此，此次对大歹村的田野调查，有利于丰富苗族文化的研究，为后人研究大歹苗族村、大歹苗族提供文献参考和借鉴资料。

实践意义：大歹村是深度贫困村，了解其贫困的根源，了解其文化特点，了解大歹苗族的风俗习惯，对于大歹村脱贫，乃至从江县脱贫都具有非常重要的作用。此外，正逢大歹苗族村搞乡村旅游开发，对大歹苗族文化的收集和整理，有利于民族文化资源"变现"，成为吸引外地游客的珍贵资源，也有利于大歹村文化产业的开发，这对村民就业、致富增收和大歹村脱贫都有着积极的实践意义。

三、研究方法

本次调查除了使用常规的摄影、录像、录音等方法外，还主要使用了文献法、参与观察法、个案访谈法等方法。

（一）调查法

初到大歹，由于语言不通，再加上大歹苗族对陌生人较为防备，访谈工作很难开展，因此多采用摄影、录像、录音的方式把看到的、听到的人、事、物都记录下来，之后对之进行整理，作为后续访谈资料使用。

（二）文献法

在去大歹村进行调研时，先对与调查主题相关的文献资料进行收集，分类，并认真研读，参照现有资料对调研的提纲、细目进行拟定。

（三）观察法

参与观察法是研究者深入到现象的发生场景之中，直接参与研究对象的日常生活，对置身于其中的社会现象进行观察。[①] 笔者一行人来到大歹村，女生住在村委临时车库，男生住在大歹幼儿园专门腾出来的两个小房间。早餐和中晚餐都是在二组村民潘网向家进行。通过潘网向的介绍、幼儿园老师、小学老师、村干部等的帮助，逐渐融入到村内，与大歹苗族逐渐打起交道，参与到他们的日常生活中，得到了丰富的第一手资料。

（四）访谈法

个案访谈是重要的资料收集方法。通过前期的了解，掌握了某些典型个案人物或事件，并对之进行专门的访谈。针对不同的访谈对象和访谈主题，采取了结构性访谈和非结构性访谈的两种形式。通过个案访谈，以期获得能够说明主题的代表性资料，也更生动地介绍大歹苗族的情况。

---

① 郑杭生. 社会学概论新修[M]. 3版. 北京：中国人民大学出版社，2003：483.

第一章　大歹印象

第一节　初识大歹：见证了世外桃源的那份美丽

经过长时间的心理准备，我们终于踏上了去从江县大歹村进行田野调查的历程。在历经3个小时左右的车程中，由山水相依的秀丽风景勾勒出来的一幅幅美妙的画卷不时映入我的眼帘，顿时获得一种身在车内心在画中的美感。路途遥远，崎岖山路是免不了的，但风景如画减去了长途奔波的疲累，让我的神思沉浸在这如风、如雾、如烟、如水所勾勒出来的山水画之间。时间虽然漫长，却在这如画的风景中变得短暂，让本该无聊的路程变得有趣起来。

图1-1　临近大歹村沿途风景　罗康智 摄

刚开始踏进大歹村的辖境，我就被这里的秀丽风景所征服。烟雾袅袅升起时，仿佛步入了世外桃源之中。处在山顶之上，仿佛独立于绝世之中，不为世俗喧嚣所侵扰，是一片难得的净土。放眼望去，树木茂密，山顶翠绿通碧，宛如一座鬼斧神工的玉雕，在绽放无限生机的同时，也展现了山水秀丽的绝美。

图 1–2　美如仙境的大歹村辖境　罗康智 摄

一座处于世外桃源的山村，又会有怎样的世外风情。这一切的一切，让我对大歹有着万分的热切心情，希望能更快地到达这个地方，体验这个地方的人文风情，用手中的笔记录这个村子的美好与独特的自然气息，将这份美好传递出去。

一、村落分布与地域环境

我们通过查阅地图和实地勘测得知，大歹村地处东经108° 29' 21"，北纬25° 47' 44"，坐落于月亮山其中的一个山头上，位于贵州从江县西北方向，地处丙妹镇西北部，距镇政府所在地26公里，东临老或村，南接小融村，西接上歹村，北与谷坪乡高黄岗坡三岗相邻。在2019年6月6

日，大歹村被列入第五批中国传统村落名录。

图 1–3　大歹苗族的禾晾群　罗康智 摄

从进入这个村开始，就给了我一份不同的感觉。在这里，远离了城市的喧嚣，有一份归属于自然的宁静，这一份静谧的感觉，安抚了我在城市中躁动的心。一阵阵寂静的风，抚平了我心湖掀起的波澜，将心中的不安都归于平静，静静地与山水一起在大自然中沉淀，绽放出岁月的芬芳。而我将在这大自然中追寻归属，找回曾经在喧嚣中遗忘的自己。一点点拾起被遗忘的初心，追寻梦想的足迹，找到通向未来的路，到达成功的彼岸。学会从生活中找到自己的初心，以及最初对梦想悸动的心情。静谧是一种特殊的美。

路途中的颠簸和艰辛，在美丽风景相伴中得到放松，到达目的地的一瞬间，整个人都被这里的自然气息和独特文化所感动所吸引，忍不住要拿出相机，将这些如画的山水记录下来。进入村寨，顿时给人一种返璞归真的感觉，让我们沉浸在真正的自然世界，整个人仿佛得到了升华，这就是一个世外桃源，而我也会暂时成为这个世外桃源的一分子。

二、山水之间的生态特色

因为从江县的湿热气候，刚进入从江县地界的时候都能看到袅袅烟雾与天地相接，仿佛是天上的仙境与人间世外桃源相接的象征。这也印证了我第一眼进入这个村落的感受：阡陌交通，鸡犬相闻，俨然是陶渊明笔下的世外桃源。烟雾缭绕而上将山峰笼绕其中，一阵阵薄雾垄断了山外与山内的道路，仿佛是两个世界的分界线，让人不敢打扰其中的静谧，生怕破坏了这人间仙境在世的秀美画卷。如果不是看见房屋上升起的袅袅炊烟，我一定会以为我进入了一个与世隔绝的世外桃源，而不是一个普通的村落。内心的情感从一开始的不为所动转变成看见美景的欣喜雀跃。这就是大自然所具有的独特魅力，根本不是喧嚣繁杂的城市所能比拟的。

图 1-4　清晨起雾的大歹村“人间仙境”　罗康智 摄

在这世外桃源里，我遗憾的是我不会这里的语言，无法准确地知晓当地人的所思所想，因而也就错过了他们对我们这批不速之客的情感与心绪的表达。我们的到来，是否打扰了他们的生活，干扰了他们原本应有的那份宁静，给他们造成了不必要的困扰。我这样猜想着。他们质朴的一面很快展现在我们眼前，这里的孩子们都很活泼，遇见好奇的事物也会上去了解。这让我感觉到他们和我们并没有多大的差别，只是生活的地方和成长的背景不同罢了。在某种程度上我们和他们都是一样的，都是被一种对生活表象所影响的具象化罢了。语言不通不能隔绝我们彼此交流的心情，只是一道考验我们耐心的关卡罢了，只要真心相待，真诚交往终究能跨过语言，甚至是文化所带来的障碍。

但是，在进行初步的交流之后，我有点丧失了继续在这个村落展开调查的信心。因为理解方式的差异，总是让我对大歹村民所表达出的意思产生误解，让我产生了退却的心，感觉这是一次不可能完成的任务。因为我连对方表达的意思都无法准确地理解出来，又怎么可能理解他们这里独特的自然与人文，让我对自己产生了深深的否定。但在一次又一次的自我反省中，我确信了交流的方式不仅仅只有语言，可以通过其他的途径来弥补。首先可以通过建筑、服饰、饮食等实物去了解他们的文化特色，在完成自己田野调查的同时，让这里特色的人文和地理为更多的人所了解，引起更多人们的关注。

图 1–5　对村民潘季里的访谈　王灵 摄

这里的森林资源很丰富，青山环抱，古木苍翠。杉木长势良好，是大歹村民建造居住房屋的主要材料，很好地体现了当地居民靠山吃山的观念与方式。这里的建筑多是干栏式建筑，住房通常分为三层。第一层大多仅用于堆放杂物或圈养牲畜，第二层便是用餐和会客的地方，第三层才是他们起居的场所。

图 1-6　大歹苗族的民居　罗康智 摄

这里的民居大部分依山而建，傍山蜿蜒，虽说是人为雕饰，却也巧夺天工，能与周围的自然环境融为一体，使人看起来明知其为人所设，但却设置得不露痕迹。干栏式住房周边的山、石、林、泉虽说都是天然而成，但因民居的选址恰到好处，使得这些天然物都能配置得便于人的利用，仿佛这些自然物生来就天遂人愿。每一个家户的住房相对独立，但却能与亲戚邻里无遮无碍地造访串门，阻隔不了亲情的彼此流动。各家各户之间、个人之间在这片私人与公众交织的场域内，既能舒畅交流，又能获得最大的安全保障。不管是家户还是个人，一切生产和生活中的需要和困惑都能得到来自公众的体谅与支持，并获得帮助和排解。在这里，人和人之间，虽说主次有别，但主次之间却能和谐一致，相互依存，共同支撑了家族村社内部的宁静与舒坦。

三、充满生态的农耕模式

稻田和贯通其间的人工渠道是当地居民传统生计的另一个摇篮，当地居民日食三餐不可或缺的鱼和稻就从这里产出。为了最大限度地满足村民的生活物质需求，大歹村的乡民当然得对自然环境做出必要的改造，然而这种对自然的改造却能做到恰到好处。所有的稻田都依山势、水路而建，以至于可以最小的人工投入就能确保每一块稻田常年有活水灌溉，而且经得起山洪的冲刷和人畜的扰动。

图 1-7　大歹苗族的梯田　罗康智 摄

每一块稻田都相地而建，外形无定制，宽窄无规约，一切都是天然地形，稍事加工累埂而成。表面上看，法无定法，若就实质而论，每块稻田无不以自然为法。从而使得稻在田中能享受到充足的阳光、雨露、水肥、风气，鱼能在田中安其所居，鸭能够穿行于不同田块之间。田与水渠之间的勾连，很自然地把整个人为的水域系统汇总为一个最贴近自然的山涧湿地生态系统，从而使得当地居民虽说生活在山涧，却能感受到河网平原上的鱼米之乡的丰厚物质报偿，使他们在劳作之余有充分的闲暇去品味歌声带给他们的身心愉悦。

第二节　走进大歹：世外桃源中亦充满了融合和排斥

我们通过初步的访谈获悉，大歹村是一个典型的苗族聚落村寨，整个村的居民只有两个姓氏，即潘姓和代姓。全村现共有287户2074人，其中男性1031人，女性1043人，60岁以上135人（男性66人，女性69人），80岁以上45人（男性21人，女性24人），90岁以上6人（男性5人，女性1人）。或许是学科的性质使然，在田野调查的时候，我们首先总想弄清楚的是，这些人来自何处？他们又是怎样建构起这样看似无序实则有序的村落？

一、在苗侗文化互动中建构起来的大歹苗寨

我们通过详细的访谈后，基本上能够复原起这个村落的历史发展脉络。大歹村最早的居民是从贵州省凯里市旁海镇迁移过来的代姓苗族，他们传统的生计方式是以狩猎、采集为主。在狩猎采集的过程中，不断地迁徙，由于史料告缺，也不知具体是什么时候他们来到现在大歹这个地方。到达这里后，他们发现当时这个地方没有人居住，但猎物和供采集的资源非常丰富，能够满足他们生产生活的基本需求，所以他们就暂时定居在这

里。他们最先选择定居在半山腰（现大歹村幼儿园所在的位置）。这是因为，不管猎物自上而下的出入，还是自下而上的活动，都会经过半山腰，因而定居在半山腰能够很好地观察到猎物出没的轨迹，便于及时地发现猎物，从而提高他们捕获猎物的成功率。

代姓苗族在这里定居了一段时间后，从江高增的一户潘姓侗族居民也开始来到这里定居。由于侗族是一个精于稻作的民族，他们来到这里后，占据了大歹村最下面的河谷平地。他们刚搬迁过来的时候，因为人口数量比较少，再者他们是后面搬迁过来的。相对来说，当时的代姓苗族居民具有发言权，所以后到的潘姓侗族必须依附于先到的代姓苗族，否则代姓苗族不允许潘姓侗族在大歹落地生根。依附于代姓的潘姓侗族主动学习代姓苗族的语言、文化，二者逐渐在多方面趋于相似，但又保留着自己的某些文化特点。

由于侗族精于稻作生产，因而能够获得较为稳定的食物收入，最大限度地保证了其生产和生活的基本需要。相对而言，由于苗族实行的是狩猎-采集的生计方式，其收入具有不确定性，有的时候能够打到猎物，而有的时候可能会打不到猎物，因此受到物资供给的影响，当时苗族的人口增长速度较为缓慢。而生活在这里的侗族，由于能够获得稳定的生活资料，从而使得其人口增长的速度远远高于先到的苗族。后期，榕江地区的一支潘姓侗族也搬迁至大歹。由于都是侗族，都姓潘，这两支来自不同地域的潘姓侗族天然地更为亲近，形成了大歹村人口最多的姓氏。潘姓侗族在生产方式、人口数量上超越了先到的代姓苗族。潘姓与代姓之间在生产资料和生活空间等方面发生了一定程度的争夺，产生了一些纷争。这些纷争最终造成了代家从半山腰迁移到山顶，后又迁到现在的代家寨，至此大歹村如今的分布格局形成。

二、在竞争与合作中建构起来的社会关系网

大歹村目前共分为五个村民小组：第一组代家的始祖是从凯里旁海迁

来的苗族（现居住在代家寨）；二组、三组和五组潘家的始祖均是从从江迁来的侗族，二组属于其始祖分出的甲房族，而三组和五组为其始祖分出的乙房族；四组则是后来由榕江迁来的侗族居民。于是，在历史的发展过程中，大歹村的社会关系网如下图所示。

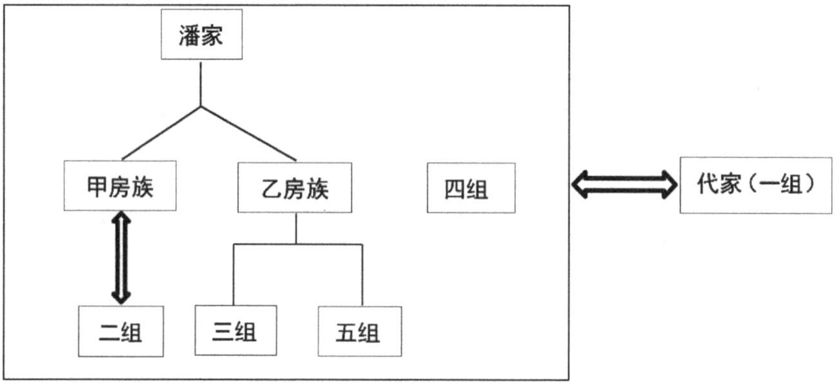

注：罗康智 制图

大歹村社会关系的形成过程，虽然在上文中我们已经作了较为详细的介绍。但是，在这里我们还需要交代的是，大歹村传统的通婚范围不仅局限于本寨，更有对寨内对象的择配作出严密的规定，一旦违反规定，人们就会按照制度作出相应的评议，以此严格规约当事人的择偶范围。这样一来，大歹村的姻亲关系就成了编织社会关系之网的基点和归宿。

通过对其建寨历程的回顾，并结合上文社会关系网形成的示意图，我们可以看到，二组和三组、五组虽然都来自共同的始祖，但随着时间的推移，他们已分属于不同的房族。按照侗族的习惯法，不同的房族之间是可以开亲的，这样一来，在大歹村，同组的居民由于分属于同一个房族，因此本组内的居民之间是不能结成姻亲关系的。除此之外，由于三组和五组的居民分属同一个房族，因而他们之间也不能开亲。这样一来，大歹村就形成了这样的一种婚姻圈：一组、二组、四组的居民都可与其他组的居民结亲姻亲关系。三组和五组的居民只能和一组、二组和四组的居民缔结姻亲关系。

我们从大歹村的建寨历程社会关系网的形成中，可以明显地看到相互之间的竞争与合作关系：潘家虽然是由不同地域的潘姓侗族组成，但在大多数情况下，潘姓侗族都能够共同应对困难和挑战，即使不同支系的潘姓之间偶有小摩擦。代姓与整个潘姓之间，竞争较为明显，但由于共同生活于一个村落，代姓和潘姓之间又有着必不可少的合作关系，这些合作关系无不体现在大歹村的方方面面，上至村落组织，下至生活、风俗习惯等。

第三节　在苗侗文化融合中趋于一致的文化习俗

大歹村至今被人们冠以“苗寨”的称呼，但从上文的论述中，我们不难发现，在其发展的历程中，其实一直处于苗侗两种文化的博弈之中，到底是谁战胜了谁，我们不得而知。但有一个不容置疑的事实却在于，他们在博弈中，相互借鉴对方的文化因子却是一种客观存在的事实。我们经过近半个月的调查，对所获资料进行整理的时候，发现他们在交往的过程中，虽然相互之间不可避免地出现各种矛盾和纠纷，但在文化习俗的表现上却又日益趋于一致。下文将以列举的形式一一介绍这个主题。

一、看重生活的文化仪典

1. 为出生婴儿举办的满月酒

在婴儿出生15天至30天的时间里为其举办满月酒，亲朋好友会给小婴儿送一些小被子和一些衣物。小婴儿的外公会送一个银项圈，并为其打耳洞。通常小女婴打两个耳洞，小男婴的左耳打一个耳洞。通过这种仪式来庆贺新生人口的到来。

2. 娶亲嫁女的文化习俗

一月到四月不是农忙时节，是村里结婚比较适宜的时间段，至于其通婚圈在上文已作了详细介绍，在此不再赘述。但相同的地方都在于，要给彩礼，女方家也会准备嫁衣，银项圈等等。 办酒一般为3天，男方家办2天，女方家办一天。在办酒席之前，女方晚上来男方家，第一天晚上新郎不能在自己家里面睡，可以去朋友兄弟家睡，第二天则可以回家睡。在女方来男方家第13天至27天这个期间，双方家长看一下能否准备好办酒席的物资等等，可以选择第13天办酒席，也可以选择第27天办酒席。因为他们认为，一个星期有两天是好的日子，两个星期就有4天是好的日子，13天相当于两个星期，有4天好日子可以去办酒席。27天的同上。男方送女方家的彩礼，20只鸭以上或一头牛、糖果、啤酒、再加上一点彩礼钱（一万元左右）。办完酒席后的第一天开始，新娘要遵循在新郎家和自己的娘家待7天、13天的规矩，即新娘在新郎家待7天，则需要在自己的娘家待13天；反之亦然。按照传统，新娘到新郎家，不能碰带铁的东西，因为若是碰了带铁的东西，就会给舅舅家带来一些不吉利的灾祸，比如舅舅家会有人生病等等。

二、重视对大自然的崇拜与敬畏

1. 对山林水土具象化崇拜

树崇拜，是苗族的重要信仰之一，他们认为古树、大树不仅能为人们遮荫挡雨，还能守护风水，庇佑村寨，被认为是村寨的龙脉树、保寨树。苗族自古就有不砍伐、不使用村寨周边树木的古规，即便树木枯萎老死，也让其倒塌腐烂，回归山林。位于大歹村口的古香樟树已有近千年树龄，是大歹村民心中的神树，不可对其任意砍伐和亵渎。

2. 特定时节举行固定仪式

新米节，是大歹村较为重大的节日盛典，该节日是为了预祝丰收而举办的。新米节的节日时间安排在农历六月份，此时稻谷正值生长旺季。食物是神圣的，每一粒丰收的稻谷都可能浸泡过流下的汗水，在村民的精心耕作下茁壮成长。水稻的种子播种到土壤中，会抽出胚根，往上生长冒出土壤长成幼苗。秧苗生长一段时间后，再进行移栽，之后就会不断地拔节。从开始拔节到幼穗长出来，一般需要一个月的时间。穗子抽出来之后，茎部会生长拔高、开花，并结出不断充实的谷粒。村民会为稻谷生长所需的水分熬夜赶水、排水。每一株禾苗都带着村民们殷切的期望，不容辜负。这个节日的慎重仪式感，很好地体现了民以食为天的观念。

三、过着同样的节日

1. 过大年

过大年，相当于汉族地区的春节，该节日是大歹地区最为隆重的节日。节日期间，村民们广邀亲朋好友，杀猪宰牛。各个村民小组之间“赖”大米粑，设拦门酒，且相互窜门，热闹非凡。

2. 粽粑节

粽粑节等同于汉族地区的端午节，但是在节日期间，大歹村村民没有饮雄黄酒、悬挂艾草菖蒲的习俗。粽粑节的节日时间是每年农历4月26日、4月27日、4月29日。村民小组过节的时间不尽相同：4月26日是四组的先过，4月27日是二、三、五组的接着过，4月29日是代家寨一组过。粽子的形状有长方形的枕头粽和羊角形的三角粽两种。粽子的馅主要是红豆、花生和板栗。节日期间，各村民小组相互赠送粽子，增加了彼此的联系，巩固了彼此的情谊。

3. 芦笙节

芦笙节是苗族地区最普遍的节日。在苗家，每年都要举行几次盛大的芦笙节（苗语称基别，为汉语爬高坡之意）。节日里，苗族人民盛装前往，各寨芦笙手云集芦笙坡，平时寂静的青山翠谷，顿时汇成芦笙歌舞的海洋，满山遍野，一望无际。但在大歹这里有些特殊，这里并不是每年都举办的。如果隔三年举办了一次，下一次举行这个芦笙节就需要五年。或者到了三年没有举办就要推到五年，五年不办就推到七年，依此类推。节日期间，年轻的大歹男子身穿艳丽繁复的节日盛装，他们手持芦笙、唢呐、铜鼓，涌向芦笙场；年轻的大歹女孩子们穿着各色纹饰、图案的亮布衣裙，腰束绣花彩带，佩戴银饰，围着吹芦笙的男子们，随着芦笙节奏翩翩起舞。

每个民族都有自己独特的节日，且大部分民族都拥有多种节日。在节日中，各民族对自我的文化和社会进行反思并加以界定，个体由此获得对本民族历史和传统的一种认知和认同，社会生活也因此得以重新整合；再加上中国各民族大杂居、小聚居的分布特点，民族节日在促进各族人民相互沟通、彼此尊重、共同团结的过程中发挥了重要作用，呈现出共享特性。这些共享节日，一方面是历史上各民族社会发展和文化交流的结果，另一方面，它们又是各民族相互间文化交流的平台、文化认同的载体和交往互动的推力，进一步促进了各民族的社会发展和文化交流。因此，弘扬和传承少数民族节日对于中华民族以及国家文化建设具有深远意义。

这些民族节日文化，在该民族的传承和发展中起着重要而独特的作用。这些文化中所传承的民族精神和民族意识是不可能由其他民族文化所涵盖取缔的。所以想要引导一个民族发展，就必须从这个民族的传统文化上入手，用这个民族传统文化中的优秀方面来引导这个民族的发展。大歹村里面的民族特色文化很丰富，也有着自己的独特节日饮食文化。从经济发展这一个层面来说，这是他们独有的资源，是不可复制的。一旦开发具有了市场，将这些资源变现，就能成为推动经济发展的助力和动力，实现这里的长足发展。

第二章　碰撞与融合下的社会组织与社会秩序

第一节　碰撞与融合下的社会组织与社会秩序

刚到大歹正值雨后，山脊上的苗寨在薄雾的环绕中显得格外的宁静。时不时伴随着一两声公鸡的啼叫划破村寨的宁静。正值小学下午放学回家的时间，学生们骑着载有四五个同学的踏板车从村口的水泥路上缓缓而过，这让我们这些刚到此处的外人一阵惊呼。那些放牛的妇女们也赶着成群的牛、羊回家，她们肩上挑着一根扁担，扁担两头分别挂着一把椅子和绣花袋子（里面有针、丝线和绣片），牛儿们拖着沉重的步伐慢悠悠地走着，时不时有一两头牛停下来反刍，赶牛的妇女跟在牛群的后面好奇地打量着我们。这种场景看起来与其他村寨没有太大的区别，但是通过后来的深入调查，才发现在这看似平静的表面有着惊心动魄的故事。

一、让人难以启齿的历史过往

大歹村共有两个姓氏——代姓和潘姓，代姓和潘姓村民都是苗族。潘姓村民隶属于大歹村二、三、四、五组，代姓村民隶属于大歹村一组。代姓家族居住在代家寨，潘姓家族居住于大寨。代家寨和大寨步行的路程约为一个多小时，两个村寨隔河相望。代家为最先定居大歹的居民，后来分别从从江高增、榕江搬迁进潘家侗族。这两个姓氏的民族在发展与接触过程中矛盾不断加剧，最终代家被迫迁出他们原来的居住地，搬到现在隔河相望的代家寨。是什么原因迫使代家搬离原来的居住地？代家和潘家之间发生了什么事情？这一段历史都被两个村寨选择性遗忘，我们仅仅嗅到一小点信息而已。大歹人忌讳过去发生的事情，大部分人不愿意谈及过去的历史，一小部分人想讲不敢讲。这种情况与我们之前田野调查的其他村寨明显不同，之前调查的村寨中很多原住民都会自豪的像外来者述说过去的历史，而处在这种矛盾漩涡中的潘代村民都不愿意提及以往发生的故事。

1. 警惕性极高的村民

进入村寨，鸡鸭成群，大鹅拉长了脖子发出的警报声混杂着屋檐水嘀嗒的声音显得格外的刺耳。坐在门口绣花的妇女们警惕地打量着我们，有的关门关窗，有的从二楼的小窗口露出脑袋来观察我们。路上遇到村民，只要我们开口向其问话，基本都摇手说不知道。让我印象最为深刻的事情有两件：第一件是路遇一个赶牛的阿姨，我本来想向她了解大歹的情况，还没等我开口，她就用惊恐的眼神把我从头到脚的扫描了一遍，并且说了一连串的苗语对我摆摆手讯速地跑开了，流下一脸惊愕的我在原地傻站。第二件就是我和几个学生访谈一位中年大叔，访谈的内容是关于大歹村节日的相关事宜。这位大叔迅速地反问我们：你们是来干什么的？为什么要问我这些？总之，大歹村是一个对陌生人特别警惕的村庄。在这个村子访谈感觉走到哪里都有无数双眼睛在紧盯着我们，这一刻我觉得自己在观察村民的同时也被村民观察着。

2. 含糊其词的老支书

第一次见到大歹村的老支书是在代家寨的鼓楼里，即便顶着一头的银发，70岁的老人身体还是相当硬朗的。代老支书一家三代都担任过大歹村的支书，他自己担任了三十年之久。自从行政建构开始进入农村以来，村支书、村主任开始进入村里。村支书通常由能说会道、见多识广的本地人担任，他不仅要熟悉地方事务，而且要了解国家政策。既然代老支书能够连续担任30多年的支书，相信他知道的事情会非常多。当我们问询到大歹村的族群历史时，老支书抬头望了一眼窗外愣了一下说："不说这些不说这些，这些没用了，谁会去专门记这种事情。"当问到关于潘家大寨和代家寨之间的一些问题时，老支书在回答问题上要么卡的很准不去触碰这个敏感的问题，要么选择不回答。

二、融合下的小摩擦

1. 走村窜寨可能被打的少年①

通常情况下，村寨内部的亲戚走动是十分普遍的，尤其是年轻人。但是由于历史上曾经有过的纷争，使得大歹村的潘家大寨和代家寨这两个自然寨的年轻人在交往过程中偶有小摩擦发生，"晚上代家寨的年轻人过来大寨玩可能会被这边的人打"，这是访谈的过程收集到的资料。代家寨的年轻人和潘家大寨的年轻人本属于一个村，双方互相通婚，姻亲关系较为广泛，关系相处较为和谐，但是打人事件偶有发生，代家寨的人对潘家的这种行为也是无可奈何。打人事件为和谐的村寨内部关系增加了几个不太和谐的音符。

2. 集体山林之争②

当村民们面临事关自己的经济利益时，小摩擦也会发生。大歹村有分田不分山的习惯，对于一个家庭来说，山上的木材谁种就是谁的。对于集体山来说，本组的村民或非本组的村民都可以在集体山坡上种树，树归村民，山坡归集体。在访谈中得知有其他组的潘姓村民到代家寨一组的集体山上去种树，后来国家修建公路征收这个集体山林并进行了补偿，补偿费代家一组没有收到，于是代家寨和潘家大寨之间就发生了摩擦，有村民受

① 访谈对象：代姓村民，男，42岁，代家寨人。访谈地点：代家寨鼓楼。访谈时间：2020年6月10日上午。

② 访谈对象：代姓村民，男，50岁，代家寨人。访谈地点：代家寨窝堆旁。访谈时间：2020年6月10日上午。

伤，最终按照习惯法，代家寨一组向受伤的潘姓村民赔偿一万四千元。经过这件事之后，村委组织了代家和潘家的代表进行了沟通和调解，最终两个自然寨都接受处理结果，并继续维持和谐的村寨内部关系。

3. 完美的校址

在未兴建大歹小学之前，大歹村有一个教学点，只有一、二年级，三至六年级学生需要到20公里外的从江县城关三小、城关四小、大融小学去上学。后来在从江县委、县政府的高度重视下，对接了澳门中联办，2018年由澳门基金会出资3000万元，从江县人民政府实施兴建，大歹小学于2019年8月26日竣工投入使用。大歹小学座落大歹村大寨的脚下，它毗邻河流，河流正好把大寨和代家寨分割成两个几乎等距离的独立部份，学校与大寨、代家寨之间的距离相当。可以说，大歹小学的选址非常完美，除考虑到地质环境条件外，也考虑到族群之间的历史纷争，其地理位置不在大寨范围，也不在代家寨范围，它独立地处在潘家和代家的中间，这就避免了幼儿园上学事件的重演。

幼儿园上学事件是潘家和代家历史纷争的现实表现。在大歹小学竣工投入使用之前，大歹教学点有一个学前小学衔接班。大歹小学建好后，原来的教学点就改为大歹幼儿园，由于幼儿园的校址在大寨内，所以幼儿园的各个班级都没有代家寨的适龄学前儿童。听幼儿园的潘老师说：2019年下半年，代家有一个孩子在小班上了几天课，由于幼儿园里基本上都是潘姓孩子，没有代姓孩子作伴也不认识潘姓孩子，所有后来这个代姓孩子就不愿意到幼儿园读书了。

第二节 婚姻联盟与和亲：显性的碰撞与融合

一、兄弟中的亲戚

苗族通常是聚族而居，一个姓氏，就是一个共同祖先繁衍下来的家族，家族内部禁止通婚，即同姓不婚。同姓不婚在很多苗族村寨都是一条普遍的婚姻准则，但是在大歹村，同姓之间是可以通婚的，潘家不仅可以和代家通婚，还可以和潘家通婚。这个现象对于我们这些外人来说，是不可思议和无法解释的。后来通过访谈，我们似乎明白了这些现象背后隐藏的故事。

大歹村的潘家是由几个部分的人群构成，其中一部分就是从从江高增迁徙过来的潘姓侗族，他们是比代家稍晚进入大歹地区的人群。后来又有从榕江迁徙过来的潘姓侗族，他们来到大歹后，由于与从江迁过来的潘家都是侗族，又都姓潘，这让两个人群从文化和心理上都得到了认同，自然而然地结盟在一起，成为兄弟。还有一小部分杂姓人群，如李家、何家、孟家，出于各种原因来到大歹，由于他们势单力薄，为了得到保护，为了能够在大歹生存下去，他们很自然地选择了大歹人口最多家族势力最强的潘家为保护伞，并改为潘姓，从此以后融入潘家，和潘家成为兄弟。从江高增迁徙过来的潘家就是现在大歹村的第二组、第三组、第五组（三组和五组原来是一个组，后来由于人口较多，于是分成了三组和五组），在这几个组里面有杂姓改姓后的潘家。而从榕江迁徙过来的潘家就是现在大歹村的第四组。（如图2-1所示）

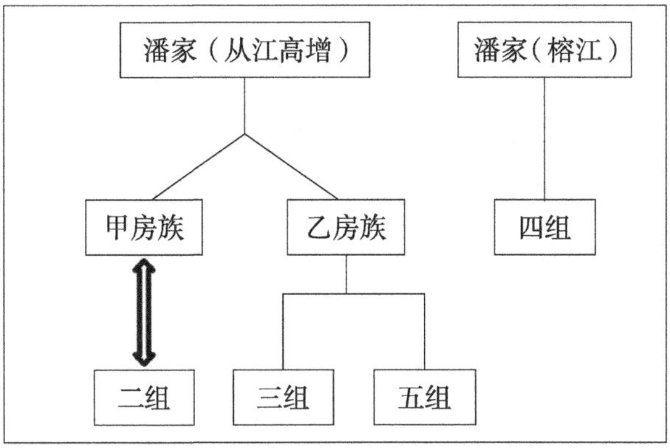

图 2–1 大歹潘家各房族结构示意图 李孝梅 制图

虽然二、三、五组共一个远祖，但是他们又是不同的两个房族，由于历史久远，通婚范围有限，于是二组和三、五组之间可以开亲，二组和四组之间可以开亲，三、五组之间不能开亲，但是三、五组作为一个整体可以和二、四组开亲，四组可以和二、三、五组开亲。于是，我们看到了兄弟中的姻亲关系网络遍布潘家内部，这无疑使得潘家兄弟之间更加地亲上加亲，他们的联盟和团结更加紧密，当他们面对潘姓以外的代家时，那种拧成一根绳的强大的力量是代家对抗不了的，这就造成了潘家虽晚于代家来到大歹，但为什么能后来居上，占据大歹村最有利的地理位置，强迫代家搬离原来的居住地的原因。

二、亲属合作与竞争

由于历史原因，潘代两个族群之间关系较为紧张，时不时就爆出一些冲突。但是这些冲突并没有让潘代两家断绝来往，反而我们看到在这种紧张的族群关系下，彼此之间的人员交流并没有被禁止，双方仍然彼此开亲，成为亲戚，潘代两家该打架时就打架，该通婚还得通婚，真是相爱相杀的一家人。婚姻变成维系整个潘代未走向决裂的最后保障，这与古代的和亲政策有着异曲同工之处。如果没有这种婚姻关系的维系，那么这个村子不可能维系着现有的状态。

前面讲到，潘家和潘家通婚促成了潘姓之间的团结。但是在这个团结的表面，我们也看到了他们的竞争。四组的潘姓是从榕江迁徙来大歹的，他们与从江高增过来的潘家虽然在文化和心理上都得到了认同，但由于不是一个共同祖先繁衍的后代，因此，四组的潘家主要居住在大寨背阴且地势颇为陡峭的一面，而大寨向阳且较为平坦的一面的有利位置全被二、三、五组所占，因为二、三、五组是一个远祖繁衍下来的后代，他们具有血缘关系，相对于四组来说，更加亲密。所以当二、三、五组的潘家和四组的潘家出现矛盾和利益之争时，二、三、五组的村民又联合起来共同对抗四组村民。潘家共有一个大窝堆，在过节或重大场合时，二、三、四、五组的成员都会来祭祀窝堆。但是"养窝堆"的人，据我们访谈的资料，最近三代都是二组的村民担任。从这里，可以推断出二、三、五组内部，又以二组的势力最为强大，因为他掌握了大歹村的精神权威和经济权威（养窝堆的人不仅具有一定的权势并且获得较为丰厚的财富）。

三、不能外娶和外嫁的故事传说和规则

1. 害怕娶到麻风病人

大歹村的男女不外娶不外嫁，婚姻都在村内进行。大歹人为什么对大歹以外的人们如此忌惮呢？通过访谈四组的一个村民得到了一些信息。村民潘你阶说："我们大歹之所以和外面的人不通婚，那是因为害怕娶到那种年轻看起来健康，到家后不久手脚僵硬动不了，且手指脚趾腐烂脱离的那种女人。我们村子在以前就有人去外面娶到了这样的女人，这种不能劳动的女人来到家以后，是家里的一个大负担，既干不了活，还生病吃药，花钱得很。"① 潘你阶所说的病实际上就是麻风病，麻风病是一种遗传疾

① 访谈对象：潘你阶，男，33岁，大寨人。访谈地点：潘你季家。访谈时间：2020年6月10日晚上。

病，它具有很高的致残率和死亡率，在医疗条件和医疗水平有限的过去，麻风病很难医治。因此人们在婚嫁时，格外留意婚嫁对象及亲戚是否有此疾病，如果有，那是绝对不能开亲结婚的。

2. 害怕娶到有蛊的女子[①]

蛊，看不见摸不着，让人防不胜防，它伤人于无形。蛊，通常是传女不传男。娶到有蛊的女子危害是很大的。首先，不仅破坏自己家庭的名声，还会影响整个房族的名誉，这种影响是长年累月一代代地延续下去的。其次，有蛊的女子会让所在的村寨人员的生命安全受到极大的威胁。

潘你阶告诉了我们这样一个故事：过去，大歹村年轻人去外村落娶妻，因为害怕娶到有蛊的女子，所以在女子进村之前，会让她脱光自己身上的衣物，剪掉指甲，换上男方所带来的衣物才可以进村。大歹人想用这种方法阻止这些女子将蛊带进村里。有一次，一个外村寨的女子在经过以上程序后，进了大歹村，村民都认为这下安全了，蛊进不了大歹，可谁曾想这个女子把蛊藏在了头发上。

这个女子娶进来后不久，大歹村慢慢地就有老人和小孩不间断的死亡，村子里的人怎么也想不出原因。有一天一个道长正好路过这个女子家，准备向她家讨口水喝。女子当时不在家，她的丈夫就把刚从井里挑来的水递给了道长，道长一看到水就问这个水哪里来的？丈夫回答说是刚从井里挑来的。道长就将井水有蛊毒的实情偷偷告诉了这个丈夫，丈夫便在暗中悄悄调查，可是过了很长时间也没有任何进展。那会是谁在井水里下蛊呢？妻子嫁进来的时候就已经不穿戴娘家的衣物了，那蛊是从何而来？就这样时间一天天地过去，到了五月杨梅成熟的季节，大歹村有一片长势特别好的杨梅地，每当杨梅成熟的时候，村子里的小孩全都来这摘杨梅吃。丈夫就想到一个办法用来试探妻子。一天，丈夫和妻子一同前往山上种地，刚好路过这片杨梅林，看着成群结队进出杨梅林的小孩，男人走在前面自言自语地说道：这么多小孩来这里吃杨梅，要是有蛊的话把蛊放在

---

① 访谈对象：潘你阶，男，33岁，大寨人。访谈地点：潘你阶家。访谈时间：2020年6月10日晚上。

这里这些人就死完了，那他们的土地就是我们的了。妻子以为男人说的是真心话就立马附和说：这种药我有啊！这时，丈夫才知道妻子身上有蛊，老人和小孩的死亡都是妻子造成的。

由于有了这次惨痛的经历后，大歹村的人就对外村寨的女子非常忌惮，她们宁愿村内通婚，也不愿意到外村寨去找结婚的对象了。

3.“变婆”三变①

除了担心外村寨的女子有麻风病、蛊以外，大歹人还害怕外村寨的女子是“变婆”种。变婆在黔东南苗族侗族地区广为流传的一种妖魔，她大多是由死去的年轻女子变化而来。“变婆”通常要死三次才会彻底死掉，并且在这三次死亡的过程中，如果外人不小心看到她，外人会死掉。“变婆”不仅吃小孩，还会给整个村子整来不祥和灾难。

大歹人把变婆称作宅妞（苗语音译），这种女子一般死三次才完全死掉：第一次死亡是生完孩子没多久就死亡，家人将她埋葬后，没过几天她的魂魄就会自己开门回到家中，和平常一样洗衣、做饭和奶孩子，据说家人还可以摸得着她。这个女子的魂魄只有丈夫和孩子才能看到，如果外人看到她的话，那外人就会很快死亡。第二次死亡是孩子长大到五六岁的时候，这时她的魂魄通常不会开门进屋，大多时候会在房前屋后来回走动。如果丈夫在家她就在外面来回踱步，丈夫外出她就自己进入家中。丈夫回家后她又出去，在家里可以听到她在屋外四处走动的脚步声，这时只要给她一只白公鸡她就会自己走开了。第三次，她不会在屋外而是在村子外面四处游荡，发出老母鸡一样的叫声，这个时候万一有人看到她，那个人就离死不远，运气也到头了。

4. 外嫁的女儿别样待遇②

在访谈中，潘你阶告诉我们：大歹村的女子倘若嫁到外村寨离婚了，

---

① 访谈对象：潘你阶，男，33岁，大寨人。访谈地点：潘你阶家。访谈时间：2020年6月10日晚上。

② 访谈对象：潘你阶，男，33岁，大寨人。访谈地点：潘你阶家。访谈时间：2020年6月10日晚上。

回到娘家虽然可以与娘家人一起吃饭，但是不能与娘家人一起住。她只能住在父母亲房子周围搭建的一个小棚子里。外嫁离婚的女儿与娘家人吃完饭后，娘家人就会对她说："你自己干你的活去。"这句话的意思就是让女儿回自己的小木棚去，不要参与娘家人的活动。之所以对外嫁离婚女儿如此戒备，主要原因就是害怕她嫁到外面带一些不好的东西（如，麻风病、蛊、变婆种）回来。正因为外嫁离婚的女儿回到娘家的这种特殊待遇，使得大歹村的女子不愿意嫁到大歹之外的地方，因为她们担心万一过得不好离婚回来，得不到娘家人的全心对待，遭到冷落和孤立。

四、男女不同的离婚规则

夫妻离婚，不管是双方同意离婚或者单方面提出离婚，都会请寨老到场主持或者见证。作为离婚双方当事人要遵循离婚规则，如有违约导致另一方发生意外的将由违约者负责到底。到那个时候全村的人将会来讨要一个合理的说法，对违约者的进一步惩罚将由村民来决定。

大歹村的离婚规则从女方和男方两个角度进行不同的规定：1.如果女方提出离婚，就会回到娘家。离婚的女子要送给男方一件自己没有穿过的衣服、一只鸡和一只鸭作为赔礼。2.如果男方提出离婚时女方没有小孩，这时男方要赔银子一两六。如果男方提出离婚时妻子已经生子了，男方将赔一斤六两的银子，并且还要把小孩从一岁到十五岁所吃的粮食折合成钱财赔给女方。

大歹村的村民们都是从其他地方迁徙而来，加上交通闭塞，对外交流极少，通婚范围有限，为了维持村庄的团结稳定和族群的繁衍，实行村内通婚是非常有益和必要的。

怎样才能让大歹的男子不外娶、女子不外嫁呢？从以上几个访谈资料中我们可以看到，为了保证村内通婚制度的有效施行和延续，文化从各个层面进行了积极的创造。麻风病女子、蛊婆害人、"变婆"三变的故事传说，姑且不论其真实性，这些故事无疑在大歹人的心里埋下了这样一个种子——娶外村寨女子风险是很大的，后果也是很严重的。这些故事经过世代口耳相传，故事所表达的大歹是安全的、“干净”的，大歹之外是不安全的、“不干净”的观念一代代地在大歹人心中扎根强化。为此，大歹人自觉地规避风险，把通婚范围限制在村子内部，实行严格的内婚制度。大歹村外嫁离婚的女儿回到娘家受到的待遇和受孤立受冷落的生活境况，更是一个活生生的反面教材，让大歹人看到了外嫁的严重后果，这对村内通婚制度的维持和强化起到了很好的教育规范作用。针对男女不同角度不同境况制定的离婚准则，相对于男性而言，对离婚当事人之一的女性的物质惩罚要轻得多，离婚准则明显地偏向女性保护女性，这对婚姻家庭的稳定也起到了制度上的保障作用。总之，大歹人通过故事、活生生的案例以及不成文的离婚制度，使得大歹村民抱团居住，这对村寨社区的稳定、家庭的稳定、族群的繁衍都是非常有利的。

第三节　寨老与村委：混合型的碰撞与整合

一、传统社团组织

1. 活路头

“活路头”并不是苗族社区必不可少的一项职业，但是在众多苗族地区都有活路头的存在。“活路头”就是带头干活的人。与水稻耕种相关的农事都是“活路头”第一个带头开始耕种，只要他没有耕种就没有人会在他前面耕种水稻，这种耕作的先后顺序是不可以逾越的，社区的村民们都会共同地自觉地遵循着这种耕种方式。农业耕作具有明显的时间性，如果错过耕作的时间，就会直接影响农业的丰歉，农业的丰歉与家庭成员的生活温饱问题紧密相连，为了规避这种因错过耕作时间造成的农业风险，需要找一个精通农业生产的人，以他的耕作时间为标准。久而久之，这个带头耕作的人就拥有了在农事方面的隐形权力。

在访谈中获知大歹村的农业耕作开始时间无须看人只需看田，即以某块特定的田的耕作作为农事耕作的开端。那块特定的田是在三组下面的第一块大田，只要那块田开始有人种了，大家就会跟在后面种；相反地，如果这块田没有开始耕种，那么人们也不会提前耕作。总之，不管这块田的主人是谁，只要这块田有人开始耕种，村民们就可以开始耕种自己的田地。从这里可以看出，大歹人关注的只是那块田而不在意活路头到底是哪一位村民。那么这一块重要的田是否是村民争相夺取的对象呢？在进一步访谈的过程中得知，这块田从国民党时期开始都没有易过主，也就是说从国民党时期开始活路头一直是由这一家人在担当。虽然说这种只看田不看人的农业耕作顺序方式，与其他苗族地区不同，但实际上它也是“活路头”的另外一种表现形式。最近几年，很多大歹人也在慢慢地破坏这样一种耕作顺序规则，有些人家甚至一两年都在活路头之前开始耕作，按照被访谈对象的话来说就是“现在也有超在活路头的前面嘛，超过一两年也没有什么不好的事情发生嘛。”① 在过去，这种对传统农业耕作顺序规则的僭越是要受到惩罚的，而且在这一年里村民们遇到的各种不顺都会归因于超过活路头开始耕作的事情，这户僭越的人家当然会成为千夫所指的对象。但是现在大歹人敢于挑战这一耕作时间禁忌，并且通过实践操作发现破坏传统的规则并没有发生任何不幸和不顺的后果，之前人人自觉遵循的活路头引领农事的制度的权威逐渐消失，当然“活路头”在农事方面的隐形权力也将逐渐消失。

2. 鸠占鹊巢——渐渐被取代的寨老

寨老是苗族传统社会组织中的权威人物，他精通本民族的历史文化，能说会道、办事公正，可以说寨老是依靠个人魅力获得这个职位和追随者的。不过随着国家权力的介入，寨老的作用和影响力在不断地减弱，甚至

---

① 访谈对象：潘具你，男，32岁，大寨人。访谈地点：潘具你家。访谈时间：2020年6月8日上午。

逐渐被替代。

现在大歹村仍然有寨老的存在，只不过寨老只在某些特殊场合才会被村民们请出来讲理和见证，比如，离婚的主持、罗汉的管理事宜还是要靠寨老来完成的。大歹村的离婚事宜需在寨老的主持下完成，并不一定要到民政局去注册离婚。罗汉指的是18岁到24岁没有结婚的男子，他们在寨老的组织下负责抬换窝堆上的杉木板。

现在村中的事务一般都由村委会处理而不再由寨老出面处理，村委会就像原来的寨老一样的存在，所以一位大歹村民说："村干部个个都是能说会道的，村委会也是寨老的村委会。"① 一位受访的老者说道："现在寨老还有什么权力。现在都是年轻人的天下了，谁有权力谁就能说话。做事情都是做不了才晓得找老人，能做事情哪个还来找老人！"② 那村委会、村干部和寨老之间的关系是紧张和冲突的吗？他们之间有没有合作呢？一位村干部说："村里的干部也承认寨老的存在，寨老和村委会有时候也是合作的，如，在制定村规民约上就是村委会和寨老共同合作的结果，如果单独由村委会制定村规民约的话，村民不服；如果单独由寨老制定村规民约，村规民约就缺失了合法性。"③

过去的苗族社区是有习惯法而无成文法，没有文字记载的习惯法的变动性和主观性极强，有时人为因素可以主宰和决定社会事务，社会事务处理的公正公平性缺失，这个时候能说会道、处事公正的寨老对于社会秩序和社会规则的维护起到了举足轻重的作用。而随着国家权力的介入，地方权力不同程度的萎缩，寨老不再拥有昔日的辉煌，他只是在某些特殊场合仍然被村民们尊敬和信赖，但这并不意味着地方权力就没有存在的必要

① 访谈对象：代你甩，男，70岁，代家寨人。访谈地点：代家寨鼓楼。访谈时间：2020年6月9日上午。

② 访谈对象：代你甩，男，70岁，代家寨人。访谈地点：代家寨鼓楼。访谈时间：2020年6月9日上午。

③ 访谈对象：代你甩，男，70岁，代家寨人。访谈地点：代家寨鼓楼。访谈时间：2020年6月9日上午。

了，实际上，地方权力仍然有其存在的合理性，它可以和国家权利有效结合，从地方习惯法和国家法律两个层面对村民进行管理，这无疑给社会的稳定和谐加了双重的保障。

二、现代社团组织

1. 村委

村支两委是国家权力进入地方和管理地方的重要标志，也是中国共产党在地方领导农村发展的基层组织，同时也是坚持中国共产党领导的重要标志。

大歹村的村委会由中国共产党员支部委员会、村民自治委员会以及监督委员会三个基本部门组成。中国共产党员支部委员会的现任组织成员有：村支部书记戴时令，村支部副书记代祥你，支部成员潘糯克、潘阶列、代金阶。村民自治委员会的现任组织成员：主持工作戴时令、村委委员、文书潘甩祥、村委委员代祥你、村长潘祥你，监督委员会的现任组织成员：监委会主任潘当列，监督会委员潘记记简、潘党你、潘克玩。从人员的组成来看，村支部书记、村民自治委员会主持工作者戴时令非大歹本地人，是从江丙妹镇下来的干部，村委的其他人员都是大歹本地人。村委会组成人员中潘家居多，监督委员会的全部成员都是潘姓，这是人口最多的潘家的家族势力在大歹村影响力的体现。虽然村委中代家的人数相对于潘家人数来说要少得多，但是大歹村的历任村支书都是代家人担当，代家在大歹的影响力不是依傍家族势力，而是依靠国家的力量。由于潘代两家所依傍的力量不一样，这也导致了他们对待外来人员的不同的接待方式和相处方式。潘家对外来人员警惕性非常高，有些排外；而代家对外来人员很亲切，能够主动地与外来人员接触和交流，并与之合作，这在访谈中让我们印象尤为深刻。总之，从村委人员的组成上来看，国家努力地使社会权力的结构在国家的影响下趋于平衡。

2. 夜校

夜校即成人再教育和扫盲，是国家教育事业的重要工作单位。大歹村的夜校设立在幼儿园对面的两层小楼的一楼，夜校除了让大歹人学习读书写字以外，还宣传防火、安全用电、安全使用农药等科普知识。大歹村夜校组织的人员如下：

大歹村脱盲再教育工作领导小组

组长：张文良（县教科局党组书记、局长）

副组长：潘国武（县教科局副局长）、石振云（丙妹镇副镇长）

成员：丁帮豪（县教科局办公室负责人）

吴德刚（县教科局基教股负责人）

梁文国（县教育保障专班副主任）

石朝兴（县教科局基教股工作员）

龙琪（城关第一小学校长）

黄丕先（城关第二小学校长）

王绍东（城关第一小学大歹校区校长）

潘泳池（大歹幼儿园负责人）

戴时令（大歹村支书、主任）

工作职责：负责统筹推进大歹村脱盲再教育培训工作，全面摸清拟培训群众底数，强化宣传发动，及时组织开展培训，结合实际，科学合理确内容，建立培训激励机制，鼓励群众积极参与脱盲再教育培训学习。

脱盲再教育工作标准

基本常识：会认与生产生活紧密相关的常用汉字，会算与生产生活直接关联的情况，会认称、钟表、商店物价牌等，会用微信支付购票、购物等；

基本法规：基本理解《婚姻法》《劳动法》等法规；

基本政策：掌握涉及民生的福利政策、享有权利、应尽义务及办理条件、程序等；

基本技能：掌握一门种养殖技术。

工作方案

工作目标：坚持把文化学习和科技培训相结合，成人教技术培训相结合，技能培训和劳动致富相结合，使每位参加学习的群众能听懂汉语、看懂新闻，并能掌握基本生活技能和一项基本的种养殖技术，切实增强群众自我脱贫致富的能力。

组织方式：对拟参加脱盲再教育夜校的群众进行合理分期分班，每期50人（2个班），每期学习时间为1个月，每晚安排2个课时，累计学时达60节。第一节课时间为9：00—9：40；第二节课时间为9：50—10：30。

教材设计：县教科局负责文化知识、基本生活技能、政策法规的教案编撰，课时安排为20个课时；县农业农村局负责根据大歹村所实施的林下养鸡、种桑养蚕等产业做好教案编撰，课时安排为15个课时；县民宗局负责语言文化教案的编撰，课时安排为10课时；县妇联负责刺绣文化知识和技能的教案编撰，课时安排为15个课时。

工作步骤：第一期：2019年11月17日至12月17日；第二期：2019年12月19日至2020年1月19日；第三期：2020年2月9日至3月9日；第四期：2020年3月11日至4月11日；第五期：2020年4月13日至5月13日；第六期：2020年5月16日至2020年6月16日；第七期：2020年6月至7月19日；第八期：2020年7月21日至8月2。如有特殊情况的逐期延后。

图 2–2 大歹村夜校地址 杨国富 摄

第四节 窝堆中的神权：隐性的碰撞与融合

一、窝堆的作用

窝堆是祖母神，它在大歹村的地位非同一般，基本上每个村民小组都有自己的一个窝堆，整个家族又有一个总的大窝堆。大歹村共有两个大窝堆，一个是潘家的，一个是代家的。如组员想要祭祀窝堆，必须通过养窝堆的人来进行。窝堆的日常管理也是由养窝堆的人来承担。

窝堆不仅可以保村寨和一方百姓平安，还可以保佑族人健康平安、事事顺利。只要有大风从村子对面呼啸而过，村民们就会担心大风会把瓦片吹落把房子掀翻，这时养窝堆的人就会赶紧前去祭祀窝堆，希望窝堆神能够保佑寨子的平安。村中有人想要外出务工或是出远门等，都可以前去祭拜窝堆，祈求窝堆神赐福庇佑、保佑出入平安。外出的人还会取窝堆上的一点泥土用纸包好后放在衣服口袋或行李箱里，从外面回来后要将泥土放回原处。村民家中有喜事，如结婚、建房、产子等，亦可前去窝堆祭祀，请求窝堆神的庇佑。男女结婚，希望婚姻美满和谐，家庭和睦，早生贵子，于是也会去祭祀窝堆神，希望窝堆神能够实现新人的美好愿望。建房是家庭的一件大事情，建房过程非常复杂，建房周期也比较长，在这个过程中，随时随地意外都有可能发生，于是为了建房平安顺遂，建房者也会去祭祀窝堆，希望得到窝堆神的庇护。大歹村的妇女产子都是在家进行，不到医院生产。在家生小孩，风险很大，尤其是遇到难产，妇女和孩子的生命都有可能受到威胁，于是在临近生产时，家人就会去祭祀窝堆，求窝堆神保佑其母子平安。

二、不能触碰的禁忌

窝堆的祭祀和管理只能由养窝堆的人（即主家人）来进行，其他人等一律不能自己去祭祀和扰动窝堆。村民对窝堆神有所冀求，就会带上祭祀品、香纸到养窝堆的人家，请他帮忙祭祀窝堆，只有通过养窝堆的人的祭祀，窝堆神才会欣然满足祭祀者的请求。养窝堆的人，会把祭祀者的祭品摆放在窝堆面前，烹茶祭祀、燃香烧纸、祷告，把祭祀者的诉求告诉窝堆神，希望得到窝堆神的庇护和保佑。

在日常生活中，如果有人对窝堆神不敬，亵渎窝堆神，那不敬者将会受到窝堆神的惩罚。人们不能将鼻涕、口水弄在窝堆上，甚至不能碰窝堆上的一草一木。做这些对窝堆不敬的事情就会流鼻血，如果不敬的事情做多了就会因此而死亡。在访谈过程中，访谈对象不断地告诫我们不要触碰窝堆上的一草一木一石。

对于窝堆的日常管理只能落到主家人的身上，只有主家人打理才不会有事，其他人去打理，会折寿甚至死亡。通常，窝堆的顶部长满了茂盛的杂草，并且在窝堆顶上堆了很多的杉木板，这些杉木板呈圆锥形堆砌。窝堆的日常管理包括修补窝堆、杂草的清理、杉木板的更换等。如果窝堆的泥土或石块松动，相当于窝堆神的房子漏雨了，这时要对它进行修补维护。修补窝堆的仪式特别隆重，要有主家人在场，并由一个主巫师和五六个用黑布蒙面的巫师助手协作一同做法事，只有这样才能够重新修建窝堆。如果杂草太高了，这时也需要师傅做法事后，由主家人把杂草割掉。如果窝堆顶上的杉木陈旧垮掉了，就要对其进行更换。更换杉木板要由主家人在场主持，由18岁到24岁没有结婚的男子（大歹人把他们叫作罗汉）抬换这些木板。已婚的男子是不可以参加更换木板活动的，认为已婚的男子瘦担不起木板。

三、养大窝堆的人

祭祀窝堆、管理窝堆，大歹人把这些事情叫作“养窝堆”。养窝堆的人被称为主家人。窝堆有大小之分，各个组、原来各个杂姓自己的窝堆被称为小窝堆，而整个家族的窝堆被称为大窝堆。大歹村共有两个大窝堆，一个是代家寨全寨的窝堆，一个是潘家大寨全寨的窝堆。每逢过节或关系到全寨子的重大事情发生时，都会先去祭祀大窝堆，之后才去祭祀小窝堆。大窝堆比小窝堆更具神力，其庇护保佑的人群范围更广，它不仅仅

图 2–3　大歹村潘家大窝堆　李孝梅 摄

关系到房族，还关系到整个大家族，因此大窝堆的祭祀和管理更能牵动人心。

谁能够养大窝堆？大窝堆的祭祀权、管理权怎么继承呢？带着这些问题，我们进行了深入访谈。代家寨的大窝堆是由原来韦姓的人家（现在已改为代姓）一直在养，代家寨其他的代姓人员是没有权力养大窝堆的。原来韦姓人家养大窝堆的权力继承采取父子相传、长子继承、兄终弟继的制度。而潘家大寨对养大窝堆的人选的择选，继承养大窝堆的权力的继承制度与代家寨不尽相同。潘家大寨的大窝堆凡是男性（已婚的和未婚的男性皆可以）皆有机会养，养窝堆的人选最后选择谁，还是根据窝堆祖母神的意愿来决定。据说窝堆老奶奶喜欢那些穿衣服干干净净的人，那些脏兮兮的、身上臭烘烘的人她不喜欢。在择选时，由师傅做法事，寨上的男人围在旁边，根据师傅的占卦，最终确定养大窝堆的人选。择选出来的养窝堆的人一直担任此项工作直到他去世才算完结。之后，又由师傅做法事，根据窝堆老奶奶的意愿卜卦择选出下一位养大窝堆的人。当某个组里的一个人被选举为养大窝堆的人，那么他们那一组的人就算归属于这个大窝堆，被选中的人将带领他们组员接管大窝堆，在这期间他们以养大窝堆为主不再养小窝堆。那些之前养大窝堆的小组，就要回去养小窝堆。有村民告诉我们，实际上潘家大寨近三代养大窝堆的人都是二组的潘四克家。潘四克，男，65岁，不会说汉语，他的父亲养过大窝堆，他在家排行老二，父亲去世后，由他的大哥和他一起养大窝堆，后来哥哥去世，就是由他来养，如果潘四克过世，应该也是他家某个小辈男性来养大窝堆。

四、窝堆赋予的权力与报酬

拿到了养大窝堆的权力，就等于拿到了整个寨子整个家族的话语权，因为养窝堆不仅是一份令人尊敬的神圣职业，它还能为养窝堆的家庭、房族在整个村寨中获得更多资源。

养窝堆的人具有对窝堆祭祀和管理的绝对权力，主家人正是通过其他人不能染指的这一禁忌将自己与窝堆联系在一起，村民们的宿愿祈求都要通过他传达给窝堆神，窝堆神的意旨也可以通过养窝堆的人传达给世人，可以说，养窝堆的人是神和人之间的媒介，他的作用不可轻视。村民潘具你[①] 给我们讲了这么一个故事：之前一块地发生纠纷，请村委主持。村委主持不下，就到寨老那里去说理。寨老还是不能解决，就让养窝堆的人请示窝堆里的神灵，进行抽签。养窝堆的人会拿出一个装满草标的木桶，其中只有一个草标是做好标记的。谁有理的话谁就能抽出那个做好标记的草标，很神奇的是，那个有理的人一抽就抽出来了。潘具你又继续补充说道：如果这样还觉得不公平，就喝鸡血发毒誓。但现在很少有人用这种伤命的方法来解决纠纷了。从这个故事可以看出，当大歹人发生重大纠纷时，首先想到用国家法律法规来解决，如若行不通，则又回到传统的习惯法，再不行，则付诸神判。在神判过程中，养窝堆的人通过草标的形式，转达了窝堆神的意旨，为纠纷的解决起到了举足轻重的作用。

养窝堆的人除了具有神圣的权力外，他还得到较为丰厚的物质回报。养窝堆，是一份职业，有劳动付出当然就有所回报，但大歹村民的回报不是用金钱，而是用糯禾。按照惯例，每年年底，大窝堆所辖的各家各户都会上交一卡糯禾给养窝堆的人，一卡糯禾重约3—5斤左右，这个报酬是相当丰厚的。但近两年这种做法有所变化，除了养大窝堆人所在的二组成员仍然上交糯禾外，其他组没有上交糯禾也没有上交钱，哪怕改为每家出10块钱也不交。这样，养窝堆人的“工资报酬”有所降低。

---

① 访谈对象：潘具你，男，32岁，大寨人。访谈地点：潘具你家。访谈时间：2020年6月9日上午。

第五节　固化于文字中的权力

一、光绪年间石碑：恩碑裔昔

在大歹小学旁边有一条河，在河下游左岸的山丘上，有一块高约一米五左右、宽约0.5米的碑刻。碑文的大致意思就是：离大歹村不远的老贺（笔者注：老贺是大歹隔壁的一个侗族村）人搬迁到现在大歹村的河坝上来住，大歹村民出于保护自己土地和驱赶这些“侵略者”的目的，就组织人到当时的黎平府打了整整七年的官司，最终黎平府让老贺人搬离回去，并且把这片地区永久封禁不许建房屋。

图 2–4　碑刻正面　杨国富 摄

图 2–5　碑刻右侧面　杨国富 摄

图 2-6　碑刻正面抄录文字
杨国富　提供

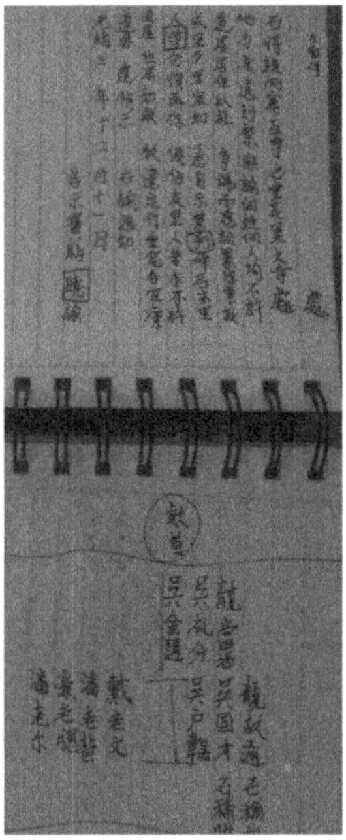

图 2-7　碑刻右面抄录文字
杨国富　提供

后来，我们通过访谈也大致了解了这段历史：大歹代家有一个男子叫作伟玩列。伟玩列读过几年书，他觉得读书并不能当饭吃，于是就离开学校回家娶妻种田过上平凡的日子。后来老贺人霸占了大歹河坝，怎样也赶不走，大歹的老人对老贺人说“我们田也少，你们来这里又没有什么奇（吃）的，你们来这里做什么?”让老贺人走他们也不走。伟玩列又再一次回到黎平找他的老师重新学习，最终在老师的帮助和自己的努力下将老贺人告倒，后来国家派人修建了这块石碑，并在石碑上刻字铭记这个事件。①

从碑刻的文字内容可以看出，当时大歹村没有国家的权力机构。国家管理地方是依靠寨老和部分社会精英将国家和地方联系起来的，当时的寨老、社会精英地方社会组织具有相当大的自治权力。寨老在组织本村人员

① 访谈对象：潘详当，男，66岁，大寨人。访谈地点：潘详当家。访谈时间：2020年6月9日晚上。

和管理本村事务（即对内事务）时，其作用还是非常显著的。但是面对外来的重大族际纷争时，寨老却无力解决，这个时候还得需要国家力量的强力参与才能使地方秩序真正地稳定下来。

二、村规民约

在国家权力介入苗族社区之前，苗族社区的治理主要依靠不成文的习惯法和村规民约来实现。随着国家权力的强力介入，文字以及法律法规也在苗族社区出现，这些种种因素都促使了传统的村规民约不断与时俱进，当然这也是国家治理与地方治理的一种有机结合。

大歹村村规民约

为加强村民自我管理，深化礼法合治，确保全村平安和谐、村民安居乐业、人人崇德守法。依照国家有法律和政策，结合我村实际，经全村村民大会讨论，特制定本村《村规民约》望自觉遵守执行。

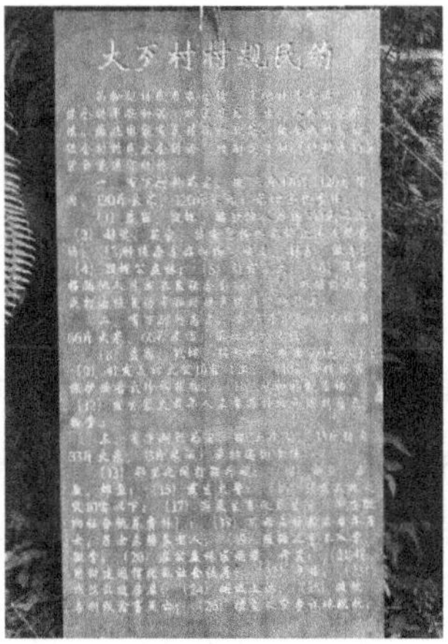

图 2-8　大歹村村规民约内容（一）
杨国富 摄

图 2-9　大歹村村规民约内容（二）
杨国富 摄

一、有下列行为者，按“三个120”（120斤肉、120斤米、120斤米酒）承担违约责任:（1）盗窃、毁坏、骗取他人财物500元以上;（2）制造、买卖、持有鸟枪拒不停止法行的;（3）种植原毒品植物、吸毒、制毒、贩毒;（4）毁坏公益林;（5）引发寨火;（6）通奸拐骗他人造成不良社会影响;（7）打砸村委会或打击报复村干和村规民约监督执行者。

二、有下列行为者，按“三个66”（66斤猪肉、66斤米、66斤米酒）承担违约责任:（8）盗窃、毁坏、骗取他人财物500元以下;（9）引发森林火灾10亩以上;（10）毁坏国家保护的古大珍稀植物;（11）参加邪教活动;（12）发生寨火年成年人未参与扑救而抢救自己物资。

三、有下列行为者，按“三个33”（33斤猪肉、33斤米、33斤米酒）承担约责:（13）邻里之间打架斗殴;（14）电鱼、毒鱼、炸鱼;（15）发生火警;（16）发生森林火10亩以下;（17）违反计划生育政策（除应缴社会抚养费外）;（18）父母未抚养未成年子女、子女未赡养老人;（19）适龄儿童不入学、辍学;（20）在公益林区域烧炭、开荒;（21）利用封建迷信扰乱社会秩序;（22）早婚;（23）非法乱建房屋;（24）越级上访;（25）投放毒剂致禽畜死亡;（26）擅自改变争议地现状;（27）拒不执行防火线规划拆迁，或在防火线内乱搭乱建。

四、有下列行为者，按“三个12”（12斤猪肉、12斤米、12斤米酒）承担责任:（28）聚众赌博;（29）霸占水源或偷人放他人田水;（30）存在火灾隐患限期整改不整改;（31）未经允许在他人田边3丈范围内种植高秆植物;（32）乱砍滥伐木;（33）邻里之间吵架、夫妻之间吵架或打架造成不良社会影响;（34）酗酒闹事;（35）乱捕滥猎野生动物;（36）无证驾驶、驾驶无牌车辆、超员超载、酒后驾车;（37）乱堆乱放柴火、乱拉乱接电线被要求整改而未整改;（38）乱放禽畜损坏他人庄稼、果木;（39）往河边、水沟村庄周围乱倒垃圾;（40）阻塞通道或堆积杂物被要求移出而未移出;（41）房前屋后不符合卫生条件被限期整改而不整改;（42）室内烘烤谷物、棉花、腊肉无人看守;（43）未履行巡逻喊寨职责;（44）新出窑的水炭带入家中;（45）一担以上稻草进寨存放;（46）无故不按要求参加村公益活动。

五、履行《村规民约》违约责任，不对抗国家有关机关依法使用职权，造成公、私财物损失的照价赔偿。

六、本《村规民约》由村“两委”和村老年会监督组织执行。拒不履行违约责任的，从重按“三个120”执行。

七、违约金作为本村评选评优奖励。

八、本《村规民约》的修改须经村民大会讨论通过。

大歹村村党支部
大歹村民委员会
大歹村老年协会

从落款可以看出，大歹村的村规民约是由村委会党支部、村民委员会，以及村老年协会共同协商制定的，这是国家权力和地方权力的有机结合。村委会党支部代表的是国家层面，村民委员会则代表全体村民的共同利益，村老年人协会则代表了大歹本地的社会精英或寨老。通过文字形式，结合本地不成文的习惯法，再赋予国家合法性，村规民约得到了大歹人的认同，他们自觉遵守条约内容，如有违背，必然受到集群规则的制裁。

三、党务、村务公开栏

大歹村的村务公开栏主要分为两个板块：第一个板块为党务公开，第二个板块为村务公开（主要是宣传国家法律和脱贫宣传的）。村务公开栏的主要内容有：

图 2-10　大歹村公开栏　李孝梅 摄

关于依法惩治早婚早育、抢婚、不送子女入学等违法行为的若干规定

第一章　总则

第一条　为依法治理婚姻家庭领域中的旧思想、旧习俗，保障适龄儿童接受教育的权利，治早婚早育、抢婚、不送子女入学等违法行为，弘扬社会主义核心价值观，提高人口素质，保护公民基本权利和合法权益，打击违法犯罪，促进社会主义精神文明建设，根据《中华人民共和国婚姻法》《中华人民共和国未成年人保护法》《中华人民共和国义务教育法》《中华人民共和国治安管理处罚法》等法律法规规定，结合本县实际，制定本规定。

第二条　禁止早婚早育、抢婚及不送子女入学。公民婚姻自由、适龄未成年人接受义务教育的权利受法律保护，任何单位或个人不得干涉、阻挠。

第三条　每个公民都有检举、揭发早婚早育抢婚、不送子女入学的权利，检举、揭发早婚早育、抢婚不送子女入学的公民受法律保护。

第四条　人民法院、人民检察院、公安机关、司法行政机关依法打击早婚早育、抢婚不送子女入学等违法犯罪行为。

第五条　司法机关应当会同基层人民政府、村（居）民委会把依法惩治早婚早育、抢婚、不送子女入学的工作作为日常工作，指导各村写入村规民约，作为各级各部门评选先进乡镇、村组和“五好家庭”的重要依据。

第二章　禁止早婚早育

第六条　本规定所称的早婚，是指男女双方或一方未达到法定结婚年龄，就以夫妻名义同居的行为，或男女双方或一方未达到法定结婚年龄而通过非法手段按旧习俗举办婚礼共同居住的行为，早育是指男女双方或一方未达到法定结婚年龄而生育子女的行为。

第七条　法定结婚年龄为男方不得早于二十二周岁，女方不得早于二十周岁，凡未达到法定结婚年龄以夫妻名义共同居住生活的属非法同居关系，不受法律保护。

第八条　未领取或持有生育证的夫妻不得生育。

第九条　申请结婚登记的男女双方或一方未达到法定结婚年龄或隐瞒事实，弄虚作假的，属于违法婚姻。

第十条　凡涉早婚早育的家庭，司法机关可建议政府相关部门在办理与其有关的社会救济（助）、低保、项目扶持等社会事务时，按违反计划生育政策予以必要的制止和制约，情节严重的建议取消其相关资格。

第三章　禁止抢婚

第十一条　抢婚，是指违背妇女意愿，强迫妇女结婚的行为。

第十二条　我国实行婚姻自由，禁止包办、买卖婚姻和其他干涉婚姻自由的行为。结婚必须男女双方完全自愿，不许任何一方对他方加以强迫或任何第三者加以干涉。

第十三条　直系血亲和三代以内的旁系血亲禁止结婚。

第十四条　对胁迫结婚的，受胁迫一方可以向婚姻登记机关或人民法院请求撤销该婚姻受胁迫一方撤销婚姻的请求，应当自结婚登记之日起一年内提出。被非法限制人身自由的当事人请求撤销婚姻的，应当自恢复人身自由之日起一年内提出。

第四章　禁止不送子女入学

第十五条　不送子女入学，是指父母或其他法定监护人未依法将适龄子女等被监护人送到学校接受并完成义务教育的行为。

第十六条　凡未满十八周岁的未成年人未完成义务教育的，其父母或其他法定监护人应当按时送其入学接受并完成义务教育。

第十七条　村（居）民委员会、学校发现适龄儿童、未成年人未入学或者辍学的，应当及时向乡（镇）人民政府报告，并协助政府督促入学或者复学父母或者其他法定监护人应当配合学校加强对适龄儿童、未成年人的教育和管理，不得使其辍学。

第十八条　任何社会组织或者个人有权对违反《中华人民共和国义务教育法》《中华人民共和国未成年人保护法》，不送子女入学的违法行为向有关国家机关提出检举或者控告。村（居）民委员会、学校、基层人民政府有权对不送子女入学的违法行为向人民法院提起诉讼。

第五章　法律责任

第十九条　有下列行为之一的，由司法机关会商地方政府有关职能部门处理，由地方政府职能部门依照有关法律、行政法规的规定予以处罚，构成犯罪的依法追究刑事责任：

（一）男女双方或一方未达到法定结婚年龄就以夫妻名义同居生活的；

（二）男女双方或一方未达到法定结婚年龄而采取更改年龄、伪造证明等非法手段骗取结婚登记证书的。

（三）父母、近亲属或其他监护人强迫、怂恿子女或其他人早婚早育的；

（四）以暴力、威胁等手段干涉他人婚姻自由的；

（五）父母或其他法定监护人不送子女等被监护人入学接受义务教育的；

（六）阻止、胁迫或者诱骗应当接受义务教育的适龄儿童、未成年人，致其失学、辍学的；

（七）非法招用应当接受义务教育的未成年人务工得；

（八）其他与早婚早育、不送子女入学相关的违法行为。

第二十条 有下列行为之一的，由公安机关依照《中华人民共和国治安管理处罚法》的规定处罚，情节严重的依法追究刑事责任：

（一）阻碍国家机关工作人员依法执行婚姻管理、计划生育管理、教育管理工作的；

（二）辱骂、威胁、殴打婚姻管理、计划生育管理、教育管理工作人员依法履行职务的；

（三）对检举、揭发早婚早育、抢婚、不送子女入学的公民进行打击报复的；

（四）以暴力、威胁等手段干涉他人婚姻自由的；

（五）其他违反婚姻法、未成年人保护法、义务教育法的行为。

第二十一条 以暴力、威胁方法阻碍国家机关工作人员依法履行计划生育管理、教育管理等职务的，犯妨害公务罪，处三年以下有期徒刑、拘役、管制或者罚金。

第二十二条 以暴力干涉他人婚姻自由的，犯暴力干涉婚姻自由罪，处二年以下有期徒刑或者拘役犯前款罪，致使被害人死亡的，处二年以上七年以下有期徒刑。

第二十三条 以暴力、胁迫或者其他违法手段抢婚，违背妇女意志发生性行为的，犯强奸罪处三年以上十年以下有期徒刑。与不满十四周岁的幼女发生性关系的，构成强奸罪，从重处罚。以暴力、胁迫或者其他方法强猥亵、侮辱妇女的，犯强制亵、侮辱罪，处五年以下有期徒刑或者拘役。

第二十四条 在早婚早育、抢婚中，非法拘禁他人或者以其他方法非法限制他人人身自由的，犯非法拘禁罪，处三年以下有期徒刑，拘役管制或者剥夺政治权利具有打、侮辱情节的，从重处罚。

第二十五条 本规定自公布之日起施行。

从江县人民法院　从江县人民检察院　从江县公安局　从江县司法局
二零二零年四月二十日

第六节　回归问题的本质

杜赞奇在《权力、文化与国家》这本书中提到，华北农民是由水系将他们联系在一起的，并且通过祭祀龙王达到保护自己权力。施坚雅《中国农村的市场和社会结构》这本书认为，市场将不同的人和消息联系起来形成一个六边形，依靠这样一种规律影响到整个社会的结构。而大歹村是靠什么把不同姓氏的人们联系在一起的呢？实际上，把大歹人联系起来的媒介就是其内部的婚姻关系，内部婚姻像一张蜘蛛网一样将整个村庄联系在一起。但是整个蜘蛛网具有双面性，当针对外来入侵者时，他们是一个整体。当没有了外部力量的介入，蜘蛛网内部又分化为不同的单元，不同单元之间又有着大大小小的矛盾和碰撞。我们设想一下如果大歹村是一个单一族群的村庄，那么还会存在这些矛盾吗？矛盾肯定会有，但不至于严重到一个族群将另一个族群驱赶出去。蜘蛛网中的一部分人之所以能够团结在一起，那是因为他们同仇敌忾有着共同的敌人。虽然蜘蛛网内部单元之间的关系较为紧张，但是婚姻关系使得他们之间依然存在着联系。

一、生态环境：矛盾的起因

大歹村的社会组织和社会秩序大多都是围绕他们的矛盾展开的，而这些矛盾的起因又是围绕当地生态环境爆发的。不同生计方式的冲突和交融是导致整个村社“动荡”的重要原因。

以游耕为主、辅以狩猎的代姓苗族最先来到大歹，他们选择山腰居住。山腰的地理位置优越，便于对山顶、山脚的猎物进行观察。以稻作农业为主的潘姓侗族迁徙来到大歹，他们居住在相对靠近山脚的河边梯田区。开始，这两种生计方式是相安无事的，后来随着生产生活方式的发展二者不断融合。代家作为最先到达大歹的居民具有一定政治优先权，而潘家依靠稻作技术和人口数量占据了一定的优势。随着人口的增长，有限的耕地却要重新加入那么多的人口，或多或少都会出现土地紧张，进而出现对土地的掠夺，这种对共同生存资源的掠夺导致摩擦逐渐加深并最终爆发不同的矛盾碰撞。在碰撞的过程中，潘代两个姓氏积极寻找结盟者，代姓与韦姓结盟，韦姓改为代姓；潘姓除了与从榕江迁徙而来的潘姓侗族结盟外，还与寄居在潘姓当中的杂姓（李、何、孟）结盟，最后这三个杂姓改为潘姓，于是大歹村成了只有潘代两个姓氏的村庄。

二、行政权力的介入：重组与整合

在行政权力介入之前，潘代两家自身的矛盾可以通过寨堆、习惯法进行自我调控，但是行政权力介入后，它通过行政的手段让这两个民族不可避免地捆绑在一起，这就导致了原来的可调控模式遭到破坏，二者之间的碰撞程度越来越大。在过去代家是有政治优先权的，其他家族势必处处忍让。但是国家权力进入后讲求的是另一种政治体系——民主投票选举当家人，这样人多的优势就体现出来了。所以在行政体制下导致了代家逐渐脱离原来政治体系中心，而潘家找到进入政治中心的最佳渠道。为了奠定潘家在大歹的地位和树立威信，或者是为了能够获得更多的生存资料，潘家势必“打死”老东家。

能够让这两种生计模式不同的民族实现融合的最有可能因素是行政权力的介入，不过合作社、大食堂等等只是将这两个民族混合在一起，并未将他们融合为一个整体。后来的土地承包责任制又再一次让资源进行重新分配，无论是人数还是劳动力潘家都远超过代家，潘家为了争夺更多的资源他们内部变得更加团结。从现在的村委人员结构上来看，潘家人数远远多于代家，这为潘家争取自身利益提供了便利，而处于下风的代家就只能依靠外界力量的支持，这也使得潘代两边形成完全不同的民风。由于潘家的人只需要团结内部就可以，所以他们对待外人是不在意的和排斥的，外人在与大寨的人打交道时就比较困难。代家这边的人比较好接触，他们也更加好相处，更愿意主动与外人交流示好。

行政权力的介入不仅影响到了大歹原来的社会秩序，动摇了原来的社会组织权力，它还不断地完善农村基层设施建设和整合资源。村委会之所以能够快速取代地方权力，主要就是村委会的背后是国家，而国家是资源的直接分配者。寨老没有这种分配资源的权力，因此逐渐被挤出这种分配队伍中，淡出社会管理制度。分配变成了村委会权力的保障，比如评选低保、发放物资等等。为了获得这些物资，村民在平时就要多多配合村委会工作，和村委领导处好关系。而在某些国家法律法规行不通的地方，村委也要依靠寨老协同管理村庄，国家和地方实现了管理能级的互补和整合。

三、环境需要的神圣空间

在大歹这样一个交通相对闭塞的地域中，唯一可以促使潘代两家争夺的只有土地资源。为了获得土地资源分配的合法权益，就将窝堆构建成为一个神圣的空间。

窝堆是大歹村民的信仰对象，它是整个村寨的共同女性祖先神，具有超自然的神力，她不仅能够保佑族人的身体健康，而且还能够保村寨的平安。每个姓氏都有一个共同的大窝堆，每个组（一个组就是一个房族，除了三、五组情况特殊以外）都有一个自己的窝堆。潘家大寨内原来的各个杂姓又有各自的窝堆；代家寨有一个大窝堆和一个小窝堆，大窝堆是原来的韦姓和代姓共同祭祀的窝堆，小窝堆是真正的代家祭祀的窝堆。窝堆就像苗族的埋岩组织一样，有小岩、方岩、总岩的结构，这样，窝堆不仅是血缘关系的表征，还是社会组织的表征，大大小小的窝堆管辖着特定的家族（寨）、房族（组），也管辖着特定的土地资源。对窝堆所辖范围以外的土地资源的掠夺，都被认为是非法的，这样窝堆从神的这个层面保证了土地资源分配的合法化。

第三章　婚姻、家庭与亲属制度

摩尔根在《古代社会》一书中为亲属称谓制度下了定义：亲属制度是“以血缘或者婚姻为体系，指代家庭各亲属关系之间的称谓制度，因此也被称为‘亲属称谓制度’。”① 摩尔根还指出了亲属制度、婚姻、家庭三者之间的联系，其中家庭形式与亲属制度之间有着本质的联系。婚姻形态是家庭形式的基础，家庭形式又是亲属制度的基础。亲属制度不仅反映实际的亲属关系，还反应当时社会所流行的婚姻形态和家庭形态。② 因此，要了解大歹村的亲属制度，首先必须了解大歹村的婚姻形态、家庭形式。

第一节　婚姻制度

一、择偶

（一）择偶规则

1.同宗不婚。同宗不婚，是苗族地区普遍遵循的一条通婚规则，凡是同一个祖宗繁衍下来的后代之间，是禁止通婚的。一般情况下，苗族聚族而居，同一个姓氏就是同一个祖先的有血缘关系的后代，所以通常同宗不婚就是同姓不婚。但是由于各种原因，有时同姓不一定同宗。

① 【美】路易斯·亨利·摩尔根.古代社会[M].杨东莼 等译.北京：商务印书馆，1977：375.

② 【美】路易斯·亨利·摩尔根.古代社会[M].杨东莼 等译.北京：商务印书馆，1977：390.

大歹村只有两个姓氏：潘、代。而且这两个姓氏的人分别聚居在潘家大寨和代家寨。大寨是大歹村的二、三、四、五组，代家寨是大歹村的一组。通过访谈获知，大寨的潘家之间是可以通婚的，代家寨的代家之间也是可以通婚的。带着这个疑问我们进行了深度调查和访谈，原来大歹村的苗族依然遵循同宗不婚的通婚规则，只不过在他们内部，同姓未必同宗。大寨的四个小组里面，四组原来就姓潘，他们是从榕江侗族地区迁徙过来的，与较早进入大歹的从江高增来的潘家不是同一个祖宗的后代，自然可以彼此通婚，但是四组内部不能通婚。从从江高增迁徙而来的潘家共一个始祖，但是后来分化出两个房族，其中一个房族就是二组，另一个房族就是现在的三、五组，所以二组内部不能通婚，三、五组之间也不能通婚。潘家内部还有一些原来姓李、何、孟的杂姓，经过多年的繁衍，他们也形成了自己的支系，虽然后来他们三家改姓潘，但是原来李家、何家、孟家各个支系内部也是不能通婚的。

代家寨是大歹村的一组，代家是从凯里旁海迁徙到大歹的最早的居民，后来他们与杂居于代家的原来的韦姓结盟，韦姓改姓代，所以代家和代家通婚，实际上是“真”代家与改为代姓的韦氏一族之间的通婚，因为韦、代两个姓氏不同祖先，没有血缘关系，因此他们之间通婚不被禁止。但是“真”代家内部、韦氏内部是不允许通婚的。

2.慎与家底“不干净”者开亲。“干净”与“不干净”的区分，是人为的人群分类，实际上划分了“自我”和“他者”的界限，产生了“同类”和“异类”的区别。大歹人划分出了二元对立的亲属集团，“干净”与“不干净”的两个亲属集团之间是互不通婚的，他们之间没有姻亲关系的交叉。所谓家底“干净”就是家庭、家族、亲戚没有蛊、变婆种，家底“不干净”正好与此相反。

大歹人所划分出的“不干净”群体不是村内的任何一个房族、支系、家庭，而是针对大歹以外的所有人群，其所涉及的民族、地理范围非常广泛。蛊传女不传男，变婆种既可以传女也可以传男。因此，大歹以外的男男女女都有可能是“不干净”的。正是这种观点，使得大歹保持着严格的村“内婚制”，即男不外娶，女不外嫁，哪怕隔大歹只有5公里左右路程的上歹苗族村，大歹人都不与之通婚。这种村内通婚的传统直到最近十年左右才被打破。现在大歹村只有两个非大歹的外来媳妇，她们都是上歹村来的，一个是上歹村的归丹寨，另一个是上歹村的上歹寨。

3.舅女不嫁姑儿。在苗族传统的婚姻惯例中，舅舅的儿子有优先娶姑妈女儿的特权，哪怕舅舅的儿子与姑妈的女儿年龄相差极大、性格不合，甚至舅舅儿子是残疾或痴呆，姑妈的女儿都要无条件地嫁给他，这就是所谓的“舅霸姑婚”或“姑舅表婚”。

在大歹村，“舅霸姑婚”是被允许的，而舅家女儿嫁姑妈家的儿子是不被允许的。舅家虽然经历过一次劳动力、财产的损失（即姑妈的出嫁），但是在“舅霸姑婚”的婚姻形式中当姑妈的女儿嫁回舅家后，舅家得到了劳动力、财产损失的补偿。一旦舅女嫁姑儿，势必让舅家面临二次“人财两失”的境地，这对于在生产资源有限和需要人口数量增强家族实力的农耕生活中，姑舅之间处于一个失衡状态，舅家实力受到削弱。为了避免这种情况的发生，因此大歹村舅女不嫁姑儿。

（二）择偶千百态

大歹人对于结婚对象的相貌、年龄、地域、能力、生育等都有自己的不同看法。

潘甩列说：男孩子在选择结婚对象的时候，还是要考虑实际生活的需要，不会华而不实的去找像“花瓶”那样的女孩子。首要就是要找大歹本地的女生，其次要知道女孩子会不会做家务活，纺线织布都是基础。[①] 潘甩列有自己喜欢的女孩子，女孩是大歹村人，年纪17岁左右，想等过几年就结婚。这个女孩子从织布制衣服到家务农活都是一把好手。

潘网向说：大歹有一个妇女因身体肥胖，勉强结婚，但是一直未能生

① 访谈对象：潘甩列，男，16岁，大寨人。访谈地点：大寨路口。访谈时间：2020年6月10日上午。

育也是被丈夫嫌弃，村里人对她的评价不好，大家有点看不起她。[①]

潘板棉说：女孩子在选择恋爱对象时，男孩子的相貌要看得过去不能太丑陋。会在大歹村里寻找恋爱对象，不考虑外嫁。男孩子年龄22岁也可以说是老了，女孩子们就不大喜欢了，但是也是可以选择的。[②]潘板棉已经谈了两个男朋友，第一个长得帅但是农活做得不好，不会插秧，她说这样的男人连老婆孩子都养不活以后怎么过日子，就分手了。第二个男朋友还在谈，会干活，人也老实有责任心，她觉得是个可以依靠的人。

潘爱松说：我19岁嫁给了27岁的老公，此后生儿育女在家料理田地。我觉得男人30岁之前结婚都不算晚，女人19岁20岁嫁人就刚合适，大了就不好嫁人了。[③]潘爱松教导17岁的女儿可以物色成家的对象了，但是到19岁再考虑结婚，也不要超过20岁。

从这些访谈对象的话语中，我们可以看到，不管是男还是女，都十分注重对方的养家干活的能力，即使相貌好看，但不会干农活做家务、纺纱织布，同样也会受到他人的嫌弃。大歹男人找老婆除了考虑上述因素外，还要考虑这个女人安不安分，勤不勤快，跟自己过得长久不，再漂亮的女子娶到家，好吃懒做，不干农活家务，又不安分，娶了也是白娶。而在是否娶大歹以外的女子为妻的问题上，大歹男子还是更倾向于选择大歹的女子，但是也不排除娶大歹以外的女子为妻的可能，潘爱松就是从上歹村嫁过来的外来媳妇。女子能否生育也是大歹男子娶妻需要考虑的一个重要指标，如果结婚后妻子不能生育，不仅遭到丈夫的嫌弃，也会遭到村民们的说三道四，不能生育的女子一般不被考虑作为妻子的人选。

大歹女子找老公不会过多考虑男子的长相，他们更多考虑男子会不会干农活，有无养家的本事，有无责任心，对男子年龄的要求不是太严苛。

---

① 访谈对象：潘网向，男，35岁，大寨人。访谈地点：潘网向家。访谈时间：2020年6月8日上午。

② 访谈对象：潘板棉，女，14岁，大寨人。访谈地点：潘板棉家。访谈时间：2020年6月10日上午。

③ 访谈对象：潘爱松，女，34岁，大寨媳妇。访谈地点：潘爱松家。访谈时间：2020年6月8日上午。

而对于是否外嫁的问题，大歹女子希望嫁在本村的意愿更为明显。

（三）择偶方式

1.游方对歌。大歹人崇尚自由恋爱，游方对歌是青年男女公开的社交方式。青年男女的对歌通常是在“游方坡”上进行，年轻人通过对歌加深了解，进而产生好感，感情加深后就互换信物，私订终身。但是近年来，受到外出打工潮的影响，学习苗歌的人逐渐减少，“游方坡”对歌的情形已经不常见到。

2.荡秋千。在大歹村，最具代表性的娱乐活动就是荡秋千。村委会路脚有几棵大枫香树，在粗壮的枫香树枝丫上挂着一副大秋千绳。秋千绳子有半个手腕那样粗，悬空约6米高，没有可以就座的木板。这个地方不仅是孩子们娱乐的场所，也是男女青年结交异性、寻觅意中人、谈情说爱的地方。青年男女一起踩在秋千绳上，可以面对面站立，也可以并肩而立，双方紧握绳子，下面的同伴拉绳子助力，让秋千荡得越来越高，就在这种紧张刺激的游戏过程中男女感情得到升温。荡秋千在大歹被赋予了一层浪漫的含义，村中未婚小伙子和姑娘们，以荡秋千的方式，开始寻找他们的心上人。两人于林间的飘荡，秋千绳如月老红线，连接着两只心中欢腾的“小鹿”，彼此之间的窃窃私语，可能成为一生所念的情话，因此荡秋千又成了男女勇敢示爱的见证。

3.闹姑娘。闹姑娘是大歹男子结交异性、谈情说爱的另外一种常见方式。闹姑娘是指年轻男子在晚间约上岁数差不多的同性伙伴，一同前去村里或邻村的姑娘家里聊天。大歹的闹姑娘主要是在本村进行。去闹姑娘的人数、年龄没有严格的规定，但是通常已婚男子被排除其中的。十六七的小伙子或者五六岁的小男孩都可以去闹姑娘，小男孩去闹姑娘完全就是出于人多热闹好玩的心态，没有意识去培养感情谈恋爱。十六七岁的小伙子就是要与喜欢的姑娘讲话，相约的玩伴就在火塘边围坐着，大家各自玩各自的，给那对情投意合的恋人留下足够的独处空间。姑娘的父母通常为了避免因长辈在场的尴尬，他们通常选择回避。女孩的年纪小一点的弟弟妹妹会自觉睡觉去，年纪大一点的姐妹会陪着女孩一起就座，而年纪大一点的兄弟很有可能已经去别家闹姑娘了。

上述场景是姑娘与小伙都看对眼的情况下才会出现。如果姑娘看不中来闹姑娘的任何一个小伙子，那她就会在门内把门闩关了，不给小伙子进家的机会。小伙子们在门口叫几次无人应答后，就会重新寻找新的目标。

二、婚姻圈

郑杭生先生给婚姻圈做了如下定义："它指某一婚姻个体在择偶时可能选择的地域或群体范围，后者也被称为通婚的社会圈。"① 在这个定义里，表明了婚姻圈的两个来源：地域和群体范围。由此，婚姻圈划分为两类：第一类是等级婚姻圈，它针对择偶的群体范围而言的。个人把自己的择偶人群范围限定在一定阶层、种族、宗教和教育标准内，即"门当户对"。第二类是地理婚姻圈，它针对择偶的地理范围而言。该类型婚姻圈的大小，往往通过对一对对配偶之间的地理距离进行测量获得。这里涉及一个较为关键的概念——"通婚圈半径"。"通婚圈半径，即最终择偶的空间范围，常用双方先前长期居住地之间的直线地理距离来标志。"② 本书研究的大歹村婚姻圈主要是指地理婚姻圈，即通婚的地域范围，并关注"祭祀圈"范围与通婚人群范围的关系。

大歹村的婚姻状况是"男不外娶，女不外嫁"，全村至今没有一个单身汉。"男不外娶，女不外嫁"是婚姻圈表面所呈现出来的现象，若想深入了解大歹村的婚姻状况，还需对其婚姻圈进行研究。

① 郑杭生．社会学概论新修[M]．北京：中国人民大学出版社，2000：231.

② 郑杭生．社会学概论新修[M]．3版．北京：中国人民大学出版社，2003：173-174.

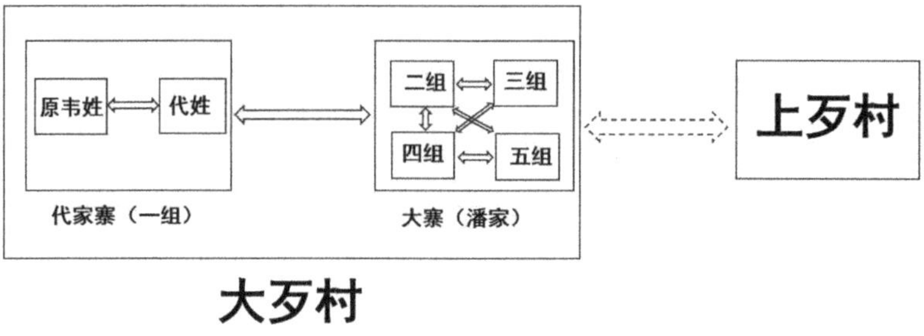

图 3-1　大歹村婚姻圈示意图

双向实线箭头表示通婚　　　　双向虚线箭头表示偶尔通婚

大歹村的婚姻圈如图3-1所示。在这个示意图中可以看到婚姻圈的两个来源：地域和群体范围。大歹村作为一个整体极少与大歹村之外的人群通婚。最近十年左右，本村只有两个来自上歹村的外来媳妇。上歹村村民主要是苗族，但也有一部分汉族杂居其中，从上歹嫁到大歹的两个外来媳妇都是苗族，且二者有亲戚关系。到目前为止，大歹村还没有出现非苗族的外来媳妇。大歹村有两个自然寨，一个是代家寨，一个是潘家大寨，这两个寨子地理位置彼此独立，隔河相望，从代家寨步行到大寨约需1个多小时的时间。代家和潘家皆是苗族，他们世代通婚，哪怕彼此的关系较为紧张。

代家寨内部有两个支系，一个是原韦姓人家（后改为代姓），一个是代姓，他们之间也互为婚姻关系。大寨内部有四个小组：二、三、四、五组，他们之间除了三、五组之间不能通婚外，其他各组之间互为婚姻关系，即二组可以和三组、四组、五组的通婚，三组可以和二组、四组的通婚，四组可以和二、三、五组的通婚，五组可以和二组、四组的通婚。不管是代家寨，还是大寨，这两个自然寨内部的不同房族居住地域界限较为明显，如四组主要居住在山坡较为陡峭的阴面，二组主要占据着比较平坦且向阳的山腰位置。由于人口增长迅速，各个房族之间的居住界限日益被打破，四组的人员杂居到了二组原来的地域中。

在这个示意图中，还可以看到大歹村内部的婚姻圈与窝堆的“祭祀圈”相一致。依据所辖人群范围的多少，大歹村的窝堆从大到小有三个层次。笔者姑且以苗族埋岩组织为参照，为它们取名：总窝堆（即大窝堆）、方窝堆、小窝堆。其中总窝堆所辖一个姓氏，方窝堆所辖一个组，小窝堆所辖一个房族（无论人数多少）。总窝堆所辖的人群范围即是一个婚姻圈的人群范围，在这个范围内人们之间可以通婚。但是为了避免同宗通婚，方窝堆、小窝堆又对通婚的人群范围进行了更为细致的鉴定：方窝堆、小窝堆所辖的人群范围是禁止通婚的人群范围。大歹村共有两个总窝堆，一个是代家的总窝堆，一个是潘家的总窝堆，代家的总窝堆所辖的人群范围（一组）就是一个婚姻圈。代家寨有一个小窝堆，那就是从旁海迁徙过来的代姓的窝堆，因此这一部分人群内部是禁止通婚的。潘家大寨有一个总窝堆，总窝堆所辖范围之内的人群（二、三、四、五组）即是一个婚姻圈。由于三、五组原来就是一个组一个房族，后来由于人口太多，为了便于管理，就把三、五组的人分开成为两个组，于是大寨内部就有四个小组。三、五组是一个房族，共同祭祀一个方窝堆；二组是一个房族，有一个方窝堆；四组是一个房族，有一个方窝堆。方窝堆所辖人群范围是禁止通婚的。在大寨的各个小组里，都有数量不一的小窝堆的存在。小窝堆所辖的人群范围就是那些原来的李姓、何姓、孟姓各房族，李姓有自己的小窝堆，何姓有自己的小窝堆，孟姓也有自己的小窝堆。小窝堆所辖的人群是禁止通婚的。

综上所述，大歹村的婚姻圈非常复杂，它不仅有地域上的限制，更有着人群范围的限制。大歹以外的人群不是大歹人择偶的理想人选，他们更愿意在本村内解决婚配的问题。而窝堆所代表的“祭祀圈”又称为择偶人群范围的许可和限制圈。总窝堆的“祭祀圈”等同于婚姻圈，而方窝堆、小窝堆的“祭祀圈”则不是婚姻圈的人群范围，相反地，是禁止通婚的人群范围。于是，通过地域、窝堆“祭祀圈”这两个维度，大歹人形成了自己的婚姻圈，也造就了“男不外婚，女不外嫁”“同姓通婚”的现象。

三、婚姻缔结

（一）缔结仪式

婚姻是人生的三大重要事情之一，很多民族都要为之举行仪式。大歹人对婚姻也十分看重，因此他们也要举行较为隆重的仪式庆贺。大歹的婚姻缔结程序大致经历以下步骤：

1.讲亲、下聘。男女自由恋爱后，经过一段时间的观察与相处，确定对方就是要与自己相伴一生的伴侣，这时候会顺理成章地进入婚姻的前期准备。由男方邀请自己玩得好的一伙兄弟一同前去女方家讲亲。去讲亲之前，男方会提前准备一些糖果或女孩子喜欢的食物一起带去，最重要的是要把聘礼——一个银项圈带上。女方父母一般不会多加阻挠，通常饭后就会确定这门亲事。这时，男方就会把聘礼交给女方的父母亲，以示这门亲事得到女方父母的认可。亲事得到认可后，女方就可以跟着男方及他的同伴回到男方家。

2.办酒。女方跟着男方回到男方家后，男方家会开始酿酒，准备办酒的食材，通知亲朋好友来吃喜酒。这个过程有可能持续八天、十天或二十天，总之只要办酒的条件准备好了，就可以操办婚礼了。在办酒席的这段时间，男女双方不能同房，女方不能摸男方家的铁质的厨具和农具，如，铁锅、铁铲、铁犁等。如果在办酒之前女方不小心触摸到了男方家的铁质厨具和农具，会被认为是不吉利的，这些被触摸的铁质的东西都要送到女方外家去。

婚礼当天，一对新人换上大歹苗族盛装服饰，并佩戴银饰，围坐在火塘边接受亲友的祝福。开席时，新人会一桌一桌地向宾客敬酒答谢。亲朋好友来吃喜酒，一般只送约四五斤重的生糯米，这个生糯米是用竹编的小箩筐装着，条件好一点的，会送两筐。现在家里经济条件好的，也开始送钱，条件不好的，还是送生糯米。酒席完毕，新人会被朋友起哄玩游戏，类似闹洞房的一种娱乐方式，如新人共咬一个苹果等。

3.回娘家。办喜酒后的第三天，婆家会准备腌鱼和糯米饭让新娘带回娘家，敬谢舅舅。腌鱼数量九条、十一条即可。新娘回娘家时由自己的婆婆（丈夫的母亲）送去。到达娘家之后，新娘将带来的糯米饭、腌鱼拿出来同娘家人一起分享，共同喝酒庆祝这桩喜事。由于男女婚嫁都在一个村里，因此婚后女性回娘家是很方便的。

（二）彩礼与嫁妆

近些年的彩礼一路高走使得许多即将走入婚姻的恋人望而生畏。彩礼的水涨船高很大一部分原因是常年的男女性别比例失衡；但虚荣攀比之风，是最不可回避的问题核心，所谓养女为挣钱，一娶穷十年。但在大歹村，由于经济发展较为落后，村民一年辛苦耕种只够温饱，因此结婚所需的彩礼钱不像外界那么高昂。大歹村的婚前彩礼更多的是一种仪式和一种承诺。大歹村的婚前彩礼的多少是根据家庭富裕程度来决定的，家庭稍微富庶一些，一万左右的彩礼钱就算是比较隆重的，是对女方家极大尊重的表示。如果家庭普通，收入较低，五六千块钱的彩礼也是能够接受的。除金钱上的彩礼外，大歹村还有实物的彩礼：一头猪（公母不限）或一头公牛，糖酒果品也是必不可少的。

女方家在收到彩礼后，会根据彩礼的多少陪送相应的嫁妆：通常收到五六千彩礼的女方父母会留一千，剩下的会购买衣柜、沙发等生活用品陪送女儿；收到一万彩礼的女方父母会留下两三千，在购买生活用品后还可以购买一台摩托车陪送女儿。在大歹村陪送摩托车是一件让男女双方家长都面上有光的事情。除此之外，女方父母还会陪送苗族衣服和银饰，但不会陪送姑娘田，女儿在出嫁后不参与娘家财产分割和赡养父母。姑娘出嫁不陪嫁姑娘田，是因为一家的子女众多，如果都陪嫁姑娘田的话，儿子就不能分得足够多的田地，而且家庭财产会不断地因婚嫁而减少。

四、婚姻解除与再婚

（一）离婚

1. 原因

大歹村极少出现离婚夫妻，但凡事没有绝对，据笔者走访调查得知，在少见的离婚个案中，导致离婚的原因大致有三种：第一种是两人过日子没合意，于是自愿分开。第二种是夫妻中的一方不喜欢另外一方也会提出离婚。第三种是由于外出打工后，有一方在外安家也会导致两人离婚，也就是我们常说的出轨。特别是第三种情况，据访谈得知，女性数量高于男性。

2. 财产分割

对于离婚后夫妻共同财产的分割，大歹村根据离婚的不同原因采取不同的财产分割法。

（1）双方不合意自愿分开。夫妻双方家长坐在一起吃饭喝酒，商讨如何分开又不伤体面。一般都是男方赔送一些银子（笔者注：指银圆或银项圈）给女方，也算是全了两家的亲家缘分。在这里，男性展现出的宽宏大量的包容，是对女性一方来他家操持家务的补偿。

（2）夫妻中的一方不喜欢另外一方导致离婚。也像第一种情况一样，邀请双方家长坐在一起吃饭喝酒，商议如何分配财产。主动提出离婚的一方在这场婚姻中就是过错方，相应的由过错方来赔偿无过错方的经济损失，除赔偿一些银子外，还要加上钱和糯禾的补偿。钱和糯禾的赔偿数量是这样得来的：根据离婚家庭全年的金钱收入总量和糯禾收成总量，分别除以家庭的人口数，平均下来每个人所得的金钱数量和糯禾数量。无过错方按一个人头获得相应数量的赔偿金和糯禾。

（3）外出打工出轨后在外安家导致离婚。这种情况的离婚在大歹村来说，那就是大事情了，男女双方家长都觉得面上无光。如果是妻子出轨，那妻子就是过错方，离婚时她是不会回大歹来的，赔偿事宜由她的父兄承担，而且两家就此闹僵，还时常担心会被报复打击。相较于前两种情况而言，这种情况的赔偿数额是最大的。女方除归还彩礼外，男方家还会另外开口要赔偿钱，至于钱的多少，由男方家决定。因为采访的对象多数是男性（大歹村的苗族妇女只有为数不多的几个会说普通话，其他的妇女只会说当地苗族，不会说从江本地话和普通话。而我们不会说苗族，因此很难与当地妇女交流），他们的回答基本上都是偏向于保护男性自己的，所以举的例子也都是女性出轨的。后面我们也问到为什么大歹男人不会出轨在外安家，受访的几个潘姓男村民都说："这不会的，我们没有钱，谁愿意跟我们。"①

3. 孩子抚养

离婚后，妻子愿意带走孩子，一般丈夫不会多加阻挠，但带走的只能是女孩，男孩是不能带走的。女孩不是家族香火的传承者，处于家庭中的附属地位，其去留对家庭影响不大，母亲带着女孩去别家，有饭吃就足够了。而男孩子是丈夫姓系家族的香火传承人，是父系家族延续的承载者，他不能跟随母亲流落别家，要留在血缘父亲身边学习和传承家族文化。

4. 社会舆论

在现实生活中，离婚始终是一件不光彩的事，对于离婚当事人及其家庭来说都要背负着一定的社会舆论压力，因为这种社会舆论多是压倒性的负面评价。离婚当事人及其家庭往往成为人们茶余饭后闲谈的聊资。离婚所带来的负面影响，也会影响到离婚当事人的亲戚朋友的婚嫁口碑。而最受伤害的就是孩子，他（她）在村里被孤立，对其身心造成不可估量的消极影响。因为子女离婚，父母辈之间会丢失面子，别人家儿女婚姻美满，自己家的离婚收场，难免心理失衡。

（二）再婚

在大歹这个离婚率极低的传统村庄，离婚后的双方会背负道德谴责，流言蜚语，要想再婚是非常困难的。就算离婚者喜欢别人，别人知道他（她）离过婚了，就不会把离婚者作为优先考虑的结婚对象。总之，大歹

① 访谈对象：潘里祥、潘国明、潘具你、潘里记，男，大寨人，年龄分别为34岁、28岁、32岁、38岁。访谈地点：潘具你家。访谈时间：2020年8月25日晚上。

的离婚人员很难再重组家庭，也许这也是大歹村很少出现离婚现象的原因之一。

第二节　家庭制度

一、家庭规模、结构

（一）家庭规模

大歹村一共有五个村民小组，共有287户2074人，平均每户人家有7.23个人。人口计划生育政策从20世纪80年代开始在全国实施，在这样的人口政策下，大歹村仍有如此大的人口规模，实属罕见。虽然由于各种原因我们没能拿到家庭人口的具体数据，但是一位驻村干部告诉我们：要想了解大歹村的家庭人口情况，只需去村支书、村长、会计家看一下就知道了。开始听到这个话，我不了解其中的意思，后来才知道，这三个村干部的家庭是大歹家庭规模的一个典型代表。他们这三家加起来总人口有44人之多。通过走访观察，我们发现大歹村40岁以下的夫妻生育子女数平均3–4个。40岁以上的夫妻生育的子女数多是5个以上。总之，年纪越大的夫妻，生育的平均子女数越多。

家庭人口数量较多的原因一般有以下几个：第一，农业生产，尤其是犁耕技术的运用，需要能够更加胜任这一技术的男性劳动力。第二，没有男孩的家庭被认为是“绝种户”人家，不仅遭到流言蜚语，还受到各种欺负。第三，在农村，一个家族的势力大小往往与人口数量（尤其是男丁人数）息息相关，所谓“人多力量大”，家族势力越大就能分到更多的资源，更有发言权，不会受人欺负。第四，受到“儿女双全”思想的影响，生了儿子的家庭想生女儿，生了女儿的家庭想生儿子。第五，在医疗条件较为落后的农村，孩子的死亡率较高，为了减少因孩子死亡率高造成的对家庭的伤害，因此用高出生率来弥补。第六，无避孕措施或避孕措施不当等等。大歹村家庭人口数量较多规模较大的原因主要是上述第一、二、三、六这几个原因。

大歹村的农田多是在山坡上开垦出来的窄小的梯田，离村寨很远，有些步行要几个小时才到。扛着沉重的农具走那么远的路程，再加上梯田上下陡滑不便，体力较弱的妇女很难胜任农业犁田耙田工作。潘家之所以能够在与代家争夺土地资源的摩擦中获胜，占有大歹村最有利的地理位置和土地资源，这与人口数量明显碾压代家是分不开的。如果没有绝对的人口优势，潘家很难逼走政治优势明显的代家。潘代两家对生存土地资源的争夺结果，人口数量的多寡起到了决定性的作用，人多也就意味着房族、家族、村寨势力的强大，在竞争和碰撞中更有利，这就是在代家寨访谈中经常听到的一句话："人多当王，人少哭娘"。这个认知一直影响着大歹人，不管是潘家还是代家。这就能充分解释为什么大歹村家庭常见的一种现象：夫妻的头胎、二胎都是男孩，甚至三胎也是男孩，但他们还是要生。哪怕后面生了女儿，甚至女儿不止一个，也还要生。

大歹村村委会办公室一楼有个卫生室，卫生室的大门外有一个免费领取避孕套的箱子，乡村医生王俊宏说：这个箱子里的避孕套是免费发放给村民的，也跟村民宣传了避孕套的作用，但是从来没有人领取过，我放进多少，过一段时间看就还是多少，没有减少。① 避孕套是公认的比较安全的避孕方法，它的避孕成功率高，但是大歹人并没有接受这个新事物。笔者无从了解村民是否还有自己古老的避孕方法，但是对现代避孕方法的排斥，无疑增加了意外怀孕的风险。

（二）家庭结构

大歹村常见的家庭结构有核心家庭和主干家庭两种。"核心家庭，又称夫妇家庭，就是只有父母与未婚子女共同居住和生活。"② "主干家庭，

---

① 访谈对象：王俊宏，男，23岁，大专生，黔东南职业技术学院毕业。访谈地点：大歹村卫生室。访谈时间：2020年6月11日下午。

② 郑杭生. 社会学概论新修[M]. 3版. 北京：中国人民大学出版社，2003：170.

指父母（或一方）与一对已婚子女（或者再加其他亲属）共同居住生活。”①

大歹村的家庭几乎都有三四个以上的孩子，其中有两个或两个以上儿子的家庭非常普遍，所以在儿子们结婚后，通常都是留下最小的儿子儿媳一家与父母亲居住，小儿子继承父母亲的老屋，如果他有能力的话，也可以翻新老屋或在老屋屋基上重建新屋。其余的儿子结婚后都会搬出父母家另建房屋，建构一个新家庭。至于这个小家是由父母修建还是儿子自己修建，就要视家庭经济情况而定：父母若有经济能力便会为儿子修建新屋；反之，若父母没有经济能力的话，儿子就只能靠自己双手建立新房。如果一个家庭只有一个独子，父母与结婚的独子一家居住这是毋庸置疑的。

个案1：潘具你是男性，家中排行老大，另有两个兄弟。潘具你结婚后，就从父母亲家搬出来，建屋组建了自己的小家庭，和自己的老婆孩子单独居住。两个未婚的兄弟就跟着父母亲同住。②

个案2：代家寨的代祥你老人说，他的父亲就他一个儿子，所以一直就和父母亲居住，后来父亲去世就跟着母亲生活，他结婚后也没有搬出去。③

如上所述，留下来的已婚小儿子一家与父母亲组成了主干家庭，而因为结婚搬出去的儿子们就形成了一个个核心家庭。与传统的数代同居的大家庭相比，核心家庭具有明显的优势：家庭关系简单，对亲属网络的依赖性小，减少了家庭生活中的矛盾和纠纷；容易形成家庭中的成员平等关系和民主气氛，有利于培养青年人的独立性；满足了不同世代的人对不同生活方式的追求。

在大歹村，无儿的核心家庭形式极少存在，只有大寨有两户这种形式的家庭。这两个家庭只生育了女儿，没有儿子，所以女儿出嫁后，两个老

① 郑杭生.社会学概论新修[M].3版.北京：中国人民大学出版社，2003：170.

② 访谈对象：潘具你，男，32岁，大寨人。访谈地点：潘具你家。访谈时间：2020年6月5日下午。

③ 访谈对象：代你甩，男，70岁，代家寨人。访谈地点：代你甩家。访谈时间：2020年6月5日下午。

人就相依为命地生活。按照大歹村的传统，出嫁的女儿是不用赡养自己的父母的，老人们的女儿只是偶尔前来看望一下父母，因此，老人的房族会时不时地去照顾和帮助年迈的夫妻二人，政府把这样的家庭定为低保户家庭，每个月发放一定金额的补助，政府扶贫人员会不定时地去看望和帮助他们。核心家庭的第二种形式在大歹村非常普遍，一个夫妻抚养三四个以上的未婚子女随处可见，这些未婚子女的年龄差距可以达到15岁以上。单亲家庭形式在大歹村极为罕见，因为大歹村的离婚率非常低，夫妻白头偕老的比例很高。对于单亲家庭来说，孩子通常都是跟随父亲生活，父亲一般都会出门务工，孩子留在家乡要么与爷爷奶奶生活，要么独自生活。

二、家庭人际关系

家庭人际关系包括性爱、生殖、亲情三大内容。它由以下几个因素构成：1.夫妻权力结构。2.个性异同。3.性的地位与作用。4.交流与交换的状况。5.代际差异。6.相关的人与事的作用等等。[①]

（一）男女分工

大歹的社会性别分工很明确，男人干活养家，女人侍奉老人照顾家庭，完全还是一种传统的男耕女织生活方式。大歹男子要挑起整个家庭的重担，从事着繁重的体力劳动，耕作中的任何体力活，诸如开田、耕锄等都由他们包揽。女人们则在家操持家务，养育小孩和照顾一家人的生活，纺线织布绣花，已经成了她们自己默认的生活状态。总之，男耕女织，自给自足，无需过多的市场交换，几乎可以与世隔绝地生活，就是大歹人的生活写照。

在以农耕为主要生产方式的大歹家庭中，男女之间存在着较为明显的性别分工。男人们主要负责犁田、耙田、打农药、网鱼。大歹男人通常会在农闲季节出去务工，外出务工的男性大多从事抬铁轨枕木的工作，此项

① 郑杭生.社会学概论新修[M].3版.北京：中国人民大学出版社，2003：172.

工作又累又苦，往往顶着烈日干活，消耗大量的体力，这也使得大歹男人比较显老。在村子里看到一些男性，笔者认为是六十岁左右的爷爷辈，谁知经过谈话才知道他们的年龄只有四十多岁。大歹男人们会在农忙时节回到家乡，开着柴油动力三轮车，带着农用机器去犁田、耙田，会在适合栽秧的时间用三轮车载着家人到田里插秧，并肩扛打农药的器具到田里打农药。农药打完后好不容易迎来的清闲一刻，男人们又编织和修补渔网（渔网开口直径1.5米左右），三三两两地开着三轮车到河边网鱼改善家人的生活。等到稻谷成熟时，大歹男人又再次返家，用三轮车载着家人、农用机器收割和运送稻谷。

大歹女人主要负责插秧、稻谷收割、喂牛、喂猪、纺纱、织布、染布、制衣裙、洗衣、做饭菜、带孩子等等。通常稻米的收割是由男女共同完成，放牛也是男女皆可胜任，但大多数情况下，放牛多由妇女、老人来承担。由于大歹地处高坡，土地极少，因此极少有人家种菜，更谈不上浇菜，因此妇女们无须种菜、浇菜，她们的活路又少了一些。大歹的女人因为绝大多数都没有读过书，不认识字，也不会说普通话和从江本地方言，所以她们极少去赶集，更不用说到外省去打工了。如果她们需要购买针线、衣服（套在传统服饰里面的内搭）、打底裤时，通常都是由丈夫或儿子帮忙购买，这与其他苗寨明显不同。与陌生人、政府部门人员交流时，妇女们大多是回避的，一方面她们听不懂别人说什么，因为语言不通，另一方面，她们非常腼腆害羞，只要看到陌生人进家，她们就会回避躲进房间或目光闪躲拒绝与之交流。这个时候，男人们则会主动出面，他们很多人都会说普通话、从江本地方言，能够与陌生人、政府部门人员较为流利地沟通交流。

（二）人际关系

1. 夫妻关系

大歹村的夫妻几乎都是自由恋爱结婚的，因此感情较为深厚，夫妻之间如果有分歧，更多情况下妻子听从丈夫，但也有极少数家庭，丈夫憨厚老实，妻子精明能干，这时丈夫听妻子的。夫妻相处模式通常为“男主外，女主内”。客人来到家中，丈夫不用做什么，就陪着客人聊天、喝酒就可以了，而妻子则会默默地在厨房煮饭做菜，还要负责为客人添饭、倒酒，若菜不够，妻子则会静静地去厨房加菜。如果客人太多了，位置不够坐，妻子会主动离席，把位置让给客人，在厨房里把自己没吃完的饭菜解决掉。夫妻之间若发生争吵，则会由家族下的老人来劝，如若不好，则又请村委干部来调解教育，一般不会离婚。

2. 子女与父母之间的关系

大歹村的父母与子女之间很少进行沟通，更多的是对子女日常生活的照顾，子女的思想变化、情绪变化父母是不清楚的。子女也不愿意向父母倾诉自己的想法和情绪，他们更愿意向同伴寻求精神慰藉。

大歹的父母在对待儿子和女儿的态度上区别非常明显，父母对于儿子非常宠溺。笔者看到，读小学的男孩子几乎都有父亲帮其购买的手机，他们除了上学以外，整天抱着手机玩游戏、QQ、刷抖音等，而不会被责骂。大寨二组村民潘党往的儿子已经二十二岁了，由于比较贪玩调皮，小学没有毕业就辍学在家，父母亲也没有逼着他继续读书。后来这个儿子长大了些，就跟着村里人出去打工。儿子在小学时，父亲就已经给他买了智能手机，于是他对打手机游戏非常痴迷。短暂的在外打工期间，几乎都是没钱玩游戏了才去打点工，只要手头有钱，就辞职专心打游戏。回到大歹后，儿子年纪不小了，也没有成家结婚的打算，整天痴迷游戏，无所事事，但是父母都没有说什么重话或加以管束，而是任其自由自在地生活。

不过大歹的父母亲对于女儿就不会那么宠溺。女儿早早学会煮饭做菜、洗衣、摘猪菜等，到十多岁时，还跟着母亲或家族女性长辈学纺纱、织布、染布、刺绣、制衣等女工活。读小学的女孩子很少有手机，问她们原因，都说：父亲帮哥哥或弟弟买，舍不得给她们买。女孩子都是要出嫁的，读不读书父母毫不关心。在国家九年义务教育政策的实施下，适龄女孩子都要去读书，但是某些女孩子由于读书较晚，五六年级就已经十四五岁了，父母亲认为她到了结婚年龄，于是逼着女孩辍学早早嫁人。

3. 兄弟姐妹之间的关系

大歹村的父母亲往往教育兄弟姐妹之间不要记仇，要团结和互相帮助。对于兄弟而言，弟弟要听哥哥的话才行。有时父亲外出务工，由于家里活路繁多，母亲往往无暇照顾年幼的孩子，于是哥哥姐姐通常都要带着弟弟妹妹。如果弟弟妹妹小，不会做饭做菜、洗衣服，那作为哥哥姐姐，就会义不容辞把饭菜做好，帮弟弟妹妹洗衣服。如果弟弟妹妹年纪较大，那他们也会承担相应的家务活，配合着哥哥姐姐、母亲，做一些力所能及的事情。甚至一些弟弟妹妹还会帮助嫂子看小孩，因为嫂子时常忙纺纱、织布，没空带孩子。由于兄弟姐妹的互相照顾和协作，使得他们之间建立了深厚的感情基础，因此在长大后，常常会彼此帮助彼此照应。堂兄弟姐妹之间关系也非常深厚，尤其是堂兄弟之间，在堂姐妹出嫁后，堂兄弟仍然“固守老巢”，彼此之间的联系更为紧密，凡是有大事小事时，堂兄弟都会主动来帮忙。

4. 公婆与儿媳的关系

大歹村的公婆与儿媳之间的关系总体来说，还是比较融洽的。一方面，大歹苗族的传统教育中十分注重爱老敬老的教育，孩子们从小耳闻目睹父母对待爷爷奶奶的态度，自然也就学会尊重孝敬老人。另一方面，虽然大歹人崇尚自由恋爱，但是娶进家的媳妇一定是公婆同意的才行。在儿媳进门之前，公婆通常都会打听对方的家底和人品，尤其关注是否孝老、敬老，只有审核合格了，儿媳妇才能进门。当然，这样人品的儿媳妇与公婆之间相处起来就会融洽得多。

在儿媳与公婆的交流中，与婆婆的交流会更多一些。因为同是妇女，有许多共同的话题，不用避嫌，也不会遭人非议。除了平时的打招呼外，儿媳与公公的言语交流匮乏得多。但行动上对公公的关心和孝敬却从不缺少，尤其是婆婆过世的情况下，儿媳会早起为上山砍柴或放牛的公公准备糯食、下饭菜。晚上公公干活回来，儿媳也会煮好饭等待，并先把饭盛给公公。

5. 妯娌之间的关系

笔者一行28人的伙食承包给了大歹村二组村民潘党往（潘党往负责我们的早、中、晚三餐，食材的采买我们自己解决。）。潘党往，男35岁，已婚，有三个儿子，无女儿，有外出务工的经历，会做多人的菜，能够讲流利的普通话。其妻陈好甩，苗族，来自上歹村归单寨，在大歹幼儿园做清洁工作，每月工资1600元。由于陈好甩在幼儿园做事情，经常接触到老师、外来检查指导的工作人员，因此也会说一些普通话。潘党往一家是大歹村的贫困户。政府为帮助贫困户脱贫致富，免费发放鸡苗，潘党往领了1500只鸡苗，他需要到从江县城采买搭建鸡棚的材料。材料买来后，自己到山上去搭建鸡棚。整个过程持续五天左右。在这五天的时间里，妻子陈好甩干完幼儿园的活，就用空隙时间回来煮早餐、中餐、晚餐，由于她一个人忙不过来，因此她的弟媳就来帮忙。弟媳不会做菜，就帮忙挑水、洗菜、洗碗。潘党往并没有给弟媳算工资，弟媳是出于家人情分过来帮忙的，帮忙的报酬就是做完这些事情后，弟媳会被邀请下来与我们、潘党往一家一同吃饭。在吃饭的过程中，陈好甩和弟媳妇之间其乐融融，她们说着苗话，互相敬酒。陈好甩告诉笔者：在大歹，哪个兄弟家有事，兄弟和兄弟媳妇都会来帮忙，这个帮忙不用给钱，就像换活路一样，今天我家有事，你来帮我家，明天你家有事，我也会去帮你家。[①] 在陈好甩不去幼儿园干活的时候，弟媳也会来她家摆龙门阵、绣花。当我们凯里学院的学生想看一下大歹苗族的传统服饰时，陈好甩拿出家中为儿子缝制的苗族盛装，弟媳和她一起为男学生穿上，陈好甩和弟媳还把自己的苗族盛装拿给凯里学院的女学生穿，她们一起帮助女生梳头、佩戴银饰，整理衣服，虽然弟媳不会说普通话，笔者没能与她顺利交流，但是能够看出陈好甩与弟媳之间的关系是不错的。

笔者看到村子里的妇女，经常会在午饭后到晚饭之前这段时间聚在一起，她们每个人的手里拿着绣片，大家坐在一起，一边刺绣，一边说话。

① 访谈对象：陈好甩，女，30岁。访谈地点：陈好甩家。访谈时间：2020年6月8日晚上。

经过询问，知道这些妇女除了是左邻右舍外，有很多还是妯娌关系。当兄弟之间的家庭爆发矛盾时，不是“粑耳朵”的大歹男人往往会更多地考虑血缘亲情兄弟情谊，因此很多矛盾都会大而化之，和平解决，因此妯娌之间的直接冲突是不存在的。

三、生育模式

（一）妇女生产

时至今日，大歹村的妇女都是在家生产，没有一个妇女是到医院生产的。究其原因主要有以下几个：1.传统的影响。按照传统，大歹苗族妇女都是在家生产的，从未有到医院生产的破例。2.路途遥远，交通不便。2019年大歹村被列入第五批中国传统村落名录之后，才开始修建连接主干道的直通村寨的旅游公路。在此之前，村民们要想到从江县城，靠步行或从水路坐船前去。由于路途遥远交通不便，因此妇女们通常在家生产。3.花钱太多。去医院生产不仅要乘车去从江县城，还要准备生产费、照顾产妇的家人的生活费和住宿费等，这对于家庭条件不是很好的大歹村民来说，无疑大大地超过了家庭的经济承受能力。

妇女生产都是在丈夫家，到娘家生产被认为是亏娘家的，对娘家不利。大歹没有专门的接生婆，通常都是自己接生，如果出现危急情况，就会请经验丰富的老年妇女来帮忙接生。妇女生产，丈夫不能留在房间陪产，因为如果丈夫看到生产会对丈夫不利。临产的妇女通常是在夫妻的卧室跪产，产妇用手抓着床边，双膝跪下，两腿张开，用力把婴儿从肚子里挤出来。

个案1：潘爱松，女，今年34岁。她19岁嫁到大歹村，婚后育有四个子女，均在家自己生产，没有接生婆也没有去医院。生产时叫老公烧热水，准备剪子，关上房门自己在房间生产，不让老公进来。①

① 访谈对象：潘爱松，女，34岁，大寨媳妇。访谈地点：潘爱松家。时间：2020年6月6日下午。

婴儿的胎盘不能随便扔掉或作卖给别人，而是把它埋在大寨坡顶上的一块固定土地里。这块土地是所有潘姓婴儿的胎盘埋葬地，任何人不得在上面建房子，因为在上面建房子被认为是压到婴儿了，对婴儿不利。大歹村被评为传统村落后，旅游公司进村开发，修建鼓楼，鼓楼的地址就是全寨埋婴儿胎盘的地方，旅游公司没有和村民协商就在上面建了鼓楼，于是引起了村民们的强烈反对和抗议。

（二）生育观念

大歹村苗族生育婴儿的最佳理想性别就是男孩。儿子才能传宗接代，才是自家人，有儿子可以为自己养老送终。而女儿是泼出去的水，长大嫁人就是别家的人，养老送终靠女儿是行不通的。没有儿子的家庭，在大歹村极为罕见，村民们一谈到这样的家庭时，都会用“可怜”二字来形容。因为这样的家庭势必没有香火的延续，女儿嫁出去都是别人家的人，看望老人都是有时有候的，如果女儿自己的生活过得好些，那她就会有能力多照看父母，如果女儿自己的生活过不好，自身难保，那根本就没有能力照看父母。

计划生育政策在大歹村的影响不大，几乎每家每户都有三四个以上的孩子。儿子的数量不受限定，越多越好。只要生了儿子，没有女儿也不强求，但只有女儿没有儿子，那就一定想方设法生儿子。为了生儿子为了躲避计划生育，听村干部说：以前大歹交通不便，进村全靠步行，山高林深，语言不通，搞计划生育的工作人员一到村里，就会有人报信，躲计划生育想生儿子的人们就会在家族成员的庇护下躲进深山老林的牛棚里，日常吃喝都会有人帮忙照应，直到工作人员离村，躲藏的村民才会回到家中。[1] 因此，大歹村的计划生育工作很难开展，从而造就了这个村的高生育率和高人口数量。

代祥你老人说：“存钱不如存人，有人才有盼头。人口多，家族才有势力，家族有势力，才能代表自己发言。若家族人丁单薄，只会受到别人

① 访谈对象：陈俊宇，男，28岁，驻村干部。访谈地点：大歹幼儿园。访谈时间：2020年6月8日上午。

的欺负，有苦也哑口无言，不知求助谁。”① 特别是在大歹，村里有红白喜事办酒都是自己家的兄弟互相帮忙，如果没有兄弟，自己势单力薄自然就不比其他家那样有场面。

个案2：代祥你是大歹村的副支书，其父亲代你甩是独子，因此家中有事无兄弟相帮。代祥你看到这样的情况后深有感触，他18岁结婚，妻子20岁，婚后妻子陆续生育了九个子女，最大的孩子32岁已经结婚生子，育有两个孩子。②

在大歹村民的观念中，“存人”的好处有：人多好办事，人多力量大，人多势众。多子的人家在村里面很少有人敢欺负的。多子，正是让潘家在与代家的土地资源争夺战中获得胜利的重要原因。但是他们没有意识到“存人”所带来的一系列后果：土地资源紧张、孩子的生活质量和教育质量下降等等问题，可以说，“存人”观念正是造成大歹村深度贫困的一个重要原因。现在40岁以下的较年轻的大歹夫妻，尤其是男性，他们日益意识到多子造成的后果，因此自觉地减少了生育孩子的数量，“有3个孩子就够用了，太多了家里会很穷的”③ 正是新时代背景下大歹村民生育观念改变的写照。

四、赡养

（一）老年人

家庭是生活实体，是实体婚姻、孩子、生活共同体的结合。“家庭是人口生产的基本单位，因此对于未成年人和老年人的供养是社会最关心的问题，必须强制规定具有血缘关系的个人之见的供养、赡养、财产分配和

① 访谈对象：代你甩，男，70岁，代家寨人。访谈地点：代你甩家。访谈时间：2020年6月5日下午。

② 访谈对象：代你甩，男，70岁，代家寨人。访谈地点：潘网向家。访谈时间：2020年6月8日下午。

③ 访谈对象：潘网向，男，35岁，大寨人。访谈地点：潘网向家。访谈时间：2020年6月8日下午。

遗产继承等一系列权利义务关系的存在，才组合成家庭的。”[①] 家庭的赡养功能主要针对的是老弱群体——体弱多病已经丧失劳动能力的老人、未有劳动能力的儿童少年。

大歹村的老年人在社会上、家庭中仍然具有威信，他们大多受到年轻人的尊敬和信赖。当村子遇到国家权力无法很好地解决的重大事件时（这些事件往往涉及传统习俗），就要请村里面有威望的处事公道的老人来主持。大歹村村规民约的制定就有老年人协会参与其中。大歹村窝堆的祭祀、修缮等也都要由老人来主持。村民们的离婚、分家事件通常都会找老人出面协调。

从小家庭来看，子女们对老年人还是尊敬和关心的。上了年纪的老年人通常体力、精神各方面都走下坡路了，这时，儿子们也不会要求年迈的父母做农活和家务，老人们想做就做，不做儿子儿媳也不会有怨言。老人一日三餐的饭菜都是儿子儿媳弄好，他们不需要自己动手。吃饭时，家庭小辈成员会帮老人添饭、倒酒，如果有好菜，也会先夹给老人吃。尤其是家里杀鸡吃的时候，年轻人会把肉质最嫩最好嚼的部分（如，鸡肝、鸡心、鸡胸肉）夹给老人。如果不这样做，就会被人议论、指责为没有良心，不孝老不敬老。

大歹村老人的养老都是由儿子负责，老人都是与儿子住在一起。如果老人与女儿一起住，儿子则会被人嘲笑为无能。女儿们不会负责老人的养老。在平时，她们由于嫁得近，所以也会时不时看望父母。如果老人生病了，她们也会来帮忙照顾，但老人的医药费这些她们不用出。如果她们手头宽裕，想得周到，老人生病时，也会拿一点钱慰问老人。

有多个儿子的家庭，老人一般都是和最小的儿子居住，但如果老人嫌小儿子家对自己不好，和自己合不来，老人也会选择跟其他的儿子居住。潘具你说：“我奶奶有五个儿子，我父亲是最大的。开始奶奶是和五叔住，

① 郑杭生.社会学概论新修[M].3版.北京：中国人民大学出版社，2003：171.

后来她不喜欢，她又和四叔住。”① 被选中的儿子是义不容辞地要接受老人同住的。老人与哪个儿子同住，平时就由那个儿子来管理老人的日常生活。但老人想到其他儿子家吃饭，其他儿子也是乐意的。如果老人生病输液、住院了，每个儿子都会出钱凑足医药费，也都会轮流照看生病的老人。老人过世，儿子们一同操办，要杀牛、杀猪待客，也都是一起凑钱，谁出多些，谁出少些，大家都不会计较。老人过世其丧事在与之居住的儿子家操办，所收的礼（每个来宾都会送两卡重约七八斤的糯禾和一点香纸）都放在那个儿子家，其他儿子不会为这点糯禾起争执，都会留给那个儿子，大家也不会计较。四组的潘具你说：“我们这里老人又没有钱财可以分，要分就是分田，田又没有多少，所以大家都不计较。而且老人生了那么多孩子，到他们老的时候养他们是应该的。我们大歹不像你们城里，兄弟之间为了父母亲留下来的钱财挣得你死我活，大家没有太多的想法太多的欲望，也就过得幸福些。”②

对于那些极少数的只有女儿没有儿子的家庭，不会为了传宗接代而招上门女婿，女儿统统都要出嫁，虽然女儿就嫁在本村，离得很近，老人也不会和女儿女婿一起住。女儿女婿只会不定时地来帮老人挑水、洗衣、干农活。如果女儿女婿想把老人接去与自己同住，那老人这边的房族亲戚是不会答应的。对于这种有女无儿的家庭，政府都会把它定为低保户家庭，每个月发放一定数额的钱保证老人的生活。

大歹村有少数几个已经丧失劳动能力的男性老年人，他们终身未婚，无子无女，单身一人，政府把他们定为“五保户”人员，每年国家为其供应粮食、生活费、衣服。政府工作人员还不定时地去帮助他们打扫卫生、检查身体。周边的邻居或家族下的亲戚觉得老人可怜，因此会时不时地照顾老人，但是大家也没有能力去常年照顾他们。

---

① 访谈对象：潘具你，男，32岁，大寨四组人。访谈地点：潘具你家。访谈时间：2020年6月11日晚上。

② 访谈对象：潘具你，男，32岁，大寨四组人。访谈地点：潘具你家。访谈时间：2020年6月11日晚上。

（二）少年儿童

银项圈即是一种装饰，更是一种驱邪保平安的吉祥物。大歹村每家每户孩子较多，对于未有劳动能力的孩子，父母对其吃、穿、用都会悉心照顾。每个小孩几乎都有一个银项圈。村民们告诉笔者：银项圈不仅是一种装饰物，更是一种驱邪保平安的吉祥物。一个银项圈要1000块钱左右。1000块钱，对深度贫困的大歹村民来说不是一笔小数目，但是为了孩子的体面和平安，家长都会省吃俭用节约出这笔钱。村内没有虐童事件的发生，父母亲对孩子总是非常包容，尤其对男孩子尤甚。但是由于忙于农活和为生活奔波，再加上父母亲对教育重要性认识的不足，导致很多父母对孩子“只生不养”，这里的“不养”并不是不管孩子的生活，抛弃孩子，而是指他们只管孩子的温饱，而对于其他方面，如思想、教育等不够重视。

五、财产分割与继承

（一）分家的原因

俗话说“树大分叉，子大分家”，这里的“子大分家”通常指的是儿子成家组建自己的小家庭以后，就搬离父母亲的家，自立门户，另起炉灶。大歹村的家庭分家通常也是都等儿子结婚成家有了小孩，并且小孩长到自己会走会跑会吃，不再粘着母亲让母亲什么都做不了时，就会分家。在此之前，已经结婚有孩子的儿子一家与父母亲、未婚的兄弟姐妹同吃，如果家里够宽敞，他们一家也会在父母亲家住。如果家里太挤了，那父母亲、已婚的儿子、未婚的有能力挣钱的儿子会齐心修建一个新房子给已婚儿子一家住，当然已婚儿子所得的收入也会交给父母亲统一支配和使用，哪怕给未婚的正在读书的弟弟当学费和生活费都行。

之所以分家的原因主要有：第一，嫁进来的儿媳妇与大家庭成员的生活习惯、作息习惯、饮食习惯会有较大差别，一起生活，就会产生诸多不和谐，进而引发家庭矛盾；第二，父母亲还要为其他的儿子读书、结婚攒钱，再住在一起就会不合适。大家庭的生活开支由谁负责，谁出多了，谁出少了，谁吃亏了，都有可能引发家庭矛盾；第三，小两口搬出来后可以自己攒钱，为自己的小家庭、自己的子女打算。

（二）分家的仪式

大歹苗族分家时，一般不会惊动寨老、村委会的干部们。他们分家通常采取两种形式：第一种就是父亲自己分。父亲会根据家里儿子的多少较为公正地分配田、树木，如果几个儿子都没有异议的话，父亲就会去请本小组的各个家庭代表，并对这些被邀请来的兄弟长辈说："今天我家分家了，请你们来见证，来吃饭喝酒，热闹下。"小组的家庭代表通常为成年男性，有些是年纪大的老年男性，有些未成家的年轻男子也会来，他们想来听听怎么分家的，以后轮到他们分家时才知道该怎么办。各个家庭的代表到家里之后，首先吃饭喝酒，席间父亲会把哪个儿子分了多少丘田，分了多少树木告诉众人。自此以后，儿子们就会按照当晚的约定来行事，不能违反约定，不能有其他意见。如果过后有意见有争吵的话，小组的家庭代表就会说："当时已经分好了的，你现在说这些没用了。"争吵的双方听到这个话以后，也会息事宁人，安安分分。

第二种就是请本小组各个家庭的代表前来主持分家。通常也是由夫妻去请代表，会对他们说："今天我家要分家了，请你们来主持，看怎么分才合适。"代表们来到后先吃饭喝酒。在席间大家一起商议决定田、树木的分配方法。如果分家的几个儿子对此分配方法都没有意见了，分家的事宜就被敲定。以后，各个儿子就照此约定执行。不管是哪一种分家方法，都不需要立字据画押签字，因为村里没有几个人会写字，分家的约定完全就是口头约定，大家自觉遵守而已。

（三）财产的分割与继承

大歹村苗族分家主要分的是田、山坡上的树木，而不分山和山上的土地。山坡是整个家庭成员（除了女儿）共有的，不归任何儿子所有。各个儿子都有权利在坡上种树、挖土种菜。谁种的树木，树木就是谁的；谁种的菜，菜就是谁的，对此，儿子们没有异议。父母亲的老房子归最小的儿子所有，哪怕父母亲不和小儿子住。父母亲和谁住，他们的田就分给谁。分田时，一般排行在前的儿子要多得些，四组的潘具你说："我奶奶有五个儿子，我父亲是老大。爷爷奶奶总共有9丘田。分家时，我父亲得了2.6丘，我二叔得了2.4丘。三叔、四叔、五叔、爷爷、奶奶就一起分剩下的5丘田，平均下来他们每个人得的田没有我父亲、二叔的多，所以后来我父亲和二叔就各自退了0.6分、0.4分田给爷爷奶奶。爷爷奶奶跟四叔住，四叔就要那几分田。但现在四叔说他的米够吃，他也懒得去种爷爷奶奶留下的那几分田了。"① 分家时，除了把田分给儿子外，父母亲会从粮仓里打一点粮食送给分出去的儿子儿媳一家，包括部分锅碗瓢盆等生活用品。女儿在分家的时候是不能分田的，除了能带走父母亲给她打制的银首饰以外，其他的家产她什么都得不到。

第三节 亲属称谓制度

一、直系、旁系称谓

亲属称谓是以本人为中心，确定亲族成员和本人关系的名称。这里的亲族成员涉及血缘关系和姻亲关系两条线上的人员。亲属称谓反映出来的是一种最基本的血亲、族亲和姻亲关系。恩格斯指出："父母、子女、兄弟、姊妹等称谓并不是简单的荣誉称号，而是代表着完全确定的、异常郑重的相互义务，这些义务的总和构成这些民族的社会制度的实质部分。"② 亲属称谓通俗来讲就是人们用于辨别身份、指代称呼对象的角色定位的语

① 访谈对象：潘具你，男，32岁，大寨四组人。访谈地点：潘具你家。访谈时间：2020年6月11日晚上。

② [德]恩格斯.家庭、私有制和国家的起源[M].中共中央马克思恩格斯列宁斯大宁著作编译局 译.北京：人民出版社，1999：28.

言符号系统。

大歹苗族是一个传统的农耕民族，梳理大歹亲属称谓对研究大歹婚姻制度和家庭制度有着十分重要的意义。因为大歹苗族没有文字，没有族谱和其他的文字记录，大多数村民用反推的方法也至多能从自己往上数三辈亲属的名字，因此笔者无法追溯到三代以上的苗族称谓。现将田野调查中获得的苗语称谓名称用苗文记录，并用汉语对译出苗语的意思。

1. 直系亲属称谓表

汉语称谓	苗语称谓	汉语谐音
我	wak	洼
曾祖父（太爷爷）	ghuf niongd	固浓
曾祖母（太奶奶）	wox ghef	务构
祖父（爷爷）	ghuf	固
祖母（奶奶）	wox	屋
父亲（爸爸）	baf	把
母亲（妈妈）	mit	迷
兄长（哥哥）	deib	得
弟弟	jud	倨
姐姐	aid	唉
妹妹	jud	倨
儿子	dab jangs	达进
女儿	dab paif	达畔
孙子	dab jangs	达进
孙女	dab paif	达畔

2. 旁系亲属称谓表

汉语称谓	苗语称谓	汉语谐音
伯父	baf bel	巴啵
伯母	mit waid	迷歪
叔父	baf nil	巴腻
叔母	mit yux	迷佑
姑父	dax pol	巴迫
姑母	mil waix	迷歪
外公	ghuf	固
外婆	wox	屋
舅舅	dat nif liul（大） dat nif nit（小）	达你流 达你腻
舅妈	dad mul liul（大） dad mul nit（小）	夺母溜 夺母腻
姨妈	mil nix	迷腻
姨夫	wof	握
表姐	joed aid	驹唉
表妹	joed aid	驹唉
表哥	dak mof	达莫
表弟	dak mof nil	达莫腻
堂姐	joed aid	驹唉
堂哥	dak mof	达莫
堂弟	dak mof nil	达莫腻
堂妹	joed aid	驹唉

3. 姻亲亲属称谓表

汉语称谓	苗语称谓	汉语谐音
嫂	niel	粘
弟媳	mil	迷
儿媳	nieet	聂
姐夫	yud	淤
妹夫	nvf	钮
女婿	yud bad yuf	淤达郁
岳父	ghuf	固
岳母	wox	屋
弟媳喊哥媳	waid	歪
哥媳喊弟媳	niuf	钮
弟媳喊大哥	bed	波
大哥喊弟媳	niuf	钮

大歹苗族自称bax yaf，称呼客家和外面的人分别为diut hkaif、did dal。

二、家庭称谓

1. 子父连名

大歹苗族无论男性还是女性其命名都采取子父连名制度。子父连名制度有两种形式：子+父、子+父+祖父。不管哪一种形式，都是子女的名字在前，父亲的名字在后。由于同名者较多，为了区分出所指的人，就会在父亲的名字后再加上祖父的名字。如果还区分不出，就会在子+父+祖父名字后加上寨子的名字，这样就能准确地知道指的是哪一个人。其结构图（从祖辈往后推）如是：AB→CA→DC→ED→FE→GF→HG……如，祖父的名字是祥、父亲的名字是列、儿子的名字是简，那儿子的连名就是简列或简列祥。列有四个孩子，大女儿的名字是运，二女儿的名字是窝，三子的名字是明，四子的名字是三，那他的四个孩子的连名就分别是：运简、窝简、明简、三简。

任何一种文化现象都担当着一定的社会功能，大歹苗族的子父连名制度也不例外。子父连名制度作为苗族文化的一个重要文化因子，之所以世代传承，是因为它具有非常丰富的社会功能。子父连名的社会功能主要有：

（1）世代区分的符号表征。“世代是分别亲属的一种原则，根据生育的事实，把生者和被生者，也就是亲子，分成相衔接的两个世代。”[①] 人名是社会性个人的区别符号，它的目的就是为了区分个体，反映个体在世代上的差异。苗族的名字是单字，不含标志个人辈分的文字要素，不能担当世代区分的职责。而采用子父、子父祖父连名正好可以解决这个困难，从连名就可以很好地区分不同个体之间的亲子关系，世代的区分就非常明晰。

（2）宗亲关系认定的依据。历史上，苗族不断迁徙。在迁徙的过程中，彼此失去联系，杳无音信，甚至再无来往。在这种情况下，怎么来辨别陌生的彼此之间是否是宗亲关系，这个时候，子父连名制度就提供了极大的帮助。苗族虽然没有文字，没有族谱，但是成年男子几乎都会背诵自己房族的子父连名瓜藤谱，即以自己或自己的儿子、孙子的名字为基础，往上数，记性好的可以把几十辈以前的老祖先的名字数出来，如果两个房族在往上数的过程中，有共同的祖先名字，那就说明这两房人之间是宗亲关系，是可以合谱的。

（3）限定择偶范围。随着汉姓的采用，苗族社区出现了苗姓与汉姓不对等的情况：同一个苗姓成员分属多个不同汉姓；同一个汉姓成员却由不

① 费孝通.生育制度[M].北京：商务印书馆，2008：186.

同苗姓成员组成。于是就出现了“同姓开亲”的现象，这与苗族的传统婚姻制度是相矛盾的，实际上，苗族开亲仍然避免“同姓开亲”，即同一个祖先繁衍下来具有血缘关系的后代之间是禁止开亲的。这里的姓不是汉姓，而是苗姓。苗族的子父连名可以帮助苗族识别对方是否是同一个祖宗的后代，如果是的话，男女双方是禁止通婚的。

2. 孩子取名

孩子出生一个月后，就要为其取名。大歹苗族给孩子取名的方法主要有两个：

方法一：在孩子满月后，他的父母亲会邀请一众亲戚来到家里，每个人都要为小孩子准备一个名字，首先让小孩的舅舅说出准备的名字，然后舅舅用石头来占卜这个名字孩子喜不喜欢，合不合适。用来占卜的石头形状扁平，石块中间钻了一个空，然后用绳子穿孔把石头串起来。舅舅提起石卜的绳子，让石头转动起来，如果石头不停地转动就说明这个名字好，小孩子喜欢，就取用这个名字。反之，石头转动的时候停下来了，就说明这个名字不好，孩子不喜欢。这时就要换另一个亲戚的名字，让这个亲戚也用石头来占卜。如此重复，直到找到一个孩子喜欢的好名字才作罢。①

方法二：同样是在孩子满月后，孩子的爸爸要背着孩子去舅舅家，告诉舅舅家这个喜事。舅舅家准备一只鸡、一只鸭给孩子的爸爸背回来，做添孙抱子的贺礼。到家之后，孩子爸爸把鸡鸭杀了做菜，邀请孩子的舅舅和自己的伯叔来家吃饭。娘亲舅大，舅舅先说出自己准备的名字，便开始用两块木片（这两块木片是一块整木劈开的两半）打卦，用双手合住这两片木卦，作揖三下，再举过头松手让卦落下。由于取名之事相当重大，多以连掷得三次圣杯才算数。若三次打卦都是圣杯，即说明这个名字好，孩子喜欢便定下来。若三次打卦有一次不是圣杯，即这个名字不理想，则需要让父亲的兄弟来说名字再打卦，直到某人所取的名字三次打卦为圣杯为止。

---

① 访谈对象：潘网向，男，35岁，大寨人。访谈地点：潘网向家。访谈时间：2020年6月10日上午。

圣杯：即一阴一阳，一面正一面反。表示神明认同，或行事会顺利。

笑杯：即两面都是阴卦。表示神明还未决定要不要认同，行事状况不明。

阴杯：即两面都是阳卦。表示神明不认同，行事会不顺。[①]

3. 常用名

（1）村民一组代姓常用名

单字	次数	单字	次数
祥	7	当	3
你	8	阶	9
尝	1	壮	1
往	10	板	1
水	1	棉	2
写	4	金	1
三	2	朵	1
列	2	简	2
来	1	刘	1
记	8	井	1
玩	3	小	1
甩	17	怀	1
克	4	爽	1

① 访谈对象：潘季礼，男，48岁，大寨人。访谈地点：潘季礼家。访谈时间：2020年6月10日下午。

（2）二至五组潘姓常用名

单字	次数	单字	次数
叶	1	玩	14
列	42	往	26
当	18	写	2
甩	42	丈	1
棉	17	马	8
简	6	向	2
阶	24	小	1
仗	1	党	2
你	27	雄	1
克	25	号	2
木	1	迷	2
三	9	水	1
舵	6	摆	2
记	19	元	2
祥	26	井	1
明	7	干	1
中	3	计	1
糯	9	影	1
污	1	占	1

据上表，可以清晰地看出，大歹村代姓成员的姓名中单字出现次数较多有：祥、你、往、记、甩、阶这几个字。潘姓成员的姓名中单字出现次数较多的几个字是：列、当、甩、棉、阶、你、克、记、祥、玩、往、糯、三。现对使用频率最多的几个单字的意思进行解释：

阶（jenb）：金子。　　　　当（dangk）：板凳。

你（nix）：银子。　　　　往（wangx）：王或皇帝。

甩（saif）：捡到东西。　　祥（xangk）：吉祥。

克（keek）：快速恢复健康或病愈。

这几个频繁使用的单字，除了当（dangk）是日常生活中的常见事物以外，其他几个单字都有着极佳的寓意，它们表达和寄托了大歹苗族希望发财发富，身体健康的美好愿望。

第四章　民间信仰

民间信仰又叫作民俗信仰，它是在长期的历史发展过程中，在民众中产生和传承的一套神灵崇拜观念、行为习惯和相应的仪式制度。[①] 民间信仰具有一定的崇拜对象，还伴有行为方式，以及从事预知、祭祀、巫术等宗教活动的宗教师。

第一节　万物有灵

大歹苗族认为万事万物，不管是动物还是植物，有生物还是无生物，它们都是有灵魂的，而且灵魂不灭。万事万物都会说话，都有自己的思想、喜怒哀乐，它们都是神灵的化身。正是在“万物有灵”观念的影响下，大歹苗族建构起自己的信仰体系。

一、自然崇拜

（一）树

大树、古树由于树干粗壮，枝繁叶茂，生命力强且长寿等特征，与人们的美好愿望——兴旺发达、健康长寿相吻合，于是成为人们的崇拜对象。

① 钟敬文.民俗学概论[M].2版.北京：高等教育出版社，2012：145.

大歹苗族崇拜的树木没有固定的树种，有松树、香樟树、枫香树、松柏树等，凡是树干粗大枝繁叶茂的大树，尤其是古树，都能成为人们崇拜的对象。大歹苗族树崇拜的对象主要有：

1.保寨树。在大歹村寨附近的大树、古树，无论什么树种，都是保寨树，它们可以保护全寨人的平安，可以帮村民们挡住不祥的事物。

2.风水树。在大歹小学往代家寨方向走的路边，有几棵几百年的香樟古树，这几棵树是不能砍伐的，因为它们是保大歹村的风水的。

3.坟山树。坟山上的树，不论其树种、大小，都不能砍伐。

大歹苗族的树崇拜信仰具有较强的约束力。这种强制约束力通过传统的力量、对“因果报应”的畏惧以及村规民约的处罚来实现。

有一个20多岁的大歹年轻媳妇，她上坡干活的时候碰到有人在砍一棵大松树，大松树树干和树枝结了很多的松油疙瘩。她回家以后脖子、乳房、屁股、脚都长出了好几个形似松油的疙瘩（笔者注：即肿瘤）。蒙面师帮她看米，说她碰到了松树鬼，要拿一只公鸡、一只鸭、白酒、糯米饭和一些香纸，到大松树的树桩那里祭拜这个鬼，病才会好。①

大歹村寨门处原来有一颗古树，这棵树是香樟树还是其他树种，已经无从得知，因为村民们只能用苗语叫它，而用汉语就不知道怎么说了。该树已于10年前村里修乡村路时枯死。对于这棵树，村民们非常尊敬它，也畏惧它，从来不敢轻易碰触，更不用说砍伐它。村民们之所以敬畏这棵古树，是因为大歹村的蒙面师看到这棵树上有一个死去的老奶奶，她的舌头伸出嘴巴外长长的，很恐怖。所以每次村民路过这棵树时，都会捡一点柴火（木柴）放在树前，这样就会平平安安，不会被老奶奶整得生病了。十年前，一个来修路的广西的师傅不小心挖到这棵树，当场流鼻血，后来那个师傅害怕就回了家乡，再也没回来。②

① 访谈对象：潘网向，男，35岁，大寨人。访谈地点：潘网向家。访谈时间：2020年6月11日中午。

② 访谈对象：潘党里，30岁，男，大寨人。访谈地点：潘党里家。访谈时间：2020年6月12日晚上。

图 4-1　大歹村寨门　李孝梅 摄

如果谁任意砍伐大树、古树、村寨附近的树、坟山的树，都要受到村规民约的惩罚，罚120斤糯米、120斤肉、120斤酒请村民吃，赔礼。①

曾经有一个村干部偷偷卖掉村里的一棵古树，当时买树的老板带了两台挖掘机和一台起吊机前来大歹，连夜挖走了这棵树，后来村民们发现了，按照村规民约严惩这个村干部，罚款1万块钱。据说这棵树卖出去的远不止1万元。

正是因为大树、古树可以保佑村寨风水、村民的健康平安，且可以捉弄和惩罚人，因此大歹苗族对于大树、古树怀着敬畏的心理，村民们一方面祈求它们的庇佑，另一方面避免受到它们的捉弄和惩罚。这样的信仰观念世代相传，上一代人就会教育下一代人，不得砍伐大树、古树。大歹苗族这种敬树、护树的传统，对古树、大树、村容村貌的保护，生态环境的可持续发展，以及人与自然的和谐相处起到了积极的作用。

① 访谈对象：潘党里，30岁，男，大寨人。访谈地点：潘党里家。访谈时间：2020年6月12日晚上。

图 4–2 千年香樟树 吴贵英 摄

图 4–3 树崇拜痕迹 吴贵英 摄

（二）石头

在万物有灵观念的影响下，石头成为大歹苗族的崇拜对象。大歹苗族崇拜的石头主要是议榔埋岩[①] 以后所埋下的石头和能够遮挡不祥的石敢当。

图 4–4 埋岩 1 李孝梅 摄

图 4–5 埋岩 2 杨亚 摄

① 埋岩：埋岩又称为“竖岩”，是苗族社会一种特殊的立法方式。通常由各村首领约定在一处显著地方，召集大众，杀牛或猪，宣读规约，立下一块岩石，用牛血或猪血淋洒岩石，到会的人都要喝鸡血酒，大家盟誓，参加埋岩的众人不得违反规约，否则必遭重罚。埋岩的内容涉及社会生活的方方面面，小到婚姻家庭，大到抵御外敌。

大歹苗族和黔东南其他地方的苗族一样，在其传统上就有“埋岩”的公众议事、立法活动。被埋进土里的石头通常是长方形的，石头半截埋进土里，半截露出地面。虽然“埋岩”没有文字的篆刻，但它与有文字的法律法规作用相同，因为人们了解“埋岩”的情况和目的，知道“埋岩”的内容，并自觉地用“埋岩”的内容来规范自己的言行，“埋岩”成为处理类似事件的法律依据。总之，“埋岩”是苗族的立法活动，是苗族的习惯法。正是因为“埋岩”具有如此重要的作用，因此，大歹苗族不会去触碰和移动“埋岩”。“埋岩”具有神性，如果有人碰触它或无意弄倒它，那这个人会马上流鼻血；如果有人故意地移动它，那这个人会受到严重惩罚导致死亡。

如果小孩子不懂事，碰倒了埋在地里的石头，小孩子要流鼻血，还要请一个非常厉害的师傅（笔者注：法力高强的鬼师）来做鬼（笔者注：做法事），还要买一个小猪来祭，否则小孩子会死的。如果是有人故意去搬动石头，那这个人要着弄死的。[①]

大歹村的“石敢当”通常安放在房门口，PJN说房门口的“石敢当”的作用是：因为房门口的朝向不好，会给家人带来不祥不利，因此用这块石头来挡住这些不好的东西，保家保平安。[②] 还有一些“石敢当”被安置在房屋附近，作用也是保家人平安，保牲畜平安。对于这些挡煞避凶保平安的“石敢当”，大歹苗族对它们心怀敬畏，不会亵渎它们，不会对它们做吐口水、擤鼻涕、撒尿等不敬行为，也不能横跨、脚踩或坐在上面，因为它们是保家挡煞的保护神。对“石敢当”不敬者将会受到“石敢当”的惩罚，轻则流鼻血，重则有生命危险。

---

① 访谈对象：潘网向，男，35岁，大寨人。访谈地点：潘网向家。访谈时间：2020年6月11日中午。

② 访谈对象：潘具你，男，32岁，大寨人。访谈地点：潘具你家。访谈时间：2020年6月10日晚上。

图 4-6　房门口的"石敢当"　李孝梅 摄

图 4-7　房屋附近的"石敢当"　李孝梅 摄

（三）水

水与人们的日常生活及农业生产、粮食收成息息相关，水不仅可以造福人类，它还可以在某些时候给人类带来灾难。水拥有无穷的力量，世间有生命的物种都仰仗于它。因此，水成为人们顶礼膜拜的对象，它具有神力，但凡有水的地方，就有水神的存在。大歹村地处高山，水资源较为缺乏，在使用自来水以前，全村的人就是靠4口水井生活（大寨有两口水井，代家寨有两口水井），因此对水井，大歹人是敬畏和爱护的。大歹村的水井周边已经实现水泥硬化，井壁被抬高约1米，并用水泥敷平，水井上方搭建了形如平房房顶一样的遮板。人们日常用水，都是用水瓢把井水舀到自家的水桶或盆里，不能直接用桶或盆伸进井里舀水。妇女洗头、洗脸脚、洗衣服，男人们冲凉，也都只能把井水舀出来放进桶里，在隔水源较远的地方使用。人们不能往水井里吐口水、擤鼻涕、大小便，违者要被全村人责骂。

之前有一个单身汉，家里没有任何人，冷冷清清的，不知道被人骂的感觉是什么，他也很羡慕其他夫妻吵吵闹闹的，于是为了体验一下被人责骂的感觉，他跑到水井挑水顺便在井里大便，妇女们来挑水发现了井里的大便，于是就骂：哪个心屌的，跑到水井这里大便，不得好死啊。单身汉在路边听到妇女们这样骂以后，他就高兴了心里也舒服了，因为终于体验到被人骂的感觉了。[①]

大寨寨脚有一口四方古井。这口井的水质清澈甘冽，由整块青石雕琢而成。古井最初建造时间不详，但是旁边有一块碑上写着是在“中华民国”三年甲寅五月十四日立，猜测是雕琢青石井沿的时间。像这种整块青石雕琢而成的水井，在从江苗族地区极为罕见。四方古井的井水能够给人带来好运，可以让死者干干净净地去往另一个世界。

图 4-8　四方古井　杨亚 摄

四组村民潘具你说：在大年初一的时候，村里的妇女，在凌晨的时候都会比谁起得早，去古井那里取水回来泡蓝靛，去的最早的三个人，古井

① 访谈对象：潘阶列，男，46岁，四组人，小学文化程度，有6个子女，其中一个儿子是大歹村目前唯一的本科生。访谈地点：潘阶列家。访谈时间：2020年6月7日晚上。

就会保护她们，让她们今年做衣服最顺利，最好看。村里只要有老人过世，都会拿米和硬币或者纸币（1.2元或1.6元，或者更多。）去买一瓢水，拿来给老人洗脸，还会焚香。这样老人就可以干净地升去另一个世界。

下雨天，尤其是天空出现彩虹时，人们口渴了也不能直接喝水井里的水。因为天空出现彩虹表示龙在喝水，如果人去喝井里的水，那就是和龙一起喝水，运气不好就会生病甚至死亡。所以在喝井里的水之前，要先摘一根芭茅草，把它制成一个草标放到水井里，之后再用瓶子或手把水舀出来，走几步之后再喝，不能在水井边立刻喝水。打草标放在水井里，这是对水井神的尊敬和问候，只有这样做了，水井神才会高兴，才不会让人生病或死亡。

二、祖先崇拜

（一）窝堆

窝堆苗话叫作“wo dang”,“wo”是奶奶的意思,“dang”是凳子的意思，翻译过来就是奶奶的凳子。窝堆，系苗语音译，意为祖母神，她是大歹苗族村寨的守护神。大歹村的“窝堆”由石头垒砌而成，每逢重大节日或有重大活动时村民都要举行神秘的“丫堆（祭祀祖母神）”仪式，乞求“窝堆”神赐予力量或保佑村寨平安。“窝堆”神圣不可亵渎，若有不敬，如朝它吐口水、擤鼻涕、大小便等，会招祖母神惩罚。

潘具你说：以前他们小的时候经常爬到窝堆上面玩，但没什么事。村里面的老人看到之后就叫他们以后不要这样做，这是对“wo dang”的不敬，会受到惩罚，这次没有事的（笔者注：没受到惩罚）原因是因为“wo dang”的心情好，心情不好的话它就会惩罚你；以前就有过类似的事情发生，有几个小孩爬到窝堆上面玩,“wo dang”的心情不好，这几个小孩一下子就出鼻血了。①

① 访谈对象：潘具你，男，32岁，大寨人。访谈地点：潘具你家。访谈时间：2020年6月7日晚上。

1.窝堆的祭拜。大歹村的窝堆有总窝堆（也称为大窝堆。大窝堆有两个：一个所辖范围是整个大寨潘家；另一个所辖代家寨。）、各个村民小组的窝堆（也称分窝堆。除了三、五组共一个窝堆外），还有各个原来非潘姓或非代姓，如李、孟、何、韦姓各自家族的小窝堆。逢年过节或有重大活动（如，2020年7月31大歹苗寨景区开园）都会去祭祀窝堆。祭祀“窝堆”时也是要遵循窝堆的尊卑长幼秩序，即先祭拜“大窝堆”，然后祭拜小组共同的分窝堆，最后各个原来的杂姓祭拜各自家族的小窝堆。祭拜窝堆的顺序就如同老支书代祥你所说的那样：“吃饭是必须要由长辈先动筷子然后小辈才能吃的情况一样”①，若顺序颠倒或不分长幼地前去祭拜，则可能会适得其反遭到祖母神的惩戒。

虽然窝堆有不同的等级，其所辖的人群范围有大小区别，但其功效基本相同。村民们如果身体不舒服、小孩子生病、要出远门、建房、结婚、产子，都可以前去祭祀窝堆，但是要通过“养窝堆”的人来祭祀，本人只是拿祭品给“养窝堆”的人，让这个人帮忙祭祀祈福。另外如遇到持续有大风天气的时候，村民们需要前去祭拜“窝堆”，祈求祖母神的庇佑，请求它护佑房屋无恙（因为大歹村的民居多为木房子易被大风刮倒）和保护村中人畜平安无害，这时候就得先去祭拜“大窝堆”，然后才能去祭拜分窝堆和小窝堆。②

2.窝堆的选址。关于窝堆的选址是需要请师傅前来做法，师傅与“老奶奶”沟通后，根据“老奶奶”的意愿确定其安置的地址。如若不然，就会触怒“老奶奶”，她就不再愿意护佑整个村寨。③

3.养窝堆的人的选择。村民潘四克说：大窝堆里面是埋有一把银伞，银

① 访谈对象：代你甩，男，70岁，大歹村老支书。访谈地点：代你甩家。访谈时间：2020年6月8日早上。

② 访谈对象：代你甩，男，70岁，大歹村老支书。访谈地点：代你甩家。访谈时间：2020年6月8日早上。

③ 访谈对象：代你甩，男，70岁，大歹村老支书。访谈地点：代你甩家。访谈时间：2020年6月8日早上。

伞是用铁锅盖着。养窝堆的人也不是随便选的，而是通过请师傅做法事来选的，而且要请高档一点的师傅（笔者注：法力高强的师傅）。师傅说窝堆“老奶奶”喜欢谁或者说谁干净一点，谁就来当。①

4.窝堆的管理。当窝堆上长满了杂草需要清理或窝堆顶上堆放的杉木板朽坏需要更换时，须经过一定的仪式程序才能进行。村民潘四克说：“窝堆上面长满杂草，不能随意清理，因为‘老奶奶’的能力很强，所以要请四五个蒙面师傅来做法事，芦笙手吹完芦笙后，才能有养窝堆的人来清理杂草。”②

窝堆顶上通常都堆放着杉木板，杉木板堆成锥形，以此保护窝堆。如果时间久了，木板朽烂垮掉，需更换木板，这时要寻找本村未婚的18岁至24岁的年轻力壮的男子去完成此项任务，其他人（如已婚男子和无父无母的孤儿等）不得为之。对于自愿为窝堆更换木板的年轻小伙子来说，此事不仅不会对他们及家人造成不利影响，反而他及家人会得到窝堆祖母神的保佑赐福，而他本人可以享受村民献给窝堆的祭品（如酒水，鸡鸭等）。在窝堆的祭祀、杂草的清理仪式、更换杉木板的仪式中，妇女均不能参与。③

---

① 访谈对象潘四克，男，65岁，现任的养大寨大窝堆的人，二组村民。访谈地点：潘四克家。访谈时间：2020年6月8日晚上。

② 访谈对象：潘四克，男，65岁，现任的养大寨大窝堆的人，二组村民。访谈地点：潘四克家。访谈时间：2020年6月8日晚上。

③ 访谈对象：代你甩，男，70岁，大歹村老支书。访谈地点：代你甩家。访谈时间：2020年6月8日早上。

图 4–9　窝堆顶上的杉木板　岑道琪 摄

（二）家庭祖先

大歹苗族的“万物有灵观念”自然地滋生出祖先灵魂不灭的观念。他们认为祖先虽然身亡，但是其灵魂与后代同在，他（她）听得见看得见活人的言行举止。祖先的灵魂具有强大的力量，可以为子孙后代带来幸福、平安、财富、庇佑，但如果对祖先灵魂不敬的话，也会受到惩罚，出现生病、做事不利，甚至遭遇灾害。因此，大歹苗族对祖先的灵魂是敬畏的，他们逢年过节一般都要祭祀祖先灵魂，通过对祖先灵魂的讨好、供奉，实现自己或家庭的美好愿望。

祭祀祖先的人选通常是父亲，如果父亲年老了，就由儿子来接替。如果家里的男人都不在家，那妇女自己可以祭祀祖先或让年龄大一点的儿子帮忙祭祀。大歹苗族没有祖先的香火牌位，他们的祭祀通常是在火塘边、大门外进行。之所以在这两个地方祭祀是有原因的：火塘边祭祀时专门为在家过世的老人准备的，大门外的祭祀是为那些在家外面过世进不了家的老人准备的。大歹苗族认为在家过世的老人的灵魂很容易进家享受后代的供奉，而那些在家外面过世的老人则很难进家享受供奉。火塘边祭祀、大门外祭祀的结合是对逝去亲人、祖先的周全的祭祀，这就避免了祭祀的遗漏，从而也避免了因为祭祀的遗漏而造成的不利影响。

祭祀时，把各个节日用的牺牲品，如鸭、鱼、牛肉等煮熟放在碗里，再用另外两个碗分别盛装米酒、糯米饭，无需筷子，然后把这些装满了祭祀品的碗放到火塘边，点燃糯禾草，点燃两三根香（香，可有可无），嘴巴念叨着：今天过节了，老人们来喝酒吃饭了之类的话语。祭祀者把酒碗里的酒倒洒淋在地上（不倒完），然后用手掐一点祭祀的肉、糯米饭放在地上，这代表了祖先已经得到享用。火塘边祭祀完毕后，又把祭祀的肉碗、酒碗、糯米饭碗端到大门外，重复上述所说的祭祀动作，至此对家庭祖先的整个祭祀宣告结束。

第二节　宗教师及民间信仰活动

在大歹苗族的认知里，除了自然界、人类世界以外，还有一个鬼神的世界。这三个世界共同存在，互有区别和联系。为了沟通鬼神世界和人类世界，就需有一个沟通二者的桥梁，于是宗教师就出现了。宗教师用自己的法力，通过相对固定的仪式来达到人和鬼神世界的沟通和交流，他（她）向鬼神传达人类的祈盼和愿望，鬼神通过他（她）表达自己的意愿和需要。

一、宗教师

（一）宗教师的类别：各在其位、各司其职

大歹苗族依据宗教师的职责、能力的不同，把宗教师划分为三类：“骑马”的蒙面师；祭鬼、驱鬼的师傅；法力全面的大师傅。在大歹，如果家人生病了，打针也不好，输液四五天了也还是老样子，就猜测是碰到鬼了，然后就会去请“骑马”的蒙面师看一下孩子是不是被鬼缠住了，并

且请师傅一道来做法祭鬼、驱鬼。如果想和过世的死人交流说话，那就要找法力全面的大师傅。

1.“骑马”的蒙面师

蒙面师也叫小师傅，他负责看（辨别）是哪个鬼害人生病的。

大歹的蒙面师是由男性担任，目前为止有两个蒙面师，一个40岁，一个40多岁。蒙面师做法时用一块布把脸盖住，然后双腿抖动。双腿抖动表示他骑“马”去坟地看鬼。“马”行进的路线是大歹苗族送过世的老人上山的路线（即从丧家出发，穿过大歹幼儿园旁边的鼓楼，沿着鼓楼往下走，一直走到大歹幼儿园下面那条乡村硬化路，最后走到坟地）。坟地有很多鬼，蒙面师到那里之后，就会看出是哪个鬼先“问”了生病的人（民间认为，鬼先“问”生者或主动向生者打招呼，生者就会倒霉生病。鬼在生时、生什么病，痛在哪里，被他“问”或主动打招呼的生者就会相应地生什么病和痛哪里），于是就把这个鬼带回病患家。之后对鬼的祭祀、驱赶不是他的职责范围，而是交由下一类宗教师来完成。但是在祭鬼、驱鬼的过程中，蒙面师可以看到鬼，知道那个“问”病患或主动向病患打招呼的鬼来了没有，吃了没有，走了没有。

2.祭鬼、驱鬼的师傅

这一类型的师傅做法事时，不用布盖脸，双腿不抖动，不骑马去看鬼，他只负责做法事祭鬼、驱鬼。大歹苗族认为这类宗教师法力比蒙面师大，他的法力在三类宗教师里面算中等的。师傅做法时会说东西南北的话，别人也听不懂。他和蒙面师配合，会问蒙面师：搞好了没有，到位没有？如果搞好到位了，师傅就会根据不同的鬼做不同的法事，用不同的牲畜来祭鬼、驱鬼。祭鬼的动物一般用鸡、鸭、鱼、狗、羊、猪等。师傅也会兼看房子屋基的风水。总之，看鬼的才会找蒙面的，看风水的不找蒙面的。

3.法力全面的大师傅

这类宗教师的法力最高、最全面，既可以看鬼，又可以祭鬼驱鬼，还可以让阴间的死人与活人对话。大师傅不用走乡串寨帮人看鬼，他（她）待在家里，自然会有人来找他（她）。之前，大歹村有一个90多岁的男性大师傅，但近十年前这个大师傅生病去世了，大师傅的儿子没有继承到他的衣钵。现今，大歹村、大歹附近的村寨都没有大师傅，而在从江县的下江镇、廷洞镇还有很多大师傅，而且多是五六十岁的女性居多。大师傅做法事时，有些蒙面，有些不蒙面。

我二姐夫过世了，我姐想去找大师傅帮忙，跟我过世的二姐夫说点话，我就把二姐带过去了。那个大师傅可以“过阴”，鬼可以到她身上来，跟活人交流。去的时候我姐买的那个纸只有一半，有一面有点坏了，大师傅一看那个纸就说：你这个是单亲家庭吧，我看这个纸就知道。后来过世的二姐夫就来到大师傅的身上，他醒来说：今天舅舅也跟着你来了。他认出我来了，我觉得很神奇，因为去到大师傅那里，我一句话也没有说，也没有介绍我是谁，我姐也没有介绍我是她弟弟，他居然说出来了，所以我觉得挺神奇的。我姐就和他说了很多话，哭得稀里哗啦的。①

我们那次去还碰到一对夫妻，四五十岁了，那个男的喜欢喝酒，喝醉了就打妻子，然后妻子就带着丈夫一起来找大师傅，想跟过世的婆婆说下，让婆婆惩罚一下丈夫。过世的婆婆在大师傅身上醒来后，妻子就跟婆婆告状说：你在那边教训一下他，多打他几巴掌，你看他那么爱喝酒，喝酒了还打人。②

有一个妇女去看大师傅，她说我年纪大了本来要抱孙子了，但是媳妇没有生小孩。大师傅从阴间请鬼来看，鬼就说你媳妇的血不行，然后这个妇女就对大师傅说：大师，你会不会法术，把我媳妇的血变好。鬼就说：我只是帮你看，我怎么会这个，你要想把媳妇的血变好，那要到医院去医治才行。③

---

① 访谈对象：潘具你，男，32岁，大寨人。访谈地点：潘具你家。访谈时间：2020年6月9日晚上。

② 访谈对象：潘具你，男，32岁，大寨人。访谈地点：潘具你家。访谈时间：2020年6月9日晚上。

③ 访谈对象：潘具你，男，32岁，大寨人。访谈地点：潘具你家。访谈时间：2020年6月9日晚上。

（二）宗教师的职业习得：父传子承和后天习得

1. 父传子承

蒙面师的技艺不需要后天学习，只要某人家中祖辈有人会骑马，有马，那这个马就会传给下一代人，由下一代人接待这个马。只要有了马，就自然可以帮人看鬼。如果这个人家有几个儿子，那就要看这个马喜欢谁。被马选中的人在喝一两口酒以后，两条大腿就开始抖动起来，就说明他得到那个马了。在这个马刚开始缠着他，他还不能够驾驭马还不会做师傅的时候，他一喝酒双腿抖动后，就神志不清不知道发生什么事情了，他会骑着马越走越远，不知道回到阳间来，这个时候就要请大师傅去解法，他才会清醒骑马回到阳间。没有大师来解法的话，他的两腿就一直在抖，不会停歇。只要被马选中缠住，这个人必须要做蒙面师傅帮人看鬼的。有些被马缠住的人年纪还小，不想做蒙面师，于是就不会轻易喝酒，因为一喝酒他就控制不了自己骑马去阴间看鬼。等他年纪大了，他才会做蒙面师。通常是三十岁以后才会开始做蒙面师，特别年轻去做师傅的话，会对家里人的长寿有影响，即让家人折寿。

现在我们寨子（笔者注：大寨）就有2个蒙面师，他们都是父亲传下来的。有一个有40岁，有一个40多一点，他们都可以帮人看鬼。以前蒙面师都是由村里面统一出钱请的，他们帮村里面的人看鬼，帮村里面解决困难。但现在这两个会说：我俩又不是村里面请的，都是祖传的，太远的话不想搞就不搞。如果他不乐意，他不想来帮忙看，也没有办法。如果和蒙面师关系好一点的，那他就会帮忙看，其他人就很难请得动他们。他们要来搞，纯粹就是人情了。人情好的话（笔者注：与他关系好的话），随时都请得动；人情不好的话，是请不动的。①

2. 后天习得

大歹村原来那个很厉害的过世将近十年的师傅，他的技艺不是祖传的，是学来的，但是从哪里学来的村民们不清楚。村里有两个人跟他学

① 访谈对象：潘具你，男，32岁，大寨人。访谈地点：潘具你家。访谈时间：2020年6月9日晚上。

过，其中一个是这个师傅的小儿子。小儿子学是学了，但他不喜欢做师傅，这与年龄无关，因为他今年已经近五十岁了。另一个是师傅的亲戚老表来学，老表是交了一点学费的，但交了多少就不知道了。虽然这两个人都跟这个师傅学习，但他俩的技术没有师傅的高，因为村里面没有听到或出现“天鬼”的事情。①

虽然没能清楚准确地知道大歹村师傅职业习得的具体内容，但一次偶然的机会，笔者碰到一个下江镇的男师傅，他是被大歹某户村民请过来做法事的。这个师傅名字叫作蓝贵米，50岁左右，普通话说得非常好，且很健谈，他向笔者讲述了师傅职业习得的相关内容。

（1）拜师学艺：叉鸡头、有天赋、记性好

蓝贵米虽然是下江镇人，但他经常来大歹做法事，熟悉大歹的师傅，当我们问他是否知道大歹很厉害的那个大师傅潘祥列时，他告诉我们：大寨二组潘祥列是师傅，不是蒙面师。潘祥列是二组人，今年72岁，他读过小学二年级，当过小组会计、村长和村支书，到六十岁年纪大了就不再当村干部了。潘祥列是二十多年前学做法事的技艺。他学这个技艺是向大歹村大寨的一个男师傅学的。那个男师傅的技艺不是祖辈世代相传，而是跟人学的，至于跟谁学，大家不清楚。蓝贵米师傅告诉我们关于拜师学艺的时间和拜师礼仪等较为具体的细节，他说：通常是在天刚黑下来时，学员就抱一只公鸡，带160块钱的学费去拜师。把公鸡杀好煮熟后，用刀把鸡砍成十多节（从脖子到身上，翅膀、鸡腿都要砍成一节一节的）搅拌好，放在簸箕里。学员不能看簸箕里的肉，他只能用一根削得尖且锋利的竹条去叉鸡肉，如果叉中鸡头，说明鬼选中了他，他可以当师傅；反之，如果叉不中鸡头，那他就不能当师傅，因为鬼不喜欢他。②

蓝贵米师傅接着说：师傅一般都是男的，女的也可以，但是女的师傅

① 访谈对象：潘具你，男，32岁，大寨人。访谈地点：潘具你家。访谈时间：2020年6月9日晚上。

② 访谈对象：蓝贵米，男，50多岁，下江镇师傅。访谈地点：四组潘姓村民家。访谈时间：2020年6月10日早上。

很少，因为女的不愿意搞，学习这个有的师傅有学习的书籍，有的师傅没有，如果有书的话就学得快一点。学习这个一般不讲究学习的人的生肖属性、性别和年龄。学习需要送礼，我父亲就是师傅，我跟父亲学不需要送。外人学要送礼的，送礼还要送钱，钱一般送200元、400元（四季发财）、600元（六六大顺）、700元（七巧巧）、900元、1200元等，通常都是送双数的，但是500元（五魁首）不能送，因为说送500元不吉利；除了送钱还要送一只大公鸡，公鸡的斤数不需要讲究，只要是大公鸡就行。跟师傅学习的日子要讲究的，一般会选择农历每个月的双数日子。要学得这个东西也是讲天赋的，命里带学习这个的天赋的话就学得很快，如果不带天赋的话，就算你有这个心去学也学不会，但能学会这个的人也不多，一个寨子基本上就五六个。①

（2）出师：实践考核礼

对于如何出师，出师的标准是什么的问题，笔者询问了大歹村的村民潘网向和蓝贵米师傅。

村民潘网向说：师傅没有文字书籍，只是用嘴巴念唱做法事的念词和咒语，学员全凭大脑记忆，通常学七天就可出师。出师时，师傅要对学员进行考核，师傅让学员唱所教授的念词和咒语，如果学员全部唱对，没有出错的地方，那他就可以出师当师傅了。如果学员在唱的过程中出错，那师傅还要继续教他，直到他完全唱正确才能出师当师傅。出师时，学员如果家里有钱就还送点钱给师傅，家里没钱不送也可以，师傅不会计较，但是要送6卡糯禾（笔者注：1卡糯禾重约3–4斤）。②

蓝贵米师傅说：学习合格是通过实际算命体现出来的，当你去给别人算的时候，算不准的话就是学不会，算得准的话就算学会了。算的内容一般是生的什么病、病了多久、人的年龄、家里面人的情况等。学这个一般

① 访谈对象：蓝贵米，男，50多岁，下江镇师傅。访谈地点：四组潘姓村民家。访谈时间：2020年6月10日早上。

② 访谈对象：潘网向，男，35岁，大寨人。访谈地点：潘网向家。访谈时间：2020年6月11日中午。

需要一个月或者半个月就可以学会，学会的话要再次向你的师傅送礼（除自家人学习外），一般会拿一只鸡、一个猪头（只能送白猪头不能送黑猪头，不讲究斤数）、钱，钱的数量和学习前送礼时的讲究是一样的。学会这个东西了师傅还要交代学生几句话“弄得好，鬼才信你，你去帮别人才能弄得好……”①

总之，宗教师的职业习得从拜师、学艺、出师都是有一套习俗的。外人向宗教师学技艺，讲究颇多。需要选定吉日（每月阴历的双数日子），需要交纳一定的学费（学费的数额含吉祥的寓意），更重要的是要有天赋才能学会。要想出师自立门户，也许经过严格的实践考核，实践成为检验合格与否的唯一标准。

（3）学艺的代价：随叫随去、折寿

二组村民潘当阶，其父亲让他跟着学习做法事的技艺，但是潘当阶不愿意学。他认为：

第一，自己太懒了，吃不了那个苦。他说：“做师傅的话别人叫你去做事情了你就得过去。之前我经常看见我父亲半夜一两点钟外面下着大雪也还要出门去帮别人做法，所以我自己做不到这一点，于是就提前就放弃了学习这个技术。”②

第二，会让家人折寿。潘当阶说：“妇女一般不能学，学了这个东西不好，而且学习这个东西是有一定代价的，会折寿，可能会折自己的也可能会折家里面人的，所以，学这个东西一般要到五十岁以后甚至更晚才能学，因为折寿是以家庭为一个单位的。你（笔者注：宗教师）去帮别人做好事，别人好了，但这是拿你自身家庭折寿的代价换取的。早早地去学去做法，会影响到家里面小孩和老婆的健康，到了五十岁之后，家里面的子女基本上都分家出去了，家里基本上只剩下自己和老婆，也就不在乎这些

---

① 访谈对象：蓝贵米，男，50多岁，下江镇师傅。访谈地点：四组潘姓村民家。访谈时间：2020年6月10日早上。

② 访谈对象：潘当阶，男，38岁，大寨人。访谈地点：潘当阶家。访谈地点：2020年6月7日下午。

了，才会去学这个技术。”①

潘网向说：如果家里面没有人当师傅的，一般三十岁以后就可以当师傅给人做法事。如果一个家里有两个人都懂得做法事的技艺，但是只能一个人当师傅做法事，另一个人要等出面做法事的这个人去世了才能当师傅，因为两个人都去当师傅做法事的话，可能会对这二人中的一个的身体健康造成伤害，会让他折寿，因此通常等其中一个做法事的家人去世后，另一个懂得做法事的家人才会出面做法事。为什么出现这样的情况呢？因为在一个家里，鬼只需要一个师傅，那另一个师傅肯定就要被鬼整，会让其生病死亡。②

从上可知，在大歹村，学员学习宗教师技艺，没有文字资料，全凭口传心授，这对学员记忆力的要求极高。学员学成后，却面临着无固定工作时间、工作地点的局面，还有可能要承受让家人折寿的风险。这也是大歹村年轻人不愿意学习宗教师技艺的原因之一。

（三）宗教师的报酬：得不偿失

村民潘具你、潘网向分别向笔者介绍了大歹村师傅的收费事宜。

村民潘具你说：其他地方的师傅来大歹搞法事，是要收100多块钱，收120、160块的都有，价格都是规定好的。村里的师傅收费比较便宜，来搞的就是来帮你，给十几块钱，五六块钱都可以，看个人，随意的，不按多少的。蒙面师来搞的话，只是你需要的话，我来帮你而已。以前是1.2元，现在生活条件好点了，最少都是10块以上。糯禾的话是12卡糯禾，看你搞的是什么鬼法事，有些也不用给糯禾。不管搞的哪种鬼，钱是一定要给的。搞法事时，通常都是蒙面师、师傅一起来，所以报酬（钱、糯禾）都是对半分。③

---

① 访谈对象：潘当阶，男，38岁，大寨人。访谈地点：潘当阶家。访谈地点：2020年6月7日下午。

② 访谈对象：潘网向，男，35岁，大寨人。访谈地点：潘网向家。访谈时间：2020年6月11日中午。

③ 访谈对象：潘具你，男，32岁，大寨人。访谈地点：潘具你家。访谈时间：2020年6月10日晚上。

村民潘网向说：我们大歹师傅去做法事，只是去帮忙的，没有赚多少钱。师傅的报酬喊价是160块，但实际上只是这样喊价而已，真正的拿16元、26元都行，即使主人家真的拿160块钱给师傅，师傅也是要不起那么多的，他会退10块给主人家，这是礼物。而停洞那边的女的大师傅很多，五六十岁，她们基本不用出门跟别人做法事，是坐在家里，自己有人找上门来。不仅我们村的人去找她们，其他村的也都去找，一天都要接待十几个人。有些收费二三十，有些收费一百多，有些收费两百多，香纸都堆满了屋里。①

停洞的大师傅收费高于大歹村的师傅，不仅仅是法力高低的区别、名声大小的区别，一个重要原因还是大歹的师傅是非职业化的、非脱产性的。他们在农忙季节、没有人请去做法事时，会像平常人一样从事农业生产劳动，如放牛、砍柴、网鱼等。他们的主要生产方式、生活来源还是农业生产，宗教活动只是他们的副业而已。宗教活动无论时间长短和简单复杂，宗教师收取的报酬都只是象征性地1.2元至26元不等，这个报酬与宗教师的劳动付出完全不对等。

大歹苗族以农耕为本，他们重视土地，敬畏土地，依赖土地，这说明大歹村是一个典型的农业乡土社会和人情社会。在这里，没有法律规定宗教师一定要帮助村邻解决困难，宗教师从事宗教活动凭的是自己的道德良知、人情关系，他没有义务也没有责任必须为村民服务。人情的亲近与否，成为宗教师是否愿意上门服务的关键因素。

二、民间信仰活动

（一）生活处处有“痕迹”

门楣上的白纸片。在进门之前，笔者就已经注意到了潘爱松家门楣上贴着白纸片，虽然保存得不是很完整，但可以看出这应该就是某种仪式做

① 访谈对象：潘具你，男，32岁，大寨人。访谈地点：潘具你家。访谈时间：2020年6月10日晚上。

法所遗留下来的痕迹，很像之前在黄平县苗陇村调查到的堂屋鬼一样（堂屋鬼有着保平安的作用）。于是笔者拍了照片去询问主人家，但主人家回答：这什么都不是，是自己做的，也没什么用，就是觉得做这个就会好。而具体好在哪里他也没有说，后来笔者还看到厨房的门楣上也贴着白纸片，虽然没有问到答案，但还是让我印象深刻。

挂在门上的喀西茄。喀西茄成串挂在大门上，是因为家里有人过世才会挂。喀西茄是谁挂上去的，笔者访谈中得到了两个不同的版本。门上挂喀西茄这家的女主人说是请师傅来挂的，有辟邪保佑家人的作用，而做这个的师傅不是本地的，是别人帮他家从其他地方请来的。师傅来做好事，不杀鸡杀鸭，但是会给师傅一点钱。[①] 而这家的男主人承认挂喀西茄是因为家里有人去世，但是他说这个是他自己去山上采来的，挂在门前是为了让外人（非家人）看见，外人就不会在家人去世时进他家，挂喀西茄具有辟邪保平安的作用。[②] 从这两个不同的版本中可以看到，喀西茄无论是谁挂上去的，它都具有辟邪保平安的功能。

插在路边的公鸡头。笔者在访谈的路上看到一个公鸡头被一根棍子窜起来，插在路边，于是就拍下照片，找村民帮忙解惑。正好碰到村民潘你列，他看着照片说：之所以这样做，是因为家里面的公鸡晚上站到了门槛上叫，然后就把它杀了，之后把公鸡的头挂在自家居住地附近的三岔口处，就可以避免不吉利的事情发生。[③] 因为在大歹，家里面的公鸡站在门槛上啼叫是不吉利的征兆，预示着家里会发生财产损失或人员伤亡等事件。

---

① 访谈对象：潘往当妻子，30多岁。访谈地点：潘往当家。访谈时间：2020年6月7日下午。

② 访谈对象：潘往当，男，40多岁，大寨人。访谈地点：潘往当家。访谈时间：2020年6月7日下午。

③ 访谈对象：潘你列，男，29岁，四组人。访谈地点：潘你列家。访谈时间：2020年6月7日晚上。

图 4-10　挂在大门上的喀西茄　龙德 摄

图 4-11　插在三岔口的公鸡头　李孝梅 摄

孩子身上的红布三角包。大歹村的孩童（年龄在五六岁以下）脖子上几乎都佩戴着一个红布缝制的三角包。潘你列说：小孩子脖子上挂有这个东西是因为这个孩子身体不健康了，天天都在不停地哭，不喝奶不吃饭，所以家里面会去师傅那里要一个三角包来，三角包主要起辟邪的作用。孩子挂上三角包之后，鬼就不会上到孩子身上，孩子就会健康了。三角包里面装的是朱砂。①

后来，笔者偶尔捡到一个三角包，把它拆开后，看见里面装有朱砂、头发、玻璃和一个小布袋。潘网向告诉笔者：头发是身体不健康的孩子的头发，那个小布袋里面装的是草药。朱砂起到辟邪的作用。玻璃是自己准备的，它可以让鬼看不到孩子（笔者注：因为村民认为玻璃可以反射光，刺眼的光让鬼看不到孩子，于是就不找孩子的麻烦，也就不会让孩子啼哭生病了）。他的儿子之所以没戴三角包是因为儿子生下来后就没有生过病，很健康，所以没必要去弄。但也有一些身体健康的孩子也戴这个三角包，因为戴了以后，三角包里的物件就会保佑孩子之后的身体健康。②

---

① 访谈对象：潘你列，男，29岁，四组人。访谈地点：潘你列家。访谈时间：2020年6月7日晚上。

② 访谈对象：潘网向，男，35岁，大寨人。访谈地点：潘网向家。访谈时间：2020年6月11日中午。

图 4-12　门上的芭茅草、白纸片、草药包
龙德 摄

门上的芭茅草和草药包。在大歹，几乎每家每户的门上都挂有一捆草药，这个草药像枯萎的树枝，它和之前的喀西茄有着相似的功能，悬挂这种草药也起到防止鬼魂进家的辟邪作用。因为家人过世了，人还没有抬去山上埋的时候，他的鬼魂一般都会在家附近或者家里徘徊，为了防止鬼魂进家来祸害生者，所以要请师傅去弄这种药材来挂在门上。当死者准备抬去山上埋葬时，师傅会杀鸡杀鸭请死者的魂魄和尸体一起去坟墓，法事做完，埋葬死者后就一切大吉，死者的魂魄也不会来打扰祸害生者了。

（二）翻车事件

十多天以前，二组村民潘网向家的三轮车停在路边，当时车子已经熄火了的。潘网向的儿子在三轮车上玩耍，三轮车突然翻倒摔下了距路面有五六米高的土里，幸好潘网向的儿子反应迅速，及时跳了下来，避免了悲剧的发生。后面就请蒙面师看鬼，说是鬼弄的，于是就请鬼师做这个法事，以便祭鬼之后把鬼请出家门。潘网向的父亲潘四列今年72岁，是师傅，会做法事，因此此次的祭鬼驱鬼由他来主持。据潘网向说：一般情况下，无论家里面发生事情或不发生事情，每家每户都可以做这个法事。潘网向家基本上一年要做五次，法事可以多多益善，因为这个法事能保佑家里面人员的平安。[①]

笔者和几个学生亲历了这场法事，其具体的仪式过程如下[②]：

① 访谈对象：潘网向，男，35岁，大寨人。访谈地点：潘网向家。访谈时间：2020年6月10日晚上。

② 亲历时间：2020年6月11日晚上。亲历法事人员：李孝梅、龙德、杨度等。

1. 仪式前的准备。潘四列准备了一捆芭茅草、一根棍子（棍子一端被削尖）、几根小竹签、一束剪好的纸样（形如清明节挂的清。这束纸样没有用白纸剪，而是用废弃报纸剪的。纸样代表的就是那个害车子翻倒害潘网向儿子差一点摔下路面的鬼）。潘四列剪了几个小纸人，把它们窜在竹签上。此外，还准备了潘四列一家人（包括潘四列本人、儿子、儿媳、孙子）衣服上的一根线头。之后，把芭茅草、竹签小纸人、剪纸以及线头全部捆在那根棍子上，把棍子放在供桌旁。供桌上摆放三碗酒、一碗生糯米、一碗熟糯米饭。

图 4–13 剪好的纸样 杨度 摄

图 4–14 师傅准备木卦 杨度 摄

2. 仪式展演。潘四列点燃一根香，然后低头虔诚地站在供桌前念唱一些外人听不懂的话语，据说这叫“骂百口”。“骂百口”意思就是骂鬼，但是具体骂什么听不懂。潘四列在念唱的过程中，拿出两片木卦，先后把木卦摔在供桌前两次，据说这是在算卦。潘网向在旁边杀了一只小公鸡，将鸡血淋在棍子上面的纸样上。潘四列用手拿着鸡在桌子面前来回晃动，他自己的头也一前一后的摇动，口中还不停地说着一些听不懂的话语。之后又杀了一只小狗，将鸡血和狗血倒在一个碗里面，然后在一旁帮忙的村民潘祥列走过来把这个碗放到供桌上，翻四列又继续“骂百口”。其他的帮忙人员把杀死的鸡和狗拿去褪毛，欲整个煮熟，此时潘四列也暂停法事。

狗和鸡煮熟之后，潘四列又开始继续做法。他先是把煮熟的鸡和狗切好放在盆里，将盆放在供桌上，然后拿起那根棍子站在供桌前，口中也继续念唱一些听不懂的话语。在这个过程中，潘四列又往地上扔了两次木卦，根据最后一次的卦相，先后拿起供桌上的三碗酒。每拿起一碗酒，他就先往供桌前的地面上横着滴一些，之后才象征性地用嘴巴喝一点碗里的酒，虽是象征性地喝酒，但是嘴里还会发出吞咽的声音。敬酒完毕后，潘四列一只手抓了一把生糯米，另一只手拿着那根木棍，转身往门口的方向走去。走的时候，他的脚用力地往地面跺，还不断地向空中抛洒着生糯米，表情很生气，嘴里面说的话虽然听不懂，但是明显地感觉到他像在骂人一样，我想这应该就是驱鬼了。走出大门后，潘四列把带出去的木棍交给了帮忙的人，他折返进家。帮忙的人拿着这根木棍走到距潘网向家大概一百多米的土堆上插放，至此仪式全部结束。后来才知道插木棍的那个位置有一个小窝堆，因为鬼已经在那根棍子上了，把棍子插在窝堆上意味着可以把那个鬼堵在那里，以后鬼就不会再来潘网向家找人麻烦祸害人了。

图 4-15　师傅准备杀鸡　杨度 摄

图 4-16　邻居烧火准备退狗毛　杨度 摄

第三节　鬼神传说故事

来到大歹村，有两个男性让笔者印象深刻，其中一个就是四组村民潘具你。潘具你的三爷爷（亲爷爷的弟弟）是养潘家大寨大窝堆的人，潘具你本人能说会道，口才极佳，普通话说得流畅有标准，表达能力很强。他的口才让笔者一行人叹服，觉得他不当老师都太可惜了。潘具你用很流利的普通话与笔者一行人交流，对我们的提问几乎有问必答，非常耐心和细致，他会照顾大家的感受，从不让访谈冷场。在侃侃而谈之际，他为我们讲述母猪鬼故事。① 另一个就是四组村民潘祥当，男，32岁，曾经到东北打工七八年，普通话说得非常标准，儿化音的发音尤为突出，他对笔者一行人热情且真诚，毫无保留地把他知道的事情告诉我们。“变婆”三变的故事就是从他那里听来的。

一、母猪鬼驮人

大歹有一种鬼变化成母猪的模样，因此把它叫做“母猪鬼”。母猪鬼居住在由三块大石板搭建的形制为“ ┌┐ ”的石板房里。大寨“母猪鬼”的家就安在四组村民潘往列家门口。

母猪鬼的房子前面是一条水泥硬化乡村路，这条路从大寨寨脚直通寨顶，即现在的旅游开发的新鼓楼所在地。这条路是大寨的主路，平时村民和游客来来往往较为热闹。

① 访谈对象：潘具你，男，32岁，大寨人。访谈地点：潘具你家。访谈时间：2020年6月10日晚上。

图 4–17　母猪鬼的石板房、母猪鬼依附的小石头　李孝梅 摄

潘具你说母猪鬼主要在深夜出没，专门吓唬那些晚归之人。它通常会选择那个走在最后面的人作为捉弄的对象。母猪鬼把走在最后面的人背起来，让其坐在自己的背上。据经历过被母猪鬼捉弄的村民讲述，在被母猪鬼背上时感觉自己突然腾空，速度很快，虽然看不到背自己的是什么实物，但是能够摸到猪毛。在被母猪鬼背上时，被捉弄的人想逃走可是怎么做都挣脱不了。母猪鬼不会害人，它只会捉弄人吓唬人，会把人背到离村寨很远的地方，然后把你放下来，它就回家了。而被捉弄的人只得自己走回来。每次母猪鬼捉弄人的时候所选择的小路、停靠点距寨子的距离都不一样。有时它把人送到十几公里之外，有时是几公里之外，总之每次根据不同的人选择不同的路径和停靠距离。虽然每次的路径和停靠距离不一样，但是母猪鬼背人后选择的路线和停靠点都是较为固定的，它只会选择寨子里的那五六条小路，并且每条小路都有固定的停靠点，就好似公交车有专门路线和站台一样。总之，不管距离寨子远近，母猪鬼都会把背在背上的那个人放在某条线路的固定停靠点。

但是后来母猪鬼再也没有出来捉弄人了，它消失了。潘具你告诉我们原因：有一次母猪鬼去背一个喝酒晚归的老爷爷，但是这个老爷爷没醉他很清醒，他一直记着母猪鬼带他来的路，在母猪鬼放下他后，老爷爷一路尾随母猪鬼到了母猪鬼的家，发现母猪鬼钻进了石板房里的一块石头里，于是他用锤子砸那块石头，石头虽然没被砸碎，但是从此以后母猪鬼就没有出现了，也没有人再度被母猪鬼捉弄。现在母猪鬼的石板房依然保留着，它所依附的那块石头依然安放在石板房里，没有人去扰动它们。

潘具你说母猪鬼的故事不知其真假，但他认为这个故事极有可能是老人怕小孩子晚上乱跑不安全，所以才用这个故事来吓唬小孩子，让他们晚上尽量少出门玩耍。

二、"变婆"三变[①]

（一）故事掠影

潘祥当向我们讲述了"变婆"的由来以及"三变"的神秘故事："变婆"是一种会吃小孩的妖魔，她是从侗家嫁来的年轻女子变成的。在她结婚生育一个孩子后就去世了。她的死亡历经"三变"。所谓"三变"者既是其身虽死却神魂未灭。第一变，在该女子死后入土下葬的第二天晚上开始，她的神魂就会返回家中，但只有她的至亲之人和子女能够看到她，其他人一般不会看到的，若旁人能够看到她，那么很遗憾那个人将看不到第二天的日出了，即旁人若不幸看到其神魂真身就会被其索命。"变婆"的丈夫和子女不仅能够看到她的神魂，而且能够触摸到她的神魂之身，但是不能够与她正常的对话交流。在第一变的时候她不会伤害她的丈夫和子女，反而还会继续照料他们的日常起居生活，会在家中为他们料理家务、烧饭做菜等。这个过程会持续很长一段时间，待其子女长大到五六岁的时候，她就会离开家，经历第二变。

在第二变时，死亡女子的神魂会再次回来，但这一次她只能在家的四周徘徊不能够随随便便地进入家中。只有家中无人时她方可进入家中，即其丈夫和子女出门不在家时她才能进家。第二变时，她的丈夫和子女还能

① 访谈对象：潘祥当，男，32岁，四组人。访谈地点：潘祥当家。访谈时间：2020年6月9日晚上。

够看到她的神魂之身，但是已经无法触摸到了。若想让她早日超脱离去，不再打扰其子女和丈夫的正常生活，就必须得准备一只大白公鸡送给她。送白公鸡时，只需要将活鸡直接丢出门外即可，死者神魂会自行去拿。拿到大白公鸡后，变婆就会抱着那只大白公鸡离去。此后，变婆还要经历第三变。

在第三变时，变婆已经不能够进入村子了，她只会在村头村尾像乌鸦一样地叫唤。人们只能闻其声而不可见其形，即使是她的丈夫和子女也是如此。在“三变”的过程中，只要旁人看到变婆的神魂就会死亡。其丈夫和子女在第一变、第二变时都可以看到变婆的神魂，而不会有任何影响。但在第三变时，无论任何人（包括其丈夫和子女）只要看到变婆的神魂，那他们都会死亡。

（二）活埋、驱赶：社会隐喻

变婆“三变”的故事荒诞、令人难以置信，但实际上它的存在是对生活中病患被活埋、被驱赶的悲惨命运的隐喻。在清光绪年间的《黎平府志》中有一则关于变婆将死时的身体状况的描述：故其生也，与人同。将殁，脊下红肿如痈疽，皮裂生尾寸许，气由谷道出，遂殁。尸不僵，温软犹生前。[①] 从这个故事中可以看到，变婆实际上是生病的人，她将“死”时身体皮肤、结构等都发生了病变，与正常人不同，这都给家人、邻里带来了恐惧。在这个故事中，死人埋葬后又复活人间，并不是真正的“死而复活”，而是还未死的病患被活埋后苏醒过来。病患之所以被活埋主要是人们害怕疾病，因为变婆的身体结构、皮肤、生活习性都表现出了异于常人之处，让人感到恐惧和害怕被传染，于是人们将尚未死绝的病患草草埋葬。变婆“三变”是一种隐喻性的说法，是一种将病患污名化的做法，它为人们活埋病患提供了正当的理由。

“三变”故事中讲到：变婆死后被埋葬，不久之后又回到家里，待孩子长到五六岁时，她便再一次离开家。变婆第二次回到人间时，却不能

① 俞渭修、陈瑜.黎平府志·卷二//中国地方志集成·贵州府县志辑·第17册［M］.成都：巴蜀书社，2006：178.

随时随地进入家园照顾丈夫孩子的起居，为了让变婆离开人间离开家园，人们拿白公鸡丢给她，她又离开。变婆第三次再也不能靠近家园、靠近村庄，只能在村头村尾鸣叫，最终永远地离开家人、村民和曾经居住的地方。从这个主要情节中可以看到，变婆所经历的这个过程实际上是病患被活埋——重返家园——又遭驱赶——重返家园——再次被驱赶——永远离开——最后变成吃人的妖魔的悲惨命运。家人没有刻意驱赶病患，但是邻里、村民因为看到病患担心被病患传染导致死亡，因此他们想方设法地要驱赶病患，家人和邻里、村民对病患的去留是有矛盾的。而病患不断地重返家园、村庄是因为她对家的眷恋和渴望得到邻里乡亲帮助的表现。家人、邻里、村民对待病患的态度怎会如此残忍，没有人道可言呢？其实主要是因为在医疗条件落后的过去，人们缺乏对疾病的科学认识，没有有效的疾病治疗方法，因此一旦出现对社区居民安全造成威胁的因素，都会对之加以排除，"舍弃小我，保全大我"是一种生存策略。

（三）界限："变婆"故事之目的

"变婆"实际上是身患某种疾病的人，她最后会变成吃人的妖魔，她充满了危险，让人恐惧。在"变婆"传说故事中，变婆种是大歹村以外的其他人群通过婚姻形式带来的，她们嫁到大歹后，给家庭、家族、村庄都带来了致命的危害，于是大歹苗族用"病患"这把尺子，在大歹村和大歹村以外的地域、人群划定了"干净"与"不干净""安全"与"危险"的界限。"'干净'与'不干净'的区分实际上是人与人的分类，……，它实际上划分了'自我'与'他者'的界限，制造了'同类'与'异类'的分隔。"① 不仅如此，民间传说故事还有意识地告诫村民：大歹村村内是干净且安全的，而大歹村以外的地域是不干净、危险的。要想结婚，最安全最保险的做法就是在大歹村内找对象，与大歹村以外地域的人群通婚是冒极大风险且极具危险的。这对大歹苗族族的婚姻圈的形成、传承、沿袭和巩固都起到了积极的作用。

① 曹端波，杨元丽，刘倩倩. 布依族的亲属制度与社会组织[M]. 北京：中国社会科学出版社，2019：201.

第五章　日常生活习俗

日常生活习俗，包含人们的吃、穿、住等方面的内容，它以满足人们的生理需要为目的。饮食满足人类有机体的生活需要，服饰可以遮身蔽体、防寒保暖，居住建筑让人类能够抵御风雨、防御野兽的侵害。由于自然条件造就了不同的生产方式，而不同的生产方式又促成了各民族日常生活习俗的区别。随着社会的发展和生产方式的多样化，日常生活习俗已经不再仅仅满足人们的生理需要，它还不断地满足更高层次的需要，如安全需要、归属需要、自尊需要和自我实现需要。日常生活习俗的各个方面都是本民族传统观念的外化形式，它具有多重社会功能，在民族文化的构成中占有重要地位。

第一节　饮食习俗

俗话说“民以食为天”，饮食在人们日常生活中占据着非常重要的地位。饮食具有丰富的文化内涵，它不仅可以满足人们的生理需要生存需要，它还在一定程度上满足了人们的精神需要。

一、日常食俗

（一）糯禾和大米：主食

大歹苗族一日三餐，早餐的时间通常是早上九、十点钟，中餐会推到下午三、四点钟进行，而晚餐则是从坡上干活回来后才开始做，因此晚餐的时间是晚上九、十点钟左右。大歹苗族一日三餐都吃糯米饭，糯米呈圆粒形，蒸熟之后软软糯糯、晶莹剔透，嚼起来韧性十足，回味香甜。去坡上干活或砍柴、放牛，大歹人都习惯打包一坨糯米饭，因为糯米饭耐饥饿且保存时间长，易于携带。要想蒸出来的糯米饭颗粒分开、香甜软糯，就需要在前一天晚上把生糯米放入桶里用清水浸泡一晚。第二天早上把浸泡好的糯米放到甑子（大歹人家的甑子是扁平的较宽圆柱体状，不似瘦长的圆柱体状）上蒸，大约一个小时左右，糯米饭就熟了。

大歹人把糯米称为糯禾，糯禾是稻秆和谷粒连在一起，捆成一卡一卡的放进禾仓，而不是脱粒存放。大歹人把籼米叫作"大米"，大米是用来喂猪、鸡的食物。平时他们几乎不吃大米，只有在家里来客人时才会煮大米饭吃，因为客人可能吃不习惯糯米饭。

（二）有酒有肉：副食

大歹苗族由于经济条件、交通不便等的限制，平时很少吃猪肉。日常菜肴里的肉类来源主要就是自家养的鸡鸭、稻田里养的鱼和流动商贩贩卖的鸡鸭鱼肉。大歹苗族几乎家家户户都喂牛，但是牛只是在节日或家里办酒席时才会宰杀，因此牛肉平时也很难吃到。由于大歹地处高山土地缺乏，极少种植蔬菜，因此新鲜蔬菜很少出现在饭桌上。人们常吃的菜肴都是腌菜和酸菜，如腌鱼、腌肉、酸菜、酸豇豆等。接下来就介绍几种腌菜、酸菜的制作方法。

1. 腌鱼

腌鱼是大歹比较常见的一道菜肴。制作腌鱼首先将鱼肚剖开清理干净，然后将拌好的配料放进鱼肚里。配料主要由干辣椒面或青椒、蒸熟的糯米饭、盐、花椒等混合搅拌而成。把配料放进鱼肚后，将鱼肚合拢起来，然后将鱼叠加放进木桶里。在距木桶口约20厘米高度时，停止鱼的堆放。这时将糯米饭盖在鱼身上，然后用一两层大张的木叶、水芋叶将糯米饭盖住。盖叶子的作用主要是为了不漏风，因为漏风的话，腌鱼就会发霉。叶子上方又用塑料袋盖住，塑料袋的作用是防止上一层的水分流下来。然后在塑料袋上方倒进一些热水，最后用平坦光滑的石头压着。腌鱼数量的多少视装腌鱼的桶的大小而定。腌鱼腌制一两个月就可以开吃，其味道有些酸咸。大歹人喜欢用生腌鱼就着糯米饭一起吃，此外腌鱼可以烤着吃、煎着吃、炒着吃。

图 5-1　大歹生腌鱼　王奔 摄

2. 腌肉

腌肉主要是指腌猪肉、腌鹅肉。腌猪肉，首先要将洗净的猪肉切成片，然后铺平一层层地放进桶里，每一层猪肉的表面都要抹上配料（配料和腌鱼的一样）。直到离桶口差不多20厘米高度时，将糯米饭盖在猪肉片上，然后用一两层南瓜叶子将糯米饭盖住，叶子的作用也是为了防漏风。叶子上方又用塑料袋盖住，其作用也是为了防止上一层的水分流下来。然后在塑料袋上方倒进一些热水，最后用平坦光滑的石头压着。腌肉腌制一两个月后也可以吃了，它的吃法通常是炒着吃。

腌鹅肉的制作方法和腌鱼差不多。首先将鹅肚剖开清理干净，然后将拌好的配料放进鹅肚里。腌鹅肉的配料中一般不放辣椒，据说放了辣椒就不太好吃。把配料放进鹅肚后，将鹅肚合拢起来，然后将鹅叠加放进桶里。在距桶口差不多20厘米左右时，将糯米饭盖在鹅身上，然后用一两层大张木叶、水芋叶子将糯米饭盖住。在叶子上方盖一层塑料袋，塑料袋上方倒进一些热水，最后用平坦光滑的石头压着，一两个月后就可以吃了。腌鹅肉的吃法与腌鱼吃法相似。

3. 酸汤鱼

用来煮鱼的酸汤分为两种：一种是清酸，另外一种是红酸。清酸，是用淘米水制成，清凉爽口。红酸，是用坛子的酸辣椒加西红柿制成，颜色红艳，味道酸辣。煮酸汤鱼之前，首先把鱼（最好是河鱼或稻田鱼）杀死清理干净，大一点的鱼（2斤以上的鱼）要去鳞片，小点的鱼不用去鳞。把鱼放进装有清酸或红酸的锅中，然后放入花椒、青辣椒等，开始生火煮鱼。鱼煮的时间越长越入味越好吃。用切碎的鱼香菜、烧好捣烂的青辣椒或干辣椒面、捣碎的新鲜花椒、盐制成蘸水。当鱼肉蘸上蘸水以后，鱼肉Q弹有韧性，味道香辣鲜美，可口无比。剩下的鱼汤也非常鲜美酸爽，让人喝了还想喝。

图 5-2 鱼香菜图 王奔 摄

图 5-3 柴火烤鱼 王奔 摄

4. 烧鱼

烧鱼是大歹苗族喜爱的一道可口的下饭佳肴。在火塘处燃起一堂篝火，把铁架子放在三角上，用小木棍或竹条把鲜活的鲤鱼从嘴穿插至鱼肚（如果小鱼就不用穿插，直接放在火褶子上烤），不需剖腹收尽鱼腹里的肠子、肝脏等。

鱼放在铁架子上慢慢烘烤，不断翻转，直至鱼身呈金黄色。同时，把青辣椒放进火堆里烧好捣碎，加上野韭菜、野葱、野蒜、鱼香菜、折耳根、花椒等拌好做成蘸水。把烧好的鱼剔下鱼肉，去除鱼刺和苦胆后，把鱼肉放到盛有蘸水盆里搅拌而食。其味清凉可口，香醇味浓。

5. 糯米酒

大歹苗族无论男女几乎都会制作糯米酒。要制作糯米酒需先将蒸熟的糯米饭倒进一个大盆里，把酒曲撒在糯米饭上搅拌均匀，然后将搅拌好的糯米饭放进桶里盖好，但是桶盖中间要留有一个孔。置放3至7天，待糯米饭发酵成酒糟，酒糟再经过三五天的发酵。如果天气比较热的话，发酵三天；如果天气比较冷的话，发酵五天。村民潘党向说：发酵时间一般超过五天的酒糟酿出来的酒没有发酵五天之内的好喝，超过五天酿出来的酒

图 5-4　酿酒的大锅和容器　杨度 摄

图 5-5　大锅边缘的鸡蛋　王奔 摄

会有点苦。[①] 酒糟经过三五天的发酵后就可以生火酿酒了，这时需将酒糟倒进大锅里，用酿酒容器覆盖，容器顶部放满水。在酿酒过程中，要换两三次的水。有些村民还在大锅的边缘放鸡蛋。之所以要在铁锅边缘放鸡蛋，是预防酿酒过程中有小孩子来破坏，酒酿不成。如果有小孩来看酿酒，就可以把大锅边缘的鸡蛋分给小孩吃，保证酿酒可以顺利进行，并且把鸡蛋分给小孩子吃，就预示着酿出来的酒会比较好喝。在酿酒过程中，尤其是酒从容器里抽出来时，万一有成年人路过，要把酒舀出来给过路的人一起分享，据村民说：这样做的话，酿出来的酒非常香甜。[②]

二、节庆食俗

大歹村一年四季过的节日主要有：过大年、打平伙节、端午节、“六月六”、新米节、芦笙节等。

（一）过大年

大歹苗族把春节称之为“大年”，过春节也就是“过大年”。过大年，是大歹苗族最隆重的节日。春节的节期持续7天或9天或11天或13天或15天。村民潘具你说：“以前老人们吃不饱，所以春节就定7天或9天，现在年轻人农历一月份都不出去，所以就定了11天或13天或15天。”[③] 农历12月29日各家各户就开始杀猪，12月30日就打大米粑，1月1日早上各家各户男主人会用一个碗盛装煮熟的猪肉，用另一个碗盛装大米粑，然后开始祭祖。祭祖首先在火塘边进行，然后才移到大门外继续。在农历1月3日这天，大歹村的各村民小组按照时间的先后顺序开始祭祖：一组、二组、四组的成员会在凌晨四五点天未亮就起来炒猪肉。猪肉炒熟后，用一

① 访谈对象：潘党向，男，50岁，大寨人。访谈地点：潘党向家。访谈时间：2020年6月6日下午。

② 访谈对象：潘党向，男，50岁，大寨人。访谈地点：潘党向家。访谈时间：2020年6月6日下午。

③ 访谈对象：潘具你，男，32岁，大寨人。访谈地点：潘具你家。访谈时间：2020年6月10日晚上。

个碗盛装，把碗放在火塘三脚架面前，在三脚架的铁圈上摆放三个大米粑，然后放炮祭祖。三、五组的成员会在下午两三点钟，即吃中午饭的时间，把盛装炒熟的猪肉的碗放在火塘三脚架面前，把三个大米粑分别摆放在火塘三脚架的铁圈上放炮祭祖。除祭祖活动外，从农历1月1日开始到1月3日为止，村民们集中在大歹幼儿园操场连跳3天的芦笙舞。直到过大年节期结束的前一天，家族成员之间、亲戚之间、未婚的男男女女之间相互走动、做客，吃饭喝酒，非常热闹。

过大年的最后一天是整个节日的最高潮部分。这天，二组先到三、五组去“赖”大米粑，三、五组到四组去“赖”（笔者注：“赖”就是送的意思）大米粑，四组到二组去“赖”大米粑。之前一组在大寨寨头居住的时候，也和二、三、四、五组的一起轮流“赖”大米粑，后来他们搬迁到代家寨后，由于距离较远，所以一组就没有参与进来。一组内部分成几个小组，过春节时这几个小组之间就轮流“赖”大米粑。各个小组的男人组成一支队伍，领队吹着芦笙，带领男人们和小孩子一起去其他小组“赖”大米粑。妇女们不参与“赖”大米粑的队伍，她们留在家中准备酒、菜、大米粑、鸡蛋、糖等食物，等待其他小组的男人和小孩来“赖”大米粑。当“赖”大米粑的队伍来到家中，妇女们先请他们喝酒，然后才会赠送大米粑、熟鸡蛋和糖。来到家里的男人和小孩欣然接受糖、鸡蛋和一两个大米粑后就会转到其他未到过的家庭。

当二组“赖”了三五组的大米粑，三、五组“赖”了四组的大米粑、四组“赖”了二组的大米粑后，由几个老年男子扛着大米粑到村委下面的那个小山坡坡头等着。带着孩子的男人们先回家把糖、鸡蛋、大米粑等放好，然后去借他们所“赖”的那个组的两个大铁锅、锅铲（这些借来的物件由所“赖”的那个小组成员自己收拾拿回），带上猪油、盐、柴火来到坡头。男人们首先升起两堆火，在火堆上架两口大锅，待大米粑放在柴火边上烤硬后，就把它放进锅里用猪油炸一下，接着放水和盐一起煮。男人们把煮好的大米粑倒进桶里，之后由“赖”大米粑的那个组的年轻小伙子们吹着芦笙到所“赖”大米粑的那个组去请该组的姑娘们（姑娘的年龄没有限定，只要愿意来且行动方便均可）来吃粑粑。姑娘们来到之后，小伙子们先是找来树叶给她们垫着坐成一排排，然后取碗和筷子给她们食用大米粑。吃好以后，姑娘们要回家了，小伙子们手拉手围着姑娘们走，并燃放烟花和鞭炮。烟花只能在大路边燃放，鞭炮可以一直放到大歹幼儿园那里。至此，姑娘和小伙才分开。

没去送姑娘们回家的二组、三、五组、四组的“赖”大米粑的其他成员返家时，每经过一个小组，那个小组的妇女就会用树枝拦住他们回家的路，并设拦门卡。由于二组在寨头，三、五组在寨子中间、四组在寨尾，所以二组成员回家需经过三、五组和四组的地盘，也就是要经历两次拦门卡，喝两次拦门酒、发两次红包。在拦门的过程中，男男女女互相敬酒劝酒、对唱苗歌、跳芦笙舞、开玩笑、聊天等，甚至男人可以触摸妇女的手，妇女可以向男子讨要或讨买饮料、啤酒、红包。红包是各个小组每家每户凑钱得来，红包数量通常是两三百或五六百。当妇女们讨要红包时，领队就会把事先准备好的红包发给拦路的妇女。差不多晚上十一二点左右，大家玩得尽兴了，拦门的妇女们才会撤开拦路的树枝，“赖”大米粑的男人们才能回自己的家。

过完大年，村民们才能开始下地干活，在此之前，任何农活都不能干。

（二）打平伙节

打平伙节的节日时间是农历1月或2月的第一次打雷的那天往后数13天过一次，此后每隔13天就过一次，一直持续到农忙的四五月份截止。节日期间，青年男女，尤其是未婚的男女，打扮得干干净净漂漂亮亮地到山坡上去，男生除了凑钱买鸡或鸭、啤酒、饮料和其他食物外，还要负责把食物拉到坡上并烧烤食物。如果剩余的食物较多，晚上又把食物带回某个男生家，大家又聚在一起吃喝玩耍。节日期间，未婚的男生把女生们请到家中玩耍，已婚的哥哥们就负责弄吃的，未婚的男女们负责玩、吃即可。女生们玩到晚上十一二点钟要回家了，男生们就会凑钱买鸭子或羊送给女生们回家。经济条件允许，男生们就会凑钱买一头羊送给来玩耍的女生们，女生们带着羊回到家后，第二天把羊杀了，又回请送羊的男生们吃饭，这时女生家族下的兄弟都会来陪客。被回请的男生会买些鞭炮到女生家燃放，并送一个红包（一般是七八百块钱）作为女生宴请男生额外开销的补偿。如果经济条件不允许，男生们就凑钱买鸭子，一个女生背一只鸭子回家，由于鸭子肉少，所以第二天女生们杀鸭就不用回请男生们了。

那些三四十岁的已婚男女、五十岁以上的老人也会找和自己年龄身份相同的人群一起打平伙，大家AA制凑钱买肉、买酒和买饮料，大家聚在一起喝酒聊天，畅所欲言。小孩子也会从家里拿几个生鸡蛋到其他的同龄小孩家里炒鸡蛋吃，吃完以后，又会带几个鸡蛋到另外一个同龄小孩家炒鸡蛋吃。

从上述描述可以看出，打平伙节的目的是为了促进和加强人际交往，各个年龄段、不同身份、不同性别的人群都会在这个节日期间进行更为密切和频繁的沟通交流。本组的已婚男女、老人、小孩会在节日期间加强交往，互相走动。未婚的男女则与可以开亲的其他小组的未婚男女互相走动，吃喝玩耍。在这些人际交往中，未婚男女之间的沟通交流成为重头戏。由于这个节日的时间是在春耕农忙季节且节期较长，所以刚开始的两三次参与的年轻人比较多，三月份以后，年轻人都出门了，过节的人越来越少，就不热闹了。

（三）清明节

清明节是在农历3月的卯日（兔天）过。过清明节，主要是以房族为单位，房族下的男子一起去坡上祭拜逝去的亲人和祖先。清明节早上，男子们通常都会带煮（炒）好的猪肉或鸡肉、酒、糯米饭到坟头祭拜，烧香烧纸。祭坟时，男子们会把坟上或坟两边树下的草割掉，并砍来一根新鲜有枝叶的树枝挂上白色的清插入坟头。如果坟墓位于田土边，还要用锄头挖土块堆在坟墓上，以便修缮和维护坟墓。从坡上挂清回来，男人们都集中在原来大歹村的牛塘（牛塘即牛打架的地方。现在旅游开发后改为停车场）那里聚餐。聚餐完毕晚上回到家，男子还要拿鸡肉或猪肉、酒、糯米饭到火塘边、大门外祭祀逝去的祖先和亲人。至于扫墓祭坟的天数则依据坟墓的多少和时间的空闲与否来安排。

（四）粽粑节

大歹村的各个组过粽粑节的时间不一样。四组在农历4月26日先过端午节，接着二、三、五组是农历4月27日过，代家寨一组是4月29日过。一组为什么要比二、三、五组晚两天过，那是因为：当时潘家这边的人送粽子去给一组的人，但是寨子脚下的小河涨水了，过不去，于是等了两天，水退了，才把粽子送过去，因此一组要晚两天才过。各小组在端午节开始的第一天都要杀鸡或鸭来祭祖，祭祖的程序与上面两个节日一样，都是先在火塘祭祀，然后才到门外祭祀。

粽粑节最热闹的活动就是送粽子。在送粽子之前，大歹苗族各家各户都要包粽子。大歹人包粽子时，先烧一些糯禾，把糯禾草灰、不知名的树叶和染色果子（笔者注：该果子泡水后，水会变成黄色）放进桶里，再往桶里注热水，水就变成黄色。用这个水来煮粽子，粽子的颜色就变成了黄色。粽子里面的馅一般包红豆、花生和板栗，不包肉。最热闹最温馨的送粽子活动从农历4月26日开始。在农历4月26日这天，四组的人先煮好粽子，然后在27日早上就把粽子送到一、二、三、五组的人家，二、三、五组的也会事先准备好鸡蛋（煮熟或不煮熟皆可，数量不定）、腌鱼、糖作为回礼送给四组的人。在27日这天，二、三、五组的人煮熟粽子后把粽子送给一、四组人家，一、四组人家也会准备上述回礼送给二、三、五组的人。在29日这天，一组把煮熟的粽子送给二、三、四、五组人家，二、三、四、五组人家也会拿鸡蛋、腌鱼、糖回送给一组的人。一般赠送粽子的人家与接受粽子的人家是亲戚关系，送的粽子数量是四五个左右、粽子有羊角形的、四角形的、枕头形的，羊角形的粽子是送给那些有小孩子的人家（小孩年龄在五六岁以下），羊角形粽子通常和枕头形粽子一起搭配赠送。如果孩子年纪大一些（7岁以上）一般都不送羊角形粽子，而是送枕头形粽子。若端午节那几天正好是农忙季节，那送粽子的时间就会调整为26日、27日、29日晚上送粽子。

（五）“六月六”

农历六月六日是大歹苗族的特色节日“六月六”，不过这个节日规模不大，每家每户只需在自己家杀一只鸭子即可。鸭子杀好煮熟后，首先把装着鸭肉、酒、糯米饭的碗放在火塘边上，然后烧一点糯禾草，点燃两三根香，把酒碗里的酒淋洒一点在地上，之后用手掐一点鸭肉、米饭放在地上，表示给过世的老人亲人享用。期间男主人嘴巴还会念念有词，表达的意思是希望逝去的亲人保佑子孙平安健康，发财发富。火塘边祭祀结束后，又把装着鸭肉、酒、糯米饭的碗移到大门外，重复上述的一系列动作和言语。待大门外的祭祀结束后，活人才能够开始享用鸭肉、美酒等食物。[①]

（六）新米节

新米节是大歹苗族一个规模较大较为隆重的节日，它的举办时间是“六月六”节日过后至农历七月份之间的第一个卯日（兔天），节期为3天。村民潘具你向笔者讲述了今年（2020年）的新米节节日概况。他说[②]：今年的新米节是从阳历8月5日开始，持续到阳历8月7日结束。新米节的前一天晚上，家家户户都要到自家的田（当年种有糯稻的田）去开田捞鱼，捞到鱼后就杀鱼祭祖，祭祀的程序与“六月六”祭祖一样。如果不去开田，那也要去买几条鱼来祭祖，其他的菜肴也可以准备，但是鱼肉祭祖必不可少。

新米节开始的那天早上要用牛肉来祭祖。可以是几个兄弟凑钱买一头牛提前宰杀，然后平均分配牛肉，也可以是自己事先到县城购买牛肉。准备多少牛肉，要根据自己家亲戚朋友的数量来定，亲朋好友多，牛肉多买点；反之，就少买点。牛肉的做法多种多样，可以先把牛肉烤熟，然后加入生牛瘪，也可以炒着吃、煮着吃。用牛肉祭祖完毕，家人就可以享用牛肉和其他菜肴。同时，各家各户也开始接待来访的亲戚好友，弄吃的、吃肉、喝酒、陪客成了新米节的主要内容。直到新米节的最后一天，亲朋好

① 访谈对象：潘具你，男，32岁，大寨人。访谈地点：潘记礼家。访谈时间：2020年6月10日晚上。

② 访谈对象：潘具你，男，32岁，大寨人。访谈地点：潘记礼家。访谈时间：2020年6月10日晚上。

友回去了，家族下的兄弟们（一个祖先繁衍下来的四五代人）才开始串门喝酒。各个兄弟家都准备了美酒、美食招待来串门的兄弟，进门的兄弟要先敬祖先之后，即倒一点酒、掐一点肉和饭放在地上，才开始吃饭喝酒。有些酒量差一点的兄弟，在喝了两三家的酒后就醉倒不省人事，只好被人架回家睡觉去了。

（七）芦笙节

芦笙节每隔两年过一次，芦笙节是苗族地区最普遍、最盛大的传统节日，是以芦笙踩堂、赛芦笙为主要活动的节日。大歹苗族的芦笙节属于大节日，村寨里所有人聚在一起过节。芦笙节一般过5天，间隔年数取单不取双。芦笙节都是连着苗年和大年过的。这一年过芦笙节，是从苗年开始，可以办3天，然后到大年的时候就办2天；若在苗年的时候办2天，那大年的时候就办3天。办芦笙节取单不取双，意思是芦笙节举办的间隔年数只能是单数，不能是双数，可以间隔1年或3年或5年或7年或9年，依此类推。只要间隔年数为单数，在哪一年举办芦笙节都行。不过芦笙节举办的间隔年数通常为3年或5年过一次。芦笙节除吃糯米饭、杀牛、杀鸭以外，还要备糯米酒。过芦笙节是为了庆祝和祈求当年的丰收，人丁兴旺，家人和谐相处、幸福安康。在节日来临之际，各家各户邀请他们的亲朋好友来村寨共同欢度节日。

第二节 服饰习俗

苗族服饰在中国55个少数民族服饰中，是最丰富多彩的服饰之一。在苗族服饰中，通常苗族女性服饰比男性服饰更为亮丽多姿。大歹苗族服饰除了在《从江县志》中少量提及以外，在其他关于苗族服饰文化的文献中几乎没有提到。很多学者往往将大歹苗族服饰归为岜沙式类型。大歹苗族服饰，尤其是大歹苗族男子的传统民族服饰保留得非常完整，其做工的精细度、繁复度超过苗族女性传统服饰的精细度和繁复度，让人叹为观止。

一、服饰类别

（一）男装

1. 便装

在大歹村，年龄为五十岁以下的男子，穿的衣裤大多都是从市场上买来的汉族服饰。夏天时，T恤、衬衣、牛仔裤、布裤子搭配一双塑料拖鞋，是最为常见的服饰搭配。大歹村夏天天气炎热，气温高达三十五六度以上，但是从没有看到哪位苗族男子穿短裤，他们对付夏天的办法就是把长裤（布裤、牛仔裤）卷到膝盖或膝盖以上。冬天时，他们也会穿上汉族的保暖服饰，有长袖卫衣、毛线衣、棉衣、厚长裤等，脚上的凉鞋也会换成解放鞋、球鞋、皮鞋。

60岁以上的大歹老年男子的穿着基本保持着本民族的服饰要素。夏天，他们中的一部分会上穿传统的自织自染自制的对襟黑色上衣，下穿黑色的较薄的抿腰裤。抿腰裤的裆部很深，裤管宽大且上下宽度几乎一致。另有一部分老人已经开始改穿市场上购买的长袖中领T恤，虽然他们还是穿着黑色抿腰裤。冬天，该年龄段的老年男子通常会上穿夹棉黑色布扣上衣，下穿夹棉的黑色抿腰裤，脚上穿解放鞋，但是很多老人都不穿袜子。无论春夏秋冬，这个年龄段的老人都会包着青色或黑色的自织自染自制的包头布，脚穿解放鞋或打赤脚。

图 5-6 和学生交谈的爷爷 李孝梅 摄

图 5-7 站在窝堆前的代老支书 李孝梅 摄

2. 盛装

大歹村年轻的苗族男子的民族盛装服饰保留得非常完整，其复杂性、精美华丽程度在黔东南苗族男性传统服饰中名列前茅。年轻男子盛装的上衣是对襟布扣（有两个扣子）紧袖长衫，衣服长及屁股以下膝盖以上位置。衣服的布料是自织自染的紫红色亮布，亮布浆得较硬，穿在身上较为挺拔。衣服胸部以下位置被挑纱绣手法制成的刺绣条镶出几个长形框。在长框里，妇女们手工刺绣出很多精美的图案，如，蝴蝶、螃蟹、昆虫、几何图案等。整个刺绣的丝线颜色多以白色为基准色，在其基础上搭配绿色、红色、黄色、酱紫色等颜色的丝线，华丽无比。衣袖靠近袖口宽约10厘米的地方用挑纱绣条镶成一个长方形框架，框内绣着蝴蝶、螃蟹等图案，袖子其余部分没有图案。妇女们为了增加衣袖的华丽和美观，特意制了一个袖套，这个袖套上镶了很多的绣条框，绣满了各种图案。把袖套套在衣袖上，衣服立刻锦上添花，显得更加繁复和艳丽。妇女们用白色、草绿色、墨绿色、酱紫色、粉色的珠子，9颗串成一串吊在衣摆处。在串珠的最下端用草绿色的丝线把白鸡羽毛（通常是白公鸡腋下、腹部比较柔软的羽毛）的根部缠绕，只露出下端的白绒毛。衣服的背面肩胛骨位置处，通常有三片或四片直线排列的长方形银片。三块直线排列的银片下端都有蝴蝶、扇形组合的银链，每一块银片中部都有一个比例稍小的长方形框，框内有两个浮雕的雪花状、乳钉状的图案。四块银片直线排列的结构是：左右两边的两块银片较小，银片里面有浮雕的蝴蝶图案，银片下端吊着蝴蝶、扇形组合的银链。中间两块银片较长，银片下端没有银链。

图 5-8　男子盛装背面照　李孝梅 摄

图 5-9　男子盛装正面照　李孝梅 摄

由于上衣是没有扣子的，所以穿着时，有一根宽约10厘米的绣花腰带。绣花腰带的纹饰由中间一个长方形，两端各一个等边的三角形拼凑而成。腰带的末端就是三角形的一个尖角，尖角上有刺绣花带，刺绣花带捆结于后背，固定衣服。刺绣花带的末端有几串彩色串珠，串珠的尾部不是白鸡羽毛，而是长约20厘米的彩布条。斜挎刺绣方布包也是装饰年轻男子必不可少的辅助服饰。斜挎布包带子上绣满了几何图案，带子左右两边还用天蓝色的彩布加宽。布包的主体部分（包身）手工刺绣了很多几何图案。年轻男子头上的包头布是一块自织的长方形白色土布，土布的边缘用桃红色的丝线镶边。围在头部后面部位的包头布没有图案，而围在头部前面的包头布上有竖排的黑色抽象几何图案。除此之外，年轻男子的脖颈处还会佩戴至少一两个银项圈，手上还会佩戴至少一对银手镯，银项圈、银手镯的数量多少依家庭经济条件而定。

盛装的年轻男子下半身通常穿黑色的长裤，有市场上购买的汉族款式的长裤，有自织自染自制的抿腰裤。他们都穿鞋子，鞋子有解放鞋、运动鞋、皮鞋等。

（二）女装

1. 便装

平时，大歹苗族妇女挽发成髻，在发髻上别一把塑料梳子，梳子通常为大红色、橘红色、桃红色。有些妇女的梳子下方还别着一个牛角制成的米黄色的簪子，簪子上有19个同心圆圈。妇女们的脖颈处通常戴一个或两个扭丝银项圈。银项圈是实心的，一个重约七八两。

大歹苗族妇女平时都穿传统的民族服饰，全村只有两个妇女穿汉族服饰。这两个妇女年龄都是三十多岁，她们在大歹幼儿园做事情，其中一个在食堂做饭做菜，另一个专门打扫教室卫生、收拾孩子们的碗筷等。她们在幼儿园工作时，就穿汉族服饰（据她们说这些服饰都是幼儿园老师买给她们穿的）；不工作时就穿民族服饰。大歹苗族妇女之所以更多地选择穿戴本民族服饰的原因与大歹村民的生活习俗、思想观念和民间信仰息息相关。

在与村民代红克聊起为什么村里的妇女不去外面买汉族服饰穿的原因时，她是这样解释的：因为村里比较传统，很大一部分的人都不太愿意接受外来的一些“潮流品”，也觉得这些“外来物”没有自己做得好看、精致。并且她们从小穿惯了自己做的衣服，突然让她们改变一下风格，也难免会有不适应的情况。如果谁穿上了那些所谓的“外来物”，那村里的人肯定会背后讲闲话，说她们不讲规矩，在外面学坏了，穿得花里胡哨的，不成体统。她们原本就有点害羞，也很在意别人对自己的看法，于是，谁也不愿意做寨子里面第一个穿“外来物”的人。虽然在她看来，那些“外来物”也很漂亮，自己很喜欢，但家里的长辈们接受不了，所以也就不会违抗她们的意愿。①

村民潘阶克说：她以前曾经出去打过工，在外面打工的时候，会穿“客家”（汉族）衣服。回到大歹后，就会换上自己本民族的衣服，以避免别人讲太多闲话。除此以外，村里面的妇女之所以不穿“客家”的衣服，还有一个原因就是，如果谁穿了“客家”衣服，那她家的老祖先就不认识她，从而不会保佑庇护她，鬼也会找上门来让她生病、倒霉等等。②

夏天，大歹村绝大多数妇女都会在胸兜内套上一件中领长袖薄款打底衫，这个打底衫的颜色以草绿色居多，除此还有黄色、粉色、大红色、蓝色、墨绿色等。胸兜腰部以下有两个斜立的长方形呈“×”形交错，交交错部位重叠成一个四边菱形。斜立长方形剩余部分被挑花刺绣绣条分割成两个等面积的四边菱形。交错重叠形成的四边菱形彩布通常是灰色，剩余的两个面积相等的四边菱形彩布的颜色是天蓝色。在重叠形成的四边菱形的对面有一个倒三角形与之顶角而置，它的彩布颜色也是灰色的。

大歹苗族妇女们下半身穿着自织自染自制的短百褶裙，裙子的长度约为35—40厘米左右。短款百褶裙可以无惧树枝野草和荆棘的牵绊和倒挂。百褶裙是由裙腰和裙面两个部分组成。裙面是一整片布制成的。把百褶裙套在腰上围一圈，再把裙腰两端的布条捆结，裙子就穿好了。百褶裙裙面的主体颜色是黑色的，只有裙面下端有宽约5厘米的白色染布裙

① 访谈对象：代红克，女，19岁，没有读过书，代家寨人。访谈地点：代红克家。访谈时间：2020年6月4日下午。

② 访谈对象：潘阶克，女，35岁，大寨人。访谈地点：潘阶克家。访谈时间：2020年6月7日下午。

图 5-10　穿便装的妇女和孩子　李孝梅 摄

边，正是因为裙面有白色的裙边，所以在《从江县志》一书里，把大歹苗族女装归为“青白裙类”。[①] 便装的百褶裙是可以清洗的，由于经常洗涤，裙身较为柔软透气，但是色泽较为黯淡无光泽。百褶裙的存放较为讲究，不能直接折叠堆放，否则褶皱会展平，不好看。收放百褶裙时，先把裙子的褶皱按方向捋平，然后以一条裙边缘为中心轴翻卷，边卷边捋褶皱，最终卷成一个伞形的圆筒状，用裙腰两端的裙带交叉捆扎裙身，使裙身褶皱不散。裙子一般不放柜子，而是悬挂在房间的墙壁突出处。听老人们说，之前百褶裙里面是不穿任何打底裤子的，寒冷的冬天，就会叠穿几条裙子，在腿上缠上绑腿或腿套御寒。而现在，由于受到外来文化的影响，妇女们会在百褶裙里套穿从市场上购买的黑色紧身打底裤，打底裤的长度在膝盖下面一点点位置，整个小腿仍然暴露在外。妇女们通常打赤脚，赤脚一方面和当地炎热的天气有关，另一方面也和当地的生活习俗有关，如挑水、染布、洗衣等都需赤脚。后来受到外来文化的影响，夏天她们穿上了塑料凉拖鞋；冬天，她们则会穿上解放鞋。

① 贵州省从江县地方志编纂委员会.从江县志 1991-2008[M].北京：方志出版社，2010：180.

2. 盛装

（1）主体服饰

①上衣

按照《中国苗族服饰图志》一书中对黔东南苗族服饰的分类，大歹苗族妇女上衣服饰属于直领（立领）对襟形岜沙式。盛装的上衣是直领对襟无扣的，因此上衣内里需搭配五边菱形胸兜。上衣的面料是妇女们自织自染的颜色近似紫红色的亮布。

上衣的衣领有一圈宽约5厘米的彩色花边。衣身较为紧身窄小，衣摆散开，整件衣服呈“A”字形。衣摆往上宽约10厘米的一圈，妇女们用挑纱绣手法绣了菱形、三角形、花朵、几何形等图案，并用彩线绣条把这些图案镶边和分割。

图5-11　妇女盛装上衣腰部以下正面照
李孝梅 摄

图5-12　妇女盛装上衣背面照
李孝梅 摄

衣服侧缝在腰部位置开衩，开衩的两个衣边上用大红色、草绿色彩布镶边。在彩布边缘约5厘米宽的地带，有四个用彩线绣条镶边分割的方框，框里有1只蝴蝶刺绣图案、3个菱形组合图案。衣袖袖口往上宽约20厘米的地方，妇女用彩线绣条和蜡染的鱼、鼓等图案组合成了一幅绚烂多彩的图景。

②下裙

大歹苗族妇女的下半身着短款百褶裙。百褶裙的长度约为35–40厘米左右。穿着时大腿的部分肌肤和全部小腿裸露在外。百褶裙由裙面和裙腰两个部分组成。盛装的裙面是两个布片组成，前片是白色布条和紫红色土布相间的百褶裙，其中以白色染布为主体。后片则是紫红色亮布百褶裙无图案和叉色。前片虽然比后片稍短，但它的长度是后片的两倍。穿戴时，先围后片，再围前片，前片包裹后片。人体的髋部骨头处是两片裙面重合的部分，重叠部分多在15至20厘米左右。由于盛装百褶裙的制作费时费力，所以一般都不洗。在节日、婚庆等场合穿戴完毕后，把裙子两端的腰带捆在墙板突出处晾挂起来。待晾干汗水后，就按照百褶裙的褶皱方向，以一个裙边为中心轴，翻卷裙身，直至将裙身卷成一个伞形的圆筒状，再用裙腰两侧的带子捆好裙身并悬挂放置。盛装百褶裙浆得较硬，穿着时布料摩擦会发出沙沙声响。穿上盛装百褶裙后，最好不要压着裙子就座。因为压着裙子座，会把裙身的褶皱压平，这样就不好看了。

（2）辅助服饰

①头、颈、胸、手银饰

穿戴盛装时，妇女们的发髻上用两根粗壮的银簪子插入。簪子造型较为独特：簪子上半部分从下往上分别是扭丝形、螺旋形、镲形；簪子的下半部分是一根实心的椎体，簪尾处收尖。一根簪子重约4两。妇女们脖颈处佩戴两个或两个以上的银项圈，银项圈的造型多为扭丝加花卉（如图5–13）、龙凤呈祥形（如图5–14），其直径有小有大。佩戴时，先戴小直径的，再戴大直径的，最后一层的银项圈直径最大。银项圈层层铺平，显得华丽端庄。妇女们除了佩戴银项圈外，还在胸前佩戴一根银链子，银链子的造型较为朴实，小银圈层层累积，在末端有两个银环。手镯也是必戴的首饰，佩戴的数量不定，越多越美。

图 5-13　扭丝项圈及花卉图案　杨亚 摄

图 5-14　龙凤呈祥图案项圈　杨亚 摄

②胸兜

在外来文化影响大歹之前，大歹苗族妇女的胸兜直接贴身光穿，胸兜里面没有打底的衣服。直到现在，大歹苗族妇女无论年纪大小，几乎没有穿胸罩的习惯，她们空穿打底衣，然后外穿胸兜。胸兜的长度直达下衣百褶裙的中间位置。它一方面可以遮羞，另一方面也可以保护脏器，护住肚脐以免风灌进肚子引起拉肚子、肚痛、感冒等疾病。不管是便装的胸兜还是盛装的胸兜，都是五边菱形，只有前片没有后片，如果不穿打底衣后背就是裸露的。胸兜的面料是自织自染的土布，便装的胸兜颜色接近于黑色，盛装的胸兜是紫红色的亮布，

图 5-15　穿盛装胸兜、百褶裙的少女
马博进 摄

浆得很硬。

由于妇女们的上衣没有扣子是敞着穿的，胸兜直接露在外面，因此胸兜的图案和色彩颇为讲究。盛装胸兜的主体部分为紫红色亮布裁剪成的五边菱形，在胸兜的领口处拼接一块蜡染的梯形领口布。胸兜从腰部位置到“V”字形下摆之间的图案造型与便装胸兜一样，由两个斜立的长方形和一个倒三角形组成，这些图形的边框都是用绣条镶边，两个长方形被绣条分割成三个四边菱形，菱形、三角形内部有蜡染的淡雅花卉图案或刺绣的蝴蝶、花朵图案。

③腰带、斜挎花包

穿着盛装时，妇女们的上衣都要对襟拉拢，用一根宽约15厘米左右的自织自绣的腰带，从胸口处往后围一圈，系结于后背。腰带中间是白色蝴蝶型图案，腰带上下两条边用刺绣图案镶边，下面那条边还缀着一串串的彩色珠子，珠子的末端吊着一个银铃铛。

图 5-16 斜挎布包 马博进 摄

斜挎花包的带子宽约4厘米，全部绣满桃红色花朵图案。花包的包身是正方形的，每条边长约20厘米，四个边都用绣条镶边，布包中间由一连串的“S”字母分割成四个三角形图案，这四个三角形两两相对，尖角集中在布包中央。左右两个三角形框内的图案都是菱形雷纹，上下两个三角形框内有菱形和菱形中间加竖起的“一”两种图案。在布包的底边吊着一串串的珠子，每一串珠子末端都有一个小银铃铛（如图5-16）。还有的斜挎花包没有珠串，其包身的图案与上述相差较远，它主要用绣条镶边成几个长框，框内全是刺绣图案，如云朵、花朵、波浪纹、窃曲纹等。刺绣的丝线颜色艳丽且丰富，有桃红色、紫色、草绿色、墨绿色、天蓝色、黄色等。

④腿套

由于百褶裙的长度在膝盖以上，因此小腿就得不到有效的防护和保暖，腿套完美地解决了这个问题。腿套不仅具有防寒保暖和保护腿部皮肤的积极作用，还具有装饰美化的作用。在大歹地区，不管是从事农业生产还是做家务，妇女们的小腿常常需要裸露在外。腿套是根据主人小腿的尺寸量身定做的，它大小合适，方便穿脱，很能适应大歹苗族妇女的生活特点。平时在家，妇女们不穿腿套，但是在逢年过节、婚丧礼仪等重要场合时，妇女们必须穿上腿套。穿上腿套后，盛装服饰才算完整，也才会使妇女们显得庄重。腿套的布料是自织自染的紫红色亮布，它的开口上至膝盖上面一点，下至脚踝的位置，把整个小腿团团包住。在腿套上口用宽约1厘米的绿色彩带缠绕捆扎；在小腿肚处，再装饰宽约10厘米的自织花带子绑紧，彩带和花带子都起到固定和装饰的作用。

二、服饰制作：自织自染

（一）男耕女织

在大歹村，男人主外，女人主内。男人外出务工、犁田、打农药、收割稻谷、招呼宾客；女人除了协助男人栽秧、打谷、做饭做菜、带孩子、做家务外，还花费很多时间去制作自己的、家人的民族服饰，这是一幅典型的“男耕女织”的图景。大歹村的田土除了用来种植水稻以外，还要划出一部分来种植棉花。棉花有其栽种、收割的固定时间。棉花收割以后，还要经过一系列较为繁琐的工序，最终才能被妇女用来纺纱织布。

潘姓村民说：制作衣服的主要原料是他们自己家里栽种的棉花，一般情况下是在四月中下旬播种，五、六、七月份为棉花的生长期，在九月初到十月中旬左右，他们就可以采摘棉花了。采摘棉花的时候，会连着棉花包裹着的黑籽一起摘下来，然后把棉花放在太阳底下晾晒，等它们干透之后，再拿到从江县里去请专业师傅用机器将棉花里面的黑籽取出来，并将

图 5-17 纺纱机 马博进 摄

棉花加工成比较蓬松的细条，然后再将细条拉出线纱。①潘姓村民的妻子现场展示了纺纱的生产场景。在试纺时，由于纺纱在转动的过程不是太顺畅，棉线容易断，她起身找了两根鸡毛，用鸡毛蘸了点菜油涂抹在纺纱机的木质转轴上，之后便坐在低矮的櫈子上熟练地纺起纱来（如图5-18）。

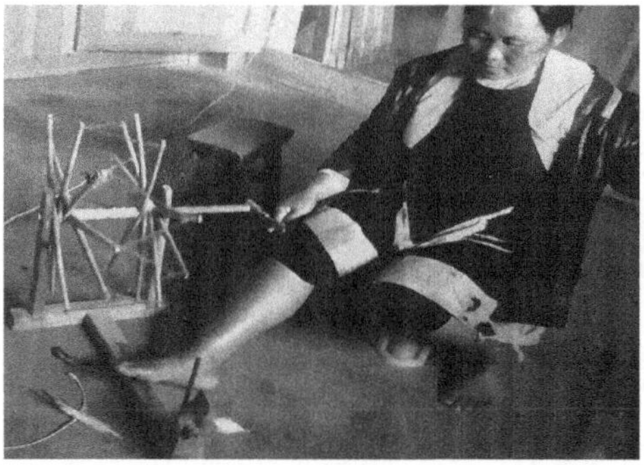

图 5-18 在纺纱的大歹苗族妇女（视频截图）
马博进 摄

图 5-19 在织布的大歹苗族妇女
马博进 摄

棉纱纺出来后，就可以织布了。一位读五年级的小女生代玩克告诉我们：线纺好后，就把棉线整齐地固定在织布机上，然后左手扶着摇板，右

① 访谈对象：潘季礼，男，46岁，四组人。访谈地点：潘季礼家。访谈时间：2020年6月8日下午。

手拿着梭子。梭子左右来回穿梭，这样布匹就织出来了。① 代玩克的讲述虽然很简单，但对于我们来说织布的技艺远不像说的那么容易，如果没有长时间的耳闻目睹和亲自实践，织布技艺不可能轻易学到的。代玩克还讲道：布织好后，把布放在一个比较平坦的地方，然后用一块不用的废布包裹，再用木锤子使劲捶打布匹。因为捶打后的布会变得坚硬，质量也会更好，更耐磨耐穿。②

代玩克在与我们谈话的过程中，还提到织布过程中的一个忌讳：在布匹纺到最后一步的时候需要用剪刀来将白线剪断，但剪白线的这个动作一定不能让男人看到，如果你在需要剪白线的时候，家里或身边有男人，那就一定要让他先避开。但当我问到为什么男人不可以看她们剪白线的这个动作时，代玩克说她也不知道，只是老一辈人这样做了，她们也就跟着做了，至于为什么会有这个忌讳，她也不知道原因。③

（二）蓝靛染布

妇女们织出来的布本色是米白色的，要想制成大歹苗族喜欢的黑色、紫红色布料，需要对其进行染色。染色的植物原料是大歹人自己种植的蓝靛。蓝靛是应用最广泛的植物染料。用蓝靛染的服饰耐脏、耐晒，不易褪色。蓝靛还具有药用功效，被刺和芭茅草挂伤割伤，被蚊虫叮咬，长烂疮等，蓝靛都可以起到消炎止痛的作用。

妇女们将收割的蓝靛植株放进大塑料桶里（塑料桶相当于一个水缸般大小），用清水倒进桶里浸泡蓝靛茎叶。浸泡一个星期后，蓝靛茎叶变软发酵，其颜色从翠绿色变成腐败的棕色，大桶里面的水变成了蓝色。将腐败的茎叶捞出，把事先已沉淀好的石灰水倒入大桶，用水瓢不停地把缸里的水舀起来又倒回去，这样反复操作半小时左右，水面就会不停地出现很

① 访谈对象：代玩克，女，14岁，五年级学生，代家寨人。访谈地点：代玩克家。访谈时间：2020年6月11日下午。

② 访谈对象：代玩克，女，14岁，五年级学生，代家寨人。访谈地点：代玩克家。访谈时间：2020年6月11日下午。

③ 访谈对象：代玩克，女，14岁，五年级学生，代家寨人。访谈地点：代玩克家。访谈时间：2020年6月11日下午。

多蓝色泡沫，经过1至2天的化学反应，最终缸里的泡沫消失，水由蓝色变成黑色，浸染布料的染缸最终制成。

图 5-20　大歹苗族妇女的染缸　马博进 摄

白布织好，用温水清洗一次，晾晒干，然后放进染缸浸泡约一至二小时后取出，用清水过滤并晾晒干，再放进染缸浸泡，一天反复若干次。靛染的原理就是蓝靛的茎叶中含有蓝甙，蓝甙可以提取靛蓝素。靛蓝素是一种天然的还原染料，它还原后得到隐形色素靛白。浸染布料时，靛白渗入织物纤维，此时的布料没有颜色，只有经过透风氧化后，靛白才变成靛蓝，布料才会逐渐显示出蓝色。总之，每经过一次浸染和氧化，布料的蓝色就会加深。浸染的次数越多，蓝色越深。出于不同的喜好，植物染料、浸染的次数会有所不同。要想获得紫红色布料，除了需在染缸里加入另外的植物染料外，还需注意反复浸染、晾晒的次数不能过多，控制在3到4次即可。蓝黑色布料的获得，只需掌握浸染、晾晒反复的次数在7到8次就行。

大歹苗族盛装服饰的布料都是紫红色的亮布。亮布的质地非常细腻、光泽度好。用亮布制成的服饰经穿耐磨、挺括笔直。亮布的靛染工序较为复杂，首先把白布放在染缸里（除了蓝靛外，还有其他的植物染料）浸泡、取出晾干，如此反复操作3–4次之后，把布用水浸湿后折成双层放在光滑的石板上，用小木锤用力均匀捶打布面，直至布面泛亮。然后取5–6个鸭蛋蛋清制成液水，用鹅翅膀或鸭翅膀的羽毛蘸液水，均匀地刷在布面上，晾晒干。布料晒干之后又经过一次浸湿、捶打、涂刷液水（用十多个鸭蛋的蛋清制成）、晾干。晾干后的布料放进牛皮胶液中浸泡（为了避免掉色，大歹苗族用牛皮熬制胶液），取出晾干后再次放入染缸中浸染，再晾干。如此反复4–5次后，再涂刷蛋清液水，并晾干。晾干的布料放进专门的蒸笼里，连续蒸两个小时取出晾干。蒸布的目的是为了让蛋清更好地渗入布料纤维中且不易脱落。此后仍需经过一次捶打、在染缸里浸染3–4次。这样，亮布的靛染工序才告结束。

（三）蜡染、刺绣

费孝通先生在《乡土中国》一书中讲到，无论哪一个社会都有自己的文化传统，“在乡土社会中，传统的重要性比现代性更甚。那是因为在乡土社会里传统的效力更大。”① 长久以来，大歹苗族处于传统的乡土社会中，他们世代遵循和维护祖辈遗留下来的传统。蜡染、刺绣作为妇女们必须掌握的传统技艺，自然而然地被一代一代地传承下来。

图 5–21　身着蜡染胸兜、百褶裙的大歹妇女　马博进 摄

大歹苗族的蜡染图案较为朴素，对蜡染技法的要求不是太高。蜡染手法主要用于衣服的袖子、胸兜、百褶裙、斜挎花包。妇女们用枫树的树脂——枫香来作蜡染试剂。点蜡的“笔”有两类：一类是被削成约1mm细、20cm长的细

① 费孝通．乡土中国[M]．北京：北京大学出版社，2012：84.

竹条；另一类是穿在鹅翅膀羽毛管里的发丝。细竹条通常用来点长线条，鹅毛发丝用来点短线条。蜡染的图案有鱼、蝴蝶、花卉等动植物纹样，也有“米”字形、波浪形、三角形、竖“一”形、“卍”形、菱形等几何纹样。

刺绣同蜡染一样，都是大歹苗族服饰的重要装饰手段。大歹苗族妇女，下至十岁姑娘，上至白发苍苍老孺，皆会刺绣。刺绣的针法有很多种，如平绣、挑花绣、打籽绣、锁绣、辫绣等，大歹妇女擅长的是挑纱绣。挑纱绣的绣布无须竹条绷框，也不需要在绣布上贴纸样或画样，其绣布构图完全是先在妇女们的大脑中拟好形成，后再计算经纬线进针、退针和走线。

刺绣的图案来源于生活，不仅有花卉、鱼、蝴蝶、蜈蚣、昆虫、龙、花卉、草等动植物纹饰，还有菱形、“卍”形等几何纹饰，刺绣图案生动、立体。刺绣的彩线颜色通常是桃红、白、绿、黄、紫、蓝等色，充满了浓浓的生活气息，起到了极佳的装饰效用。

图 5-22　挑纱绣花边　马博进 摄

图 5-23　上衣侧面开衩处刺绣纹饰
马博进 摄

图 5-24　盛装衣摆纹饰　马博进 摄

综上所述，民族服饰作为大歹苗族传统文化中的一部分，是与其他民族相区别的最直观最明显的文化元素。服饰不仅仅是物化的表现，它还是历史、政治、经济和文化等因素共同作用的结果。透过服饰，可以窥探不同历史时期下大歹村的社会背景和社会状况。随着大歹村乡村旅游的开发，大歹苗族传统服饰将成为大歹地区标志性的文化资源，其款式、制作工艺、色彩搭配等具有巨大的开发潜力，服饰文化资源可以“变现”，转变成大歹地区经济发展的优势项目。因此，积极开发大歹苗族传统服饰文化资源，推动服饰产业发展，不仅有利于大歹村的经济发展和人民生活的改善，还能够增强民族自信和民族文化适应外界的张力。

第三节　建筑习俗

大歹苗族传统建筑形制包括民居、鼓楼、寨门、禾晾、禾仓及一些附属建筑的外形、构造布局和空间布局等内容。地处高坡的大歹苗族建筑形式不仅受到传统文化和地域风俗文化的影响，而且还受到地域及其自然条件的制约。在人文特点和自然条件的双重作用下，大歹苗族民居建筑呈现出鲜明的特征。这个特征一方面是大歹苗族人文地理特点的体现，另一方面是大歹苗族对人、自然、人与自然关系心理特征的体现。

一、民居

（一）空间功能设置

大歹苗族大多居住在山腰或山顶，其民居属于干栏式建筑。民居的坐向依山而定，民居的建筑材料全是杉木材料，柱子、瓜柱和吊脚柱等都是杉木制成。一栋木房的柱子有三排，每排有3根或5根柱子，横排的柱子数量越多，房子的空间就越大。房屋的柱子是整根杉木制成，杉木直径可达40–60厘米左右。瓜柱、吊脚柱的杉木直径有15厘米左右。民居的楼枕、楼板、装板都是杉木加工做成。屋顶为用小青瓦覆盖。总之，大歹苗族的木房不靠一铆一钉就能紧紧扣在一起，在柱子的上端，梁枋纵横连城一体，昭示着古老的和谐。

木房一般是两层或三层结构。两层的木房坐落在平地上，一楼的墙板是横装的，入口处映入眼帘的是一架巨大的从一楼直达二楼的木质楼梯。楼梯板面平滑、宽大，人踩上去如履平地。楼梯旁边是火塘，火塘边上经常放着一个装着米酸汤的坛子、三脚架。大歹苗族不设神龛，节日祭祖都是在火塘边进行。火塘不仅是祭祀场所，而且是接待亲朋好友、烹饪食物和取暖的地方。火塘的旁边是灶台、厕所。一楼外侧还有一个长廊和“T”形美人靠，人们可以在这里凭栏远眺、歇凉休息、吃饭，妇女们可以在这里纺纱织布、绣花、聊天。粮食、农具、化肥也都可以在长廊堆放。二楼是卧室和简单的家具。卧室的数量通常是2个或3个。卧室建在二楼的后半部分，而前半部分留有很大的空间，妇女也可以在此处织布、制衣服。三层木房底楼的木墙板是横装的，主要用来圈养猪、牛、鸡、鸭和堆放肥料、柴火；一楼有火塘、长廊、灶台、厕所；二楼是卧室、简单的家具。因为大歹民居地处山坡密林，迷雾缭绕，湿度较大，一楼容易潮湿，人们长居潮湿之地易得慢性风湿病。为了让一楼空气对流、通风良好且干燥，因此一楼较为空旷，很少安放大的物件家什也不住人。初到大歹的外人，

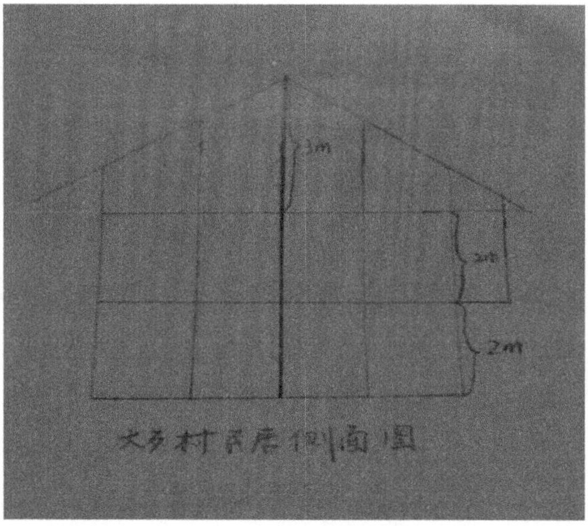

图 5–25　大歹三层木房侧面图　杨亚 绘

很难理解一楼这么宽敞的空间里只有楼梯、火塘、厨房和厕所，实际上这是大歹苗族对自然环境的一种灵活应对，是他们生存智慧的体现。

木房的窗户是推拉式的，像哨所的瞭望口一样开口极小。大歹人平时很少开启窗户。有些民居在二楼的木板墙壁上凿开了一个形如狗洞大小的窟窿，幼童和成年人可以伸出头来眺望屋外的动静。

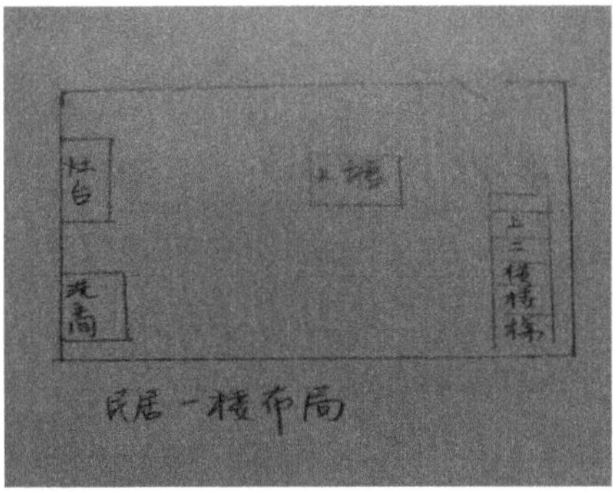

图 5-26　木房一楼空间布局图　杨亚 绘

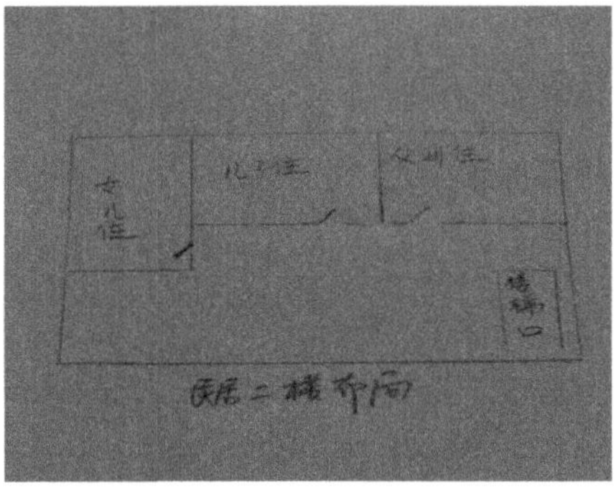

图 5-27　木房二楼空间布局图　杨亚 绘

（二）建房仪式

1. 择地基：泥土和糯米

大歹苗族建房时，首先要请师傅对地基进行“检测”，即看风水，判断地基是否适合人居住。因为在大歹人看来住房是长久居住的地方，除了物质安全稳固以外，还要确保精神上的安全。大歹没有专门看风水的风水先生，师傅可以祭鬼驱鬼又兼看风水。师傅看风水主要是用地基上的一把泥土和主人家的一点生糯米混合，然后把土和米的混合物放入清水中，根据它散落的状态来判断地基是否适合人居住。

村民潘具你介绍了大歹村请师傅看风水的大致情况：

修房子看风水，可以找那种专门的风水先生，他会带很多书，还有罗盘，但是收费很贵，两三千。大歹没有专门给人看房子、坟地风水的师傅。厉害的都是其他村的，如停洞、下江的人很厉害，他们请阴间过世的人来说话。大歹、上歹、小融侗族村也没有风水先生。有风水先生的地方距大歹至少都有三四十公里。在大歹如果想看一下屋基好不好，就会请那种不蒙面的师傅帮看。师傅把半盆清水放在选中的地基那里，用手抓一把地基上的泥土和生糯米混在一起，把这个土和糯米的混合物放在清水里，如果这个不太散的话，就说明这个地基还可以；如果散的话，就说明这个地基不太好。[①]

2. 开工：牛和猪的祭祀

师傅除了帮主人家看地基外，还要帮助主人家选一个黄道吉日开工建房。在开工那天，主人家需要准备一头牛、三头猪来祭地基。牛宰杀好后，不剐皮，把牛头砍下来，由两个人抬着绕地基走一圈。三头猪也需宰杀，猪头割下来后，每个猪头分别由两个人抬起，绕地基走一圈。祭祀完毕后，才开始修建房屋的地基。修建地基的人数要为单数，一般少的九个人，多的十几个人。

3. 立“中柱”：孕妇抱柱

立“中柱”仪式是大歹苗族修建房屋过程中一个很重要的仪式。中柱是面对房屋，火塘左边第一排柱子中的第三根柱子。立中柱时，主人家把12卡糯禾、一碗糯米饭、三条腌鱼、宰杀煮熟的公鸡肉一同摆在供桌上，然后师傅烧香、烧纸钱，念咒语，咒语虽然听不懂，但大致意思是保佑这个家庭平平安安，建房顺顺利利。祭祀完毕后，还要请一个孕妇去抱一下中柱，孕妇抱过中柱后才能够安放中柱。之所以请孕妇来抱中柱是因为孕妇可以帮新房驱赶厄运、冲走一些“不好的、不干净的”东西，如，有一些祭鬼驱鬼的师傅或木工师傅居心不良，他们会在建房时下咒、做法，给主人家带来不利。为此，请孕妇来抱一下中柱，就可以破解这些不吉利的咒语和法术，消除它们即将带来的危害。主人家会拿一人碗糯米饭和三条腌鱼赠给孕妇表示感谢。新房建成主人家请客吃饭也会邀请这个孕妇同来。

① 访谈对象：潘具你，男，32岁，大寨人。访谈地点：潘具你家。访谈时间：2020年6月11日晚上。

4. 竣工：敲鼓祭祖、宴客

新房建好后，房主会选一个好日子祭祖并宴客。在这个好日子，主人家通常会杀一头牛（如果主人家没有牛，也可以不杀牛祭祖）、三四头猪来祭祖。师傅把煮熟的牛肉、猪肉、腌鱼、糯米饭、白酒分别用一个碗装好，放在火塘边上，然后敲响事先借来的大歹村斗牛时敲的鼓。敲鼓的目的就是唤醒祖先，请祖先前来享用后代的供奉。这个仪式完毕后，主人家就会宴请亲戚朋友来家吃饭。来吃饭的亲戚朋友有的会送主人家一卡糯禾，有的送一百或两百块钱。

（三）民居的文化寓意

大歹苗族的干栏式建筑民居依山建造，顺势而上。为了防潮和防毒蛇猛兽的侵扰，村民们用木柱抬高居住层面。干栏式建筑开间少，占地少，进深浅，能在土地资源有限、基本不改变自然环境的情况下，最大限度地利用地形开辟生存空间，这不仅体现了大歹苗族的生存智慧，而且体现了大歹苗族崇尚人与自然和谐共生的观念。

木质民居不仅是人们安全的庇护所，它也是大歹苗族私密的空间，私密空间的权力归属彰显了家庭的秩序和“重男”的传统观念。二楼的住房分配格局有这么一个不成文的规矩：空间大的房间留给儿子住，空间小的房间留给女儿住。相较于儿子的房间而言，女儿的房间距离父母亲的房间要远一些。这种种迹象显示出了男性在家庭中的主导地位，以及女儿不是自家人，儿子才是传宗接代延续香火的自家人的传统观念。

大歹苗族在保证住房安全的前提下，还将祖先崇拜融入其中，火塘成了世俗和神圣的共栖地。一方面，火塘是温暖而且温馨世俗活动场所。人们可以在火塘边议事、待客、歌舞吟唱，老人可以在火塘边对后辈讲述先祖和族群历史、进行民族传统教育。另一方面，火塘是神圣的神秘灵域。火塘是祖先神灵来往盘踞之地，它是人、神两界相互沟通的地方，是家庭凝聚力的象征。

二、鼓楼

鼓楼是侗族独特的建筑，它是侗族村寨社会、文化和政治的中心。侗族按照姓氏聚族而居，一个姓氏即是一个房族，房族成员共同出工出钱修建鼓楼。一个寨子里有几支房族，就会有几座鼓楼。鼓楼是房族的代表、荣誉，是侗族人民的精神寄托。大歹村虽然是一个苗族村寨，但由于村民由代家苗族和潘家侗族组成，因此大歹村的建筑物里就有了其他苗族村寨没有的侗族鼓楼，这是苗侗文化融合的结果，是大歹村特有的文化现象。

（一）门阙和密檐：建筑类型

1. 门阙式大寨鼓楼

大歹村的鼓楼数量与房族数量不一一对应。大歹村现有两座鼓楼：一座位于大寨寨口（大歹幼儿园大门旁），这是四组的鼓楼。另一座位于代家寨，是一组的鼓楼。

位于大寨寨口的四组鼓楼属于门阙式鼓楼，它既是鼓楼，又是寨门。门阙式鼓楼“用阙作为对鼓楼的衬托，设于寨门处与寨门合一，将鼓楼的功能与交通的过道融为一体，已为罕见。”①

四组鼓楼由阁底、塔身、亭顶三段构成。阁底不设火塘，是方形敞开且不封墙的。之所以不封墙是因为它设于寨门，在村里的硬化公路修建之前，这是人畜出入大寨的必经路口。阁楼高2.5米，共有四排柱子，每排有4根，这些柱子从阁楼直达第二层密檐。面对鼓楼正面从左数起的第一排和第二排柱子之间、第三排和第四排柱子之间的距离相同，都是1.5米。第二排和第三排的间隔距离为3.5米，这个宽敞的间距就是人畜通行的路口。在阁楼左边第一排柱子内侧有一条长凳供人休息、歇凉。在第一排柱子和第二排柱子之间有一架楼梯。楼梯宽约60厘米，是用独杉木加工而成。楼梯从一楼伸到二楼，总共有十二步梯子。二楼高2.3米，柱子和穿枋撵横穿斜插，衔接紧密牢固，不用一铆一钉。

---

① 罗德启.贵州民居[M].北京：中国建筑工业出版社，2008：90.

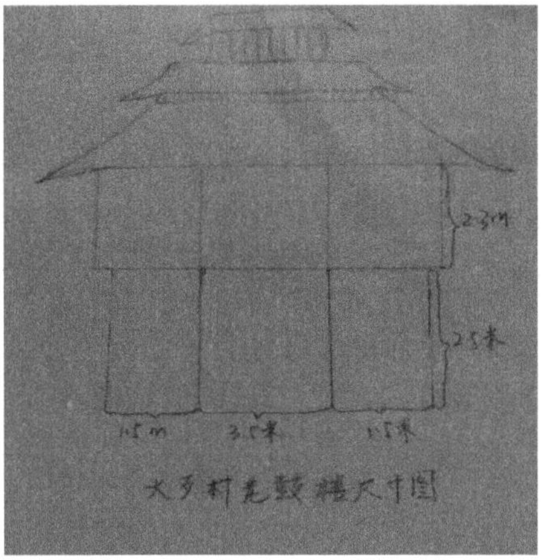

图 5-28　四组鼓楼剖面图　杨亚 绘

图 5-29　四组鼓楼实物照　杨亚 绘

鼓楼的二楼较空旷，有一圈高为60厘米左右的木板墙壁，墙壁只有一个开口方便上下人，这个开口就是从一楼搭建到二楼的楼梯口。人们站在二楼可以眺望山脚、山顶和远方，是大歹人侦查外界、敌情、野兽的极佳观测点。二楼往上有三层密檐。由于第一层密檐出檐大且与第二层密檐通透、间距小，故通风和防御效果都好。层檐架空，炙热的太阳光也透不到二楼人们活动的空间。亭顶是置鼓的地方。平时没有任何紧急的事情或过重大节日，一般人等不能进入亭顶。鼓既是预警和召集人们的工具，又是祖先神灵栖息的地方，它是神圣不可冒犯的，要敲鼓、借鼓都要有一套礼仪程序。三层密檐皆是歇山顶屋面，覆盖小青瓦。

2. 密檐式代家寨鼓楼

（1）修建缘起：火灾惹的祸

30多年前，一组村民从大寨寨头搬到现在的代家寨。在代家寨定居下来后，一组村民集资修建了一个与大寨鼓楼样式相同的鼓楼。十年前，一场火灾烧毁了一组村民的房子和鼓楼。于是，代家寨人共同商议和出资修建了现在的这个新鼓楼。

老支书代你甩说：十年前，代家寨发生火灾，人住的房子和鼓楼都一并被烧毁。后来，请外面的人（笔者注：非大歹村的人）来修建现在这个鼓楼。鼓楼修建需要的树和材料都是从外面买来的，当时是花了二十多万元，而这个钱是全大歹村人都要出，根据家庭人口的规模来，每个人（笔者注：男丁）出两千多。期间来到大歹村视察工作的干部也赞助了钱。[①]

（2）鼓楼特点：八角11层攒尖顶

代家鼓楼，巍然挺立，气势恢宏。它也是由阁底、塔身、亭顶三段构成。阁底由外围八根檐柱，中间四根主柱架构而成。八块穿枋不用一铆一钉就把主柱和檐柱紧密相连，整个木架结构呈伞形辐射状，往上逐层内收。阁底平面图呈八边形，不封墙，中央有一个方形的火塘，四周置有一圈长靠凳，设有一门。塔身和亭顶与从江县往洞乡的增冲鼓楼极为相似，只不过增冲鼓楼有13层重檐，而代家寨鼓楼有11层重檐。塔身由穿枋和瓜柱支撑，挑出的楼檐如宝塔紧密重叠。重檐层层叠叠，从上而下，一层比一层小，到第九层内四柱顶端，再覆盖两层八面斗拱结构的八角攒尖顶亭顶。鼓放置在第一层亭顶处。亭顶斗拱下装棂窗。重檐翼角高翘，彩塑鸟兽。最高一层亭顶上端立五个由大而小的陶瓷宝葫芦尖顶，直刺苍穹。

图5–30　代家寨鼓楼　杨亚 摄

（二）鼓楼功能：一鼓多用

鼓楼之所以成为一个民族的文化标志，不仅在于它本身的建筑技艺，还在于它具有多重社会功能。大歹村的鼓楼主要有五重社会功能：

第一，鼓楼是聚众议事的场所。不论是古代还是在现在，凡遇大事要

① 访谈对象：代你甩，男，70岁，代家寨人。访谈地点：代家寨鼓楼。访谈时间：2020年6月11日下午。

事，如制定村规民约，共同对抗外来的敌人，都是由专门管理鼓楼的人登楼击鼓报信，寨民闻声而至，集中在鼓楼下议事。

村民潘网向说：村里会选一个人来看管鼓楼。在它的顶层会有一个鼓，当有小偷来偷东西的时候，这个保管的人就会去到鼓楼顶层，使劲敲打这个鼓，以引起村民注意，借此达到吓跑，或者召集村民合力将小偷赶走的作用。如果小偷就是村里的人，那他就会遭到全村人的谩骂。被全村人谩骂和知晓他做的坏事，这对小偷来说，是比较重的惩罚。①

老支书代你甩说：鼓楼在村民心目中威望很高。鼓，一旦被敲响，那就意味着村里有重大的活动或事件发生，每家每户不论在做什么事情，无论有多忙，也都会派代表赶往鼓楼。所以在平时若有人随意胡乱敲鼓，那么就要受到惩戒：当事人需买一头牛或一头猪及各类酒菜，请全寨子的人食用，以表歉意。②

第二，鼓楼是村民调解纠纷的场所。村民之间发生什么纠纷，或需要众人帮助调解，当事人也可以登楼击鼓聚众，或请寨老帮忙调解。

第三，鼓楼是教授文化，学习技能的传习之所。老人们在鼓楼休息歇凉，摆古聊天，给青年人讲述本民族的历史事故，传授生产经验和技能。如今，代家寨鼓楼是大歹村汉语言培训基地。每个星期都会有专门的工作人员和技术人员到鼓楼这里，教授汉语知识、牲畜喂养知识和农业生产技能。鼓楼的教授文化、传习之所的功能更加突出。

第四，鼓楼是宣传村规民约的场所。过去，村规民约靠寨老口传，没有文本记录。农闲时，寨老召集民众到鼓楼传达村规民约的内容和精神。现在，部分村规民约具有了文字形式，它们被雕刻成碑文或写成文本，张贴在鼓楼或者其他的地方。例如，对偷盗的惩罚：罚款米一百二十斤，酒一百二十斤，猪肉一百二十斤等内容都张贴在鼓楼柱子上，用以警戒

① 访谈对象：潘网向，男，35岁，大寨人。访谈地点：潘网向家。访谈时间：2020年6月8日上午。

② 访谈对象：代你甩，男，70岁，代家寨人。访谈地点：代家寨鼓楼。访谈时间：2020年6月10日上午。

村民。

第五，鼓楼是公共娱乐场所。逢年过节，村民要在鼓楼吹芦笙，男男女女在鼓楼对歌、跳芦笙舞。过完节后，芦笙要封存起来，一般都放在鼓楼里，不能随便搬出鼓楼。平时，尤其是晚上，小孩、老人、年轻人都喜欢到鼓楼歇凉、聊天、玩耍，鼓楼赫然成了村民们的公共娱乐场所。

代姓村民说：这个地方（笔者注：代家鼓楼）是人们乘凉，聊天，小孩来玩的地方。也会在这里开会，这里也是大歹村汉语言培训基地，过节的时候，也会在这里吹芦笙。①

三、寨门

大歹苗寨内外之间并无实际阻隔，村寨不设寨墙，村寨的界限就是靠寨门的提示来加以作用，即寨门是村寨的限定标志，设立寨门也就明确了村寨的领域。大歹村的寨门大多没有门板，仅作为寨子内外分隔的标识。在大歹村民看来，寨门具有防灾避邪和保寨平安的作用。但这种作用只是意念上的，因此寨门的形式无须具备对应此作用的实际设置，它的形式自由且多样。

大歹村有两个自然寨，有三个寨门：第一个是2018年由政府出资修建的大歹村新寨门。该寨门隔村委会800米左右的距离。第二个是大歹村原来的老寨门，紧挨大歹幼儿园，距大寨鼓楼约100米左右。第三个寨门是代家寨的寨门，这个寨门位于代家寨所在的山坡中部，距代家寨约100米。

无论是新的还是老的，大歹村寨门都是典型的门阙式和干栏楼阁式的结合，是左、中、右三门式的形式。寨门都是由8根杉木柱子支撑，左右两边有供路人休息乘凉的一圈靠凳。寨门并没有门板，是完全敞开和透风的。老寨门有四层密檐，新寨门有三层密檐。新寨门较老寨门而言，更具

---

① 访谈对象：代姓村民，男，50岁，代家寨人。访谈地点：代姓村民家。访谈时间：2020年6月10日下午。

规模，更加高大。在大歹村乡村硬化路修建之前，老寨门是进出大寨即原大歹村（代家寨一组村民30多年前也居住在大寨，后来才搬迁到现在的代家寨地址，至此大歹村才有了两个分隔的自然寨）的必经之路口。现在的新寨门是旅游公路进出大歹村的必经路口。外人只要看到这两个寨门，就自然而然地知道前方不远处就有村寨了。

图 5-31　大歹村老寨门　杨亚 摄

图 5-32　大歹村新寨门　杨亚 摄

代家寨的寨门位于半坡上，隔代家寨约有100米的距离。该寨门的形式是单檐门阙式，单檐出挑较大，防雨防晒效果良好。寨门由四根杉木柱支撑，四根杉木柱子左右两两相对。寨门左右两边不装杉木板，左右两排柱子之间有四根穿枋插入衔接，不用一铆一钉。穿枋由上而下形成三格空间，人们可以倚栏相望、聊天、对唱。寨门前方有两扇门板，可以开关，但是没有门扣也不落门闩，门板平时都是敞开的。寨门旁边有一条小路，可以绕开寨门进入代家寨。从这里可以看出，代家寨的寨门完全不具备防御的功效，它并没有把进出代家寨的唯一必经小路口填满。代家寨的村民设立寨门的目的，一方面是为了通过寨门区分寨内和寨外，划定代家寨的地域界限；另一方面是迎送宾客的理想界标。迎客和送客的距离，太近或太远皆不合适。因为寨门是一个寨子地域的标志，出了这个地标，也就意味着出了自己的地盘，接客送客不在自己的地盘显然是不合情也不合

图 5-33　代家寨寨门　杨亚 摄

理的。

综上所述，大歹村的寨门一般建在寨子的入口处，是进入一个村寨的第一道门槛，是与外界联系的一处必经路口。它是界定一个村寨的空间居住区域的标志，也是人们乘凉、话聊、接送宾客的场所。寨门，体现出村民对自己生存空间主权的宣示、自保的安全意识，更是对传统技艺的发展和延续。

四、禾晾、禾仓

(一) 禾晾：糯禾的专门定制

禾晾，是从江农村，也是大歹苗寨经常可见的一种木质建筑，它的作用是用来晾晒糯禾禾把的。大歹苗族种植的稻谷主要有两大类：一类是大米，也就是不糯的粳米；另一类是糯米，当地人管它叫糯禾。大歹苗族日常食用和祭祀都是用糯米，大米通常是用来喂鸡、鸭、猪的，或者当外地客人来到家后，因不习惯食用糯米而特意煮大米招待客人。十年以前，大歹苗族收割大米，是用镰刀把稻穗一把一把地收集起来，然后使劲捶打稻穗，让大米谷粒从稻穗上脱落下来。自从大歹的乡村硬化公路开通后，大歹人则把农用机器运到稻田里，将一把一把的大米稻穗放进机器里直接脱粒。总之，无论以哪种形式收割，大米都是以谷粒的形式储存在禾仓里。

大歹人最喜欢的糯禾，是以禾把的形式收割和储存。每当秋收的时候，家家户户把从田里收割而来的糯禾禾把两把捆成一卡，挂在禾晾上晾晒。糯禾晾干后，就会有一个人爬到禾晾架子上，借助一根绳子把糯禾捆在绳子上，让绳子从禾晾上滑下来，另一个人在禾晾下面接糯禾把。如果禾晾距禾仓近的话，就直接放进禾仓；如果远的话，就需要把糯禾把挑到自家的禾仓。因为糯禾的秆比较纤细，谷粒不易脱落，因此收割和储存时，糯禾谷粒都留在禾把上。食用时，妇女会提前两三天用手一粒一粒地把糯禾谷子摘下来，然后去壳食用。

图 5-34　大歹禾晾　杨亚 摄

大歹苗族之所以要建禾晾是因为居住在山坡上，地势较为陡峭，想要每家每户都有一个晾晒禾把的晒坝是不现实的，因此为了晾晒禾把，避免鸡、鸭、鹅、狗等家禽家畜以及老鼠的糟蹋，于是便造出了专门晾晒禾把的禾晾。禾晾占地面积不大，它的主体部分往上层空间延伸，对平地面积

图 5-35　禾晾和禾仓　杨亚 摄

的要求不高。

大歹村的禾晾通常建在当阳、通风的路边、寨头人家附近。在地势较为平坦的向阳、空旷的地方，禾晾往往与禾仓建在一起，方便晾晒和储存。禾晾由四根立柱和11根横柱组成“井”字形的架子。禾晾左右两边的立柱是滚圆的杉木柱子，中间两根立柱是经过加工的扁平的厚实的杉木枋子。距根部二点一米左右开始，在这四根立柱上平均每隔五十厘米凿一个直径约为十厘米左右的孔，每根立柱共凿11个孔。然后用11根长约6.5米直径约为10厘米的圆形杉木圆柱，分别横穿四根立柱上的同位置的圆孔，这样就构成了一个巨型梯子状的禾晾。为了保证禾晾的稳固性，中间两根立柱前后两面分别用两根杉木柱子呈“八”字形支撑，构成了稳固的三角形，这就避免了禾晾在承重状态下突然倒塌。禾晾的顶部用杉树皮盖顶，有的盖顶是一面坡倒水，有的盖顶是两面坡倒水。

（二）传统与现代：禾仓

1. 禾仓结构：一户一栋

大歹苗族在路边、向阳的斜坡上修建存放糯禾把和糯禾草的禾仓，禾仓离房屋较远。这是因为大歹苗族的住房几乎都是木质建筑，它们依山而建，紧密相连，如果一户人家发生火灾，有可能全寨的住房都会被烧毁。因此，住房和禾仓分开，这就可以减少或避免粮食被火灾烧毁的悲剧。

禾仓通常是一开间、一户一栋、一楼一底的木结构建筑。底部四柱落地，不装板壁。不装板壁有以下好处：第一，通风好，防潮。第二，立柱滑、密封好，老鼠不容易爬上禾仓。第三，容易避免粮食被火灾烧毁。因为如果底部装板壁很容易起火发生火灾，禾仓离人家较远，抢救不及时粮食就会被烧毁，损失非常惨重。禾仓的四根柱子间的间距约3.3米左右。四根柱子的高度约为4.2米左右，从底部直通禾仓屋顶。在四根立柱的中间部分，用四块穿枋插入，穿枋长出立柱50厘米左右，以便放置上下粮仓的独木锯子形楼梯。在穿枋上加装楼枕，铺设楼板。禾仓楼板也要长出约50厘米左右，以便人们上下装粮、取粮。一楼禾仓采取“横梁和纵梁上下交错穿入柱子的方式固定，梁枋的前后左右都出挑与垂花柱连接，支撑屋檐。壁板穿过立柱两边的板槽，横向插入"[①]，形成2.1米左右的箱式禾仓。禾仓的板壁用木板横装，村民潘当阶说：四周木板装成横向，是因为横向不会漏粮食，修补也方便，横着的就把那一块拿掉，从上面再放一块就好了。[②] 只开一扇小门，门上落锁，板壁不开窗。禾仓屋顶属于歇山式，有的盖杉木皮，有的盖小青瓦。

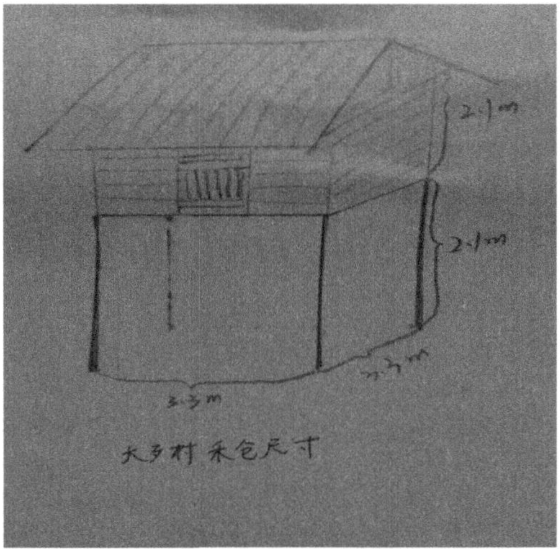

图 5-36　大歹村禾仓结构示意图　杨亚绘

图 5-37　妇女和儿童合作将禾把装入禾仓　李孝梅 摄

① 罗德启.贵州民居[M].北京：中国建筑工业出版社，2008：125.

② 访谈对象：潘当阶，男，40岁，大寨人。访谈地点：潘当阶家。访谈时间：2020年6月10日下午。

2. 禾仓的新功能：禾仓酒店

2019年6月，大歹村入选中国第五批传统村落名录，从江县旅游局针对大歹村的苗族文化特点打造乡村旅游。大歹村乡村旅游开发建设中有一个项目就是“禾仓酒店”。禾仓酒店位于大寨寨头坡顶，它紧挨新建的鼓楼书阁、居客屋，一共有10间。禾仓酒店的基础构造与普通的用来储粮的禾仓非常相似。禾仓底部不封墙，因为住人，一楼禾仓的墙板竖装，且全部装满，这与装粮食的禾仓墙板的横装和未装满有所区别。禾仓墙板的左侧一面开了一个小木窗，对着门那一面的墙板有一个开口极大的玻璃

图 5-38 禾仓酒店（左边一排）、储粮的禾仓（右边一排） 石真梦 摄

图 5-39 禾仓酒店内部设施 石真梦 摄

窗。从玻璃窗这里可以眺望欣赏大歹村的民居、地貌、风景，尤其是起雾或雨后的风景最为让人着迷，犹如置身云端仙境。上下禾仓酒店的木梯比储粮禾仓的独木梯要宽得多，且直接搭建在门的入口处。有人入住时，楼梯放下；无人入住时，楼梯靠挂在屋檐下。靠门的屋檐下安装着摄像头，悬挂着禾仓酒店的编号名目，如“夜宿禾仓 大歹苗寨009号”牌子。禾仓酒店的屋顶为了凸显乡村特点，在小青瓦的上面覆盖了一层稻草，更具原生态。

禾仓酒店内部设施完全是酒店式的配置：有一张1米5宽的榻榻米大床，床脚处有一张长条桌子，桌子上配有水杯、烧水壶、收纳竹编筐、机顶盒，桌子上方的墙壁上装了一个液晶电视，电视旁边挂了一个吹风机。在电视机上方安装了一个空调。床头侧面是卫生间，卫生间里有一个马桶、封闭式的淋浴、小洗脸池。虽然禾仓酒店面积不大，但是“麻雀虽小，五脏俱全”。禾仓酒店的日常管理由二组村民潘具你承担，他负责宾客入住登记、开门、设施安装和保修监督等事宜，清洁卫生则由另外两个大歹苗族妇女承担。这三个人都享有旅游局给予的工资待遇，虽然处于试用期，工资不高，但他们三个可以就近就业，既可以增加家庭收入，又可以照顾老人、小孩，可谓是一举两得。

至此，禾仓的社会功能在传统的储存粮食、禾把、稻草功能基础上，新增了住宿功能。对于大歹人来说，禾仓住人是闻所未闻、见所未见的事情，禾仓由家用的私人建筑转化为能够带来经济效益的增值物件，商品经济和市场意识被带到了大歹苗寨，这对大歹人“以农为本”的传统观念的突破、创新带来了不小的冲击。

五、附属建筑

（一）牛棚

在农用犁田机器使用之前，牛是大歹苗族的重要生产工具；逢年过节、婚丧礼仪、建房等重要场合，牛又是必备的祭祖食物、交换礼物；在重大节日的斗牛活动中，牛是主角。所以牛成了大歹村家家户户必须喂养的一种家畜，牛棚也就应运而生。村民潘当阶说：以前大歹村的牛棚都是在住房底层，一楼是火塘、厨房，二楼住人。[①] 这样的空间布置，比较方便人们管理和喂养牛，也比较安全。但是后来大歹人发现，牛棚在住房底层带来诸多不利影响，如味道大、滋生蚊虫等，所以就将牛棚和人居分开。现在大歹村都是人畜分开的，政府在2019年为了整治人居环境还集中在一个山头建了牛棚，每家都有份。

现在大歹村的牛棚基本都是一层，根据喂养的牛数量的多少，牛棚的大小会略有不同。牛棚的结构与禾仓相类似，都是一底一楼。牛棚的底部关牛，其墙板是横装的，墙板右侧开了一个门，方便牛出入。牛棚一楼堆放农用器具和杂物。一楼通常不装墙板，只简单地铺设楼板。牛棚顶用青瓦覆盖，呈两面坡倒水形式。相较于耕牛的牛棚而言，用来圈养斗牛的牛棚要精致、宽敞、高大得多。斗牛的牛棚就像一个独立的一居室房子。进出的门有近2米高，用杉木板竖装。墙板是横装的杉木板。整个牛棚有近3米高。屋顶用青瓦整齐地覆盖，并在屋顶横梁中间处用青瓦堆砌成造型。

图 5-40　耕牛牛棚　杨亚 摄

图 5-41　斗牛牛棚　杨亚 摄

① 访谈对象：潘当阶，男，40岁，大寨人。访谈地点：潘当阶家。访谈时间：2020年6月10日下午。

（二）窝棚

窝棚也是大歹村的常见建筑，但它不建在村子里，而是建在农田边上。窝棚一般是一层两间，人和动物分开住，其墙壁是用泥巴舂的泥墙，屋顶盖杉树皮。也有形如正方形两层一间的窝棚，底层关牲畜，上层住人，屋顶也盖杉树皮。因为大歹村的农田隔家较远，来回不方便，又浪费时间，中午就在那里休息，吃点早上带的糯米饭，然后再继续干活。尤其是农忙时，用牛耕田的人家通常都会有专人把牛赶到窝棚，人和牛在窝棚连住数月，直至田全部犁完才会回家。有些人家在快要犁田栽秧之前，特意把牛关在窝棚，沾满牛粪便的圈草可以增加土壤的肥力，成为禾苗茁壮成长的绿色肥料。

（三）厕所

在2019年以前，大歹苗族没有厕所，他们解决大小便都是到附近的山坡上去进行，村民们把这种野外的厕所称之为“旱厕”。旱厕没有遮蔽的棚子，也没有蹲坑，山上任何一处较为隐秘的地方都有可能成为大歹人的“厕所”。村里并没有特别规定，女性在哪个山头，男性在哪个山头，但是大人都要跑很远的地方才能解决，而小孩子则可以在住房附近解决。这就给大歹村人居环境带来了不利的影响，同时也容易滋生细菌，影响人的身体健康。

2019年，政府推出“三改”政策，即改厕、改灶、改圈，政府出钱改善大歹村的人居环境。从那时候起，大歹苗族家里才有了厕所。现在他们的厕所都是建在一楼。有些人家的厕所建在厨房旁边，有些人家的厕所建在上二楼的楼梯下面，总之厕所的位置几乎都是在一楼火塘左右两边，但隔火塘较远。因为火塘是祖先神灵和各种鬼神栖息的地方，厕所是人体污秽物的排泄场所，如果厕所挨近火塘，意味着对祖先神灵、各种鬼神的亵渎，因此厕所要远离火塘。厕所有一个蹲位，有冲洗厕所的水箱，村民们通常都用一个桶放在厕所里，桶里接满水，以备停水时冲厕所用。有些人家还在厕所里安装了电热水器，可以洗澡。据村民们说，他们家的热水器都是从江县帮扶单位赠送的。

第六章　生育与人口

大歹村是一个典型的苗族聚居村，过去是贵州省的一个深度贫困村。大歹村的贫困除了受到一些地理资源等客观因素影响外，很大一部分原因源于人口过多。2020年，大歹村共有287户2074人。在总人口中，18–59岁的妇女人数是468人，其中已婚妇女424人；1–12岁儿童753人；60岁以上的老人135人。[①] 走进村子，看到最多的人群就是妇女、儿童和老人，青壮年男性劳动力只在农忙时回家帮忙，农闲时他们就外出务工。已婚妇女为什么要多生，她们的生育观是怎样的？多生的孩子其生活、教育情况如何？老人们在人口众多的现实环境中，如何生活，如何养老？带着这些疑问，笔者走进了大歹的妇女、儿童和老人。

第一节　妇女

随着社会的发展，我国农村的经济社会环境发生了巨大的变化，相应地，农村妇女的生活情况、社会地位、生育意愿等各个方面也随之改变。但对于大歹苗族妇女来说，社会的快速发展于她们而言影响甚微，她们继续着“男耕女织”“男主外，女主内”的传统生活，这可能与大歹村封闭的整体环境有关。村民们至今仍然实行自给自足的小农经济，外出务工的

① 数据由大歹村村委会工作人员陈俊宇（男，30岁）提供。

人员不多，绝大多数妇女几乎没有外出过，全村通往外界的柏油公路是2019—2020年才修建竣工的。在这条柏油公路修建之前，村里有一条够一辆车通行的乡村公路进出大歹。40岁以下的妇女极少拥有手机，40岁以上的妇女没有手机，家里安装了电视，由于听不懂普通话，看不懂电视内容，电视机也形同摆设。

一、妇女类型：留守与外出

（一）留守妇女

大歹村的留守妇女几乎没有上过学，能够读到六年级的妇女屈指可数。也正是因为这个原因，绝大多数妇女基本听不懂汉语，也说不了汉语，全村能说汉语会写汉字的妇女寥寥无几。由于笔者一行不会说大歹苗语，大歹妇女们又不会说汉语，因此我们之间很难沟通交流，大多时候往往从政府工作人员、丈夫、子女的口中了解她们。

1.“他者”眼中的留守妇女

（1）驻村干部眼中的留守妇女

驻村干部小田说：大歹村90年代以前出生的女孩子基本都没有上过学，这里的人受传统落后思想的影响，认为女孩子迟早是要嫁出去的，嫁出去了就是别人家的了，不会浪费这个钱去培养别人家的人。而且这里妇女极少外出和离婚。这里的女人为什么没有向外逃跑的原因有三：第一，她们没读过书；第二，她们根本没有接触过外面，她们也不知道外面的世界；第三，在这个村寨里，离婚是会被其他人嘲笑的。这些观念束缚了她们的思想，她们每天只知道“劳”和“作”，只知道日复一日地干活劳作，根本没有想过外面的美好世界。①

驻村干部的话语里透露出，大歹女孩很少上学的一个主要原因，那就是“重男轻女”传统观念的影响，即女孩终要嫁去别家成为别家的人，无

① 访谈对象：小田，男，28岁，大歹村驻村干部。访谈地点：大歹村委会办公室。访谈时间：2020年6月8日晚上。

须把钱浪费在别家人身上。大歹妇女离婚率低的原因与她们没读过书，没接触过外界有关以外，还与大歹人对离婚的传统看法息息相关。

（2）志愿者眼中的留守妇女

大歹苗族妇女之所以不出去打工的原因，除了本身的教育文化程度低以外，还与家里的活路多、孩子多、丈夫的思想观念有关。

问：为什么这里的妇女都不出去打工呢？

孟强华：一是她们孩子太多需要人照顾；二是家里的各种活很多；再者就是这里的男人很少允许妇女出远门打工。这里的妇女都是很听男人的话，家里都是由男人做主。[①]

（3）大歹男人眼中的留守妇女

潘阶列谈妇女

潘阶列，男，46岁，四组人，已婚，现有八个孩子，其中儿子6个，女儿2个。

问：那妇女就在家里做做家务，洗衣服、带孩子，然后绣花？

潘阶列：嗯，但是老的（妇女）一般不绣了。她眼睛不行了。

问：结婚了，妇女都要绣花的吗？

潘阶列：要啊，一般到50岁的这个样子还要绣呀。

问：那妇女在家喂不喂猪呢？

潘阶列：也有。

问：大歹的妇女出去打工吗？

潘阶列：也有，少一点。

问：为什么这边出去打工的妇女少呢？

潘阶列：家里活重啊，孩子、老人也要人照顾。[②]

从潘阶列的谈话可以看出，大歹村妇女几乎都是“主内”的，即做家务、洗衣服、带孩子、制衣服等，她们几乎很少外出打工。之所以留守在

① 访谈对象：孟强华，男，24岁，从江县志愿者。访谈地点：大歹村夜校教室。访谈时间：2020年6月8日晚上。

② 访谈地点：潘阶列家。访谈时间：2020年6月8日下午。

家的原因有：一是家里活路多且重，需要劳动力；二是孩子需要人照顾；三是家里老人需要赡养。

2. 大同小异的生活

个案1：妇女潘板阶的生活

潘板阶，女，24岁，四组人，会说普通话，18岁出嫁到五组，现有两个女儿。她告诉笔者："我从小就特别想读书，但是因为家里的原因从来没有上过学。我的普通话是从电视上学会说普通话的。我想外出打工，可是没有出去过，因为家里田土的活路没人干，丈夫基本上过年才回来。丈夫原先在广东的一个手机厂打工，一个月工资3000块钱。他说家里有饭吃了，就每个月寄回1000块钱给我。今年由于疫情影响，他还没有出去打工。"①

个案2：妇女潘爱松的生活

潘爱松是从上歹村嫁过来的，她是大歹村的妇女主任，是村里少有的30岁以上能说普通话的妇女之一。

问：你老公出去打工吗?

答：他2018年、2019年去过广东、内蒙古、西安打工，主要去修铁路（笔者注：实际上是去抬铁轨的枕木）。现在不出去了，老板包吃包住，包吃但没有肉，活很重很累，给的钱太低了，一天才一百多。因为没有赚到钱，所以就没钱寄回家。

问：平时在家你们种什么庄稼?

潘爱松：我们都是在家种稻谷，主要是种糯禾。

问：你家养牛、羊吗?

潘爱松：不养牛也不养羊。养牛每天都要有一个去管它，去别人秧地里吃秧苗，还要赔钱。

问：那养鸡、鸭吗?

潘爱松：这些都有养的，养起来不费事。

① 访谈地点：潘板阶外婆家。访谈时间：2020年6月7日晚上。

问：你们养的鸡、鸭卖给别人吗？

潘爱松：卖的，鸭子三十五块钱一斤，鸡四十五块钱一斤。

问：你们是自己挑到从江县去卖吗？可以卖给大歹的人吗？

潘爱松：有人自己来村里买，可以卖给本村的人。

问：鸡、鸭卖的价格蛮高的，你们怎么不多养一点鸡鸭卖呢？

潘爱松：不了，养多了它们可能会死。①

个案3：妇女潘药里的生活

潘药里，女，35岁，已婚。丈夫潘丈甩，38岁，大寨人。夫妻二人共孕育了6个孩子。由于潘药里不会说汉语，因此只能与她的丈夫沟通了解她家的家庭情况。

问：潘药里出去打过工吗？

潘丈甩：她没有出去过，都是我出去打工。

问：她为什么不出去打工呢？

潘丈甩：家里要做农活呀，她会犁田。还要照顾子女，收庄稼的时候我也要回来的。

问：那你出去打工吗？

潘丈甩：出去呀。

问：你出去打工一天得多少钱呀？

潘丈甩：修铁路，每天一百七八呀，干多得多。

问：包吃包住吗？

潘丈甩：包吃包住，但是没有肉，吃得不好。

问：你挣钱了一般花到那些方面呀？

潘丈甩：没钱用啊。②

从以上三个留守妇女的案例中可以看到，她们的丈夫都外出打工，但是打工的收入不够支撑家庭开销，家人的吃饭问题还是依靠自家田土的收

---

① 访谈对象：潘爱松，女，34岁，大寨媳妇。访谈地点：潘爱松家。访谈时间：2020年6月7日下午。

② 访谈地点：潘丈甩家。访谈时间：2020年6月8日晚上。

成，妇女们留守在家，不仅干繁重的农活，还要照顾老人小孩、做家务，可以说，留守妇女撑起了一个家。留守妇女不能指望丈夫打工挣钱养家，改善家人的生活，提高家人的生活质量，她们只能靠自己的双手勤勤恳恳，任劳任怨，但是由于没有文化，没有技术，没有额外的经济收入，留守妇女不可能改变家庭现状、提高生活质量和增加家庭收入。

（二）外出妇女

大歹村外出务工的妇女基本上都是未婚的。她们对外面的世界有着不同的态度：有人向往外面世界的精彩，有人想回到家乡。不论她们对外面世界的态度如何，家里的老人都还是希望她们回到大歹，嫁到大歹。面对传统的力量，未婚女子多是选择屈服于传统。

个案4：未婚妇女潘药党

潘药党，女，今年18岁，大寨人。13岁就跟代班出去打工，后来回家读补习班，今年拿到了初中毕业证。

问：你13岁就出去打工，你爸爸妈妈放心吗？

潘药党：有代班带我们出去，他就是我们村的人。所以我爸爸妈妈都放心的。

问：那你在厂里打工一个月多少钱呀？

潘药党：小的时候我挣很少的，都是一直哭啊。现在就是一个月三、四千块。但是现在像我们这帮人很能花钱的。

问：你一般把钱花在哪些方面呢？

潘药党：这两年我都会出去玩，逛街去买吃的。

问：你是不是觉得外面很好玩呀？

潘药党：是呀，觉得外面很好，就是不太识字。

问：村里有很多女孩子去打工吗？

潘药党：女孩很少去的，我们这边的女孩就是没有读书，就跟代班一起去；男生的话就随便去，也可以不用跟代班去。

问：出去外面打工的女生为什么回家来了？

潘药党：在外面老是被家里面的老人说：胆子好大啊，后面会不会没人回来了。

问：意思是你们这边的老人不准你们出去打工？

潘药党：嗯。

问：那老人不准，你们就回来了？

潘药党：嗯。我们这边的女孩子都好乖的呢。我们都很想在那里，过年都不想回来，但是他们叫我们回来就回来了。

问：那你是因为家里的人叫你回来才回来的？

潘药党：我回来是读补习班，拿毕业证。

问：所以你是拿到毕业证就又要出去打工吗？

潘药党：是呀，过几天就去了。①

个案5：未婚妇女潘板当

潘板当，女，18岁，潘爱松的女儿。曾经外出打工，后来回家读补习班，现在从江县读职中，学习美甲和电脑，还有一年就职中毕业。

问：你一般什么时候出去打工呢？

潘板当：就放假那段时间，去一到两个月，在广东。开学我就回来了。

问：你在外面打工一个月有多少工资呢？

潘板当：一个小时14、15块，一个月有五千多。

问：你在厂里主要做什么啊？一天几点上班几点下班呀？

潘板当：在厂里做电插板，手机零件。那个厂叫电子部。早上8点上班，中午12点下班。下午1点上班，6点下班。

问：晚上要加班吗？

潘板当：要呀，晚上8点上到10点。

问：一个星期有几天时间休息？

潘板当：一天。

问：你这一天去哪里玩呢？

① 访谈对象：潘药党，女，19岁，未婚，大寨人。访谈地点：潘药党家。访谈时间：2020年6月9日下午。

潘板当：不去哪里玩啊，就在宿舍搞衣服（笔者注：绣花）。

问：你是和你们村的人一起做衣服还是自己一个人做？

潘板当：我自己一个人做，她们要出去玩。我不想花钱太多了，我们整个家都在上学。

问：你职中毕业，还出不出去打工了？

潘板当：不去了。妈妈说我已经到结婚年龄了，让我在村里找个人嫁了。①

二、婚育

（一）结婚年龄

大歹苗族妇女普遍早婚，十四五岁的姑娘就可以嫁人结婚了。如果一个女孩不小心拖到二十岁还没结婚，那她的家人就非常着急了，因为在大歹人看来，这个年龄的女孩已经是“老姑娘”、妥妥的“大龄剩女”，一不小心就不好嫁人了。

个案6：妇女潘爱松和女儿潘板当的故事

潘爱松，女，34岁，有四个孩子，大女儿潘板当今年18岁。今年9月份，二儿子读四年级，三女儿读一年级，最小的儿子幼儿园读大班。

问：你们这里的男孩、女孩一般多少岁结婚呀？

潘爱松：男的22岁结婚，女的20岁。

问：那你今年多少岁？老公多少岁？

潘爱松：我34岁，我老公43岁。

问：你多少岁结的婚？

潘爱松：20岁，我老公还比我大。②

按照潘爱松自己说的她二十岁结婚的说法来推断，她的第一个孩子至

---

① 访谈地点：潘板当家。访谈时间：2020年6月8日下午。

② 访谈对象：潘爱松，女，34岁，大寨媳妇。访谈地点：潘爱松家。访谈时间：2020年6月7日下午。

多也就十四岁，但事实是她的大女儿现在已经18了。这样推下来，至少她在17岁的时候就已经结婚有小孩了。但是什么样的原因让她没有说实话呢？笔者曾经观摩了大歹村夜校培训的一堂课，上课的志愿者老师不仅教村民们认识汉字、写汉字、读汉字，还宣传国家的婚姻法律法规，明确告诉村民“妇女的法定婚龄是20岁，男子的法定婚龄是22岁”。潘爱松参加过夜校培训，所以她记住了志愿者老师教授的内容，回答时自然而然地答“男22岁结婚，女20岁结婚”。潘爱松虽然按照国家婚姻法的标准答案回答了笔者，但是在现实生活中，她却没有这样执行。她的大女儿今年18岁，在从江县职中学美甲、电脑，还有一年毕业，潘爱松没有让女儿利用自己的专业外出打工赚钱，而是让她赶紧回来找个人家嫁了，因为女儿年龄已经大了，再不嫁人就找不到好婆家了。

个案7：妇女潘板阶的故事

问：你是多少岁结婚的？

潘板阶：18岁结婚的。

问：那你现在多少岁了？

潘板阶：二十四岁了，结婚六年了。现在有两个女儿。[①]

潘板阶，18岁结婚，是大歹苗族妇女结婚的普遍年龄。她选择嫁在大歹村内，婚后成为一名家庭主妇。

（二）生育意愿

1. 具体表现

（1）有儿有女“够用了”

个案8：妇女潘爱松

潘爱松，女，34岁，已经有了四个孩子，两个女儿、两个儿子。

问：你有没有想要再多生几个小孩呢？

潘爱松：够用了，喂不够了。

问：要喂什么给小孩呢？小孩读书又不要学费。

① 访谈对象：潘板阶，女，24岁，四组人。访谈地点：潘板阶外婆家。访谈时间：2020年6月7日晚上。

潘爱松：够用了。[①]

个案9：妇女潘阶甩

潘阶甩，女，34岁，已婚，四组人，现嫁到二组，有6个孩子。

问：你的六个孩子有多大了？

潘阶甩：老大是男的，14岁了，在从江读初一；老二是女的，13岁了，读四年级；老三也是女的，10岁半了读一年级；老四是男的，8岁，在读一年级；老五是男的，5岁多一点；老六4岁半，是男的。

问：你们还想再多生几个孩子吗？

潘阶甩：不生了，够用了。

问：不想再多生几个吗？

潘阶甩：不想生，没食物喂啊，够用了。

问：小孩不是上学都不要钱的吗？

潘阶甩：是不要的，但是要买衣服啊，还要每天给十多二十块钱给他们买吃的。[②]

潘爱松、潘阶甩都是有儿有女，儿女双全的母亲，她们不想再多生孩子，觉得已经“够用”了，即使孩子上学不用交学费，也无须生太多，因为“喂不够”“没食物喂”，这实际上是潘爱松、潘阶甩意识到了养育子女的成本、子女的生活质量问题。对这些问题的考虑，显然比过去那种“多一个孩子，只是多一双筷子，多一瓢水”的老一辈人的观念明显不同，这充分反映了大歹苗族妇女生育观的变化。

（2）养儿防老

个案10：妇女潘板阶

问：你女儿多少岁了？

潘板阶：大女儿三岁，小女儿一岁了。

问：那你以后还要生小孩吗？

---

① 访谈对象：潘爱松，女，34岁，大寨媳妇。访谈地点：潘爱松家。访谈时间：2020年6月7日下午。

② 访谈地点：潘阶甩家。访谈时间：2020年6月8日晚上。

潘板阶：我不想生，但是都是女孩，还得生。

问：是要儿子吗？

潘板阶：还要一个男的就不生了。

问：那你老公想生几个孩子呢？

潘板阶：我不想生，但我们必须生一个男孩。

问：为什么必须要生个男孩呢？

潘板阶：以后女儿都要嫁去别人家，我老了没人管我呀。

问：那你想要生几个？

潘板阶：两个，一男一女。

问：你们村里的每家都生了好几个孩子，你为什么不想多生些孩子呢？

潘板阶：不想，生孩子痛苦。①

潘板阶心目中理想的孩子数是两个，一儿一女，她不想多生孩子，但是由于现在只有两个女儿，没有儿子，所以她和丈夫必须再生一个儿子，原因就是为了“养儿防老”“老有所依”。这反映了，潘板阶“重男”的性别偏好仍存在，不过“多子多福”的观念在逐渐淡化。

（3）人多好办事

个案11：村支书代祥你

代祥你，男，50岁，代家寨人，现任大歹村副支书。他没有上过学，年轻的时候在外面打工学会了说汉语、认汉字字。代祥你的妻子今年53岁，大寨人。夫妻共同孕育了9个孩子，现在最大的孩子已经32岁成家了，最小的孩子今年才12岁，在大歹村小学读五年级。

问：你们生9个小孩负担大不大啊？

代祥你：没办法啊，我家五代人了，一代只有一个。我的兄弟姐妹少啊，只有一个弟弟。办酒啊，像老人家过世酒、结婚酒啊什么的，都差人。

① 访谈对象：潘板阶，女，24岁，四组人。访谈地点：潘板阶外婆家。访谈时间：2020年6月7日晚上。

问：不可以像我家乡那样请村里其他人家邻近来帮忙吗？

代祥你：他们只来吃，不帮忙。办酒都是自家人来帮忙。

问：不能叫来堂兄弟来帮忙吗？

代祥你：可以的，就是我兄弟少啊，就一个弟弟，不够用。堂兄弟也没有。

问：那是不是也因为需要人干活啊？

代祥你：干活就不用讲了，都是需要人帮忙的。还有就是办酒需要人啊。①

综合以上几个案例可以看出，调查对象有着明显的子女性别偏好，即偏男孩，无论如何一定要生男孩。生男孩的目的主要是“延续香火”“养儿防老，养老送终”。这充分说明了以下几个事实：(1) 大歹苗族地区传统的生育观念仍然浓厚。(2) 大歹苗族对子女性别偏男孩的倾向，是以农耕为主要生产方式的现实生活的反映。(3) 大歹苗族地区老人的养老主要依靠家庭。由于长期以来的嫁女习俗，使得女儿一旦出嫁便成为夫家的一员，不再承担赡养父母的义务，最多就是逢年过节、农忙时回父母家探望和帮忙而已，儿子是老人养老的希望寄托。(4)“多子多福”“人多力量大”的观念仍然存在，但年龄在40岁以下的妇女更倾向于有儿有女即可，没必要多生。子女的生活质量、养育成本开始为少部分妇女所关注，但子女的教育问题没有引起妇女们的足够重视。

2. 影响因素

影响大歹苗族生育意愿的因素是多方面的，除了国家有关的人口政策以外，还有年龄、教育文化水平、职业特点、传统生育文化等因素。

(1) 年龄

不同年龄层次的大歹苗族对于生育子女的性别偏好都有一个共同之处，那就是偏爱男孩。但是他们对生育子女的数量却有不同的看法。通过观察和访谈，五十岁和五十岁以上的夫妻生育的子女数，明显多于四十岁

① 访谈地点：代祥你家。访谈时间：2020年6月10日下午。

和四十岁以下的年轻夫妻所生育的子女数。五十岁及以上的夫妻，所生育的子女数通常都是5个或5个以上。而四十岁及以下的夫妻生育的子女数通常为3-4个，最多也就5个。年纪较轻的夫妻已经开始抛弃“多子多福”的生育观念。

（2）教育文化水平

教育文化水平对生育意愿和生育水平的高低有着明显的影响。虽然大歹苗族妇女普遍都没有上过学读过书，但是那些好学的，易于接受新事物、新思想的妇女，通过电视、手机等其他渠道学习汉语，了解外面的世界，她们对生育子女的数量要求就会降低，不主张多生。大歹苗族妇女的丈夫们多多少少读过一点书。从访谈和观察中可以看到，丈夫的教育文化水平越高，对于生育子女的数量要求就降低，这些有文化的父亲不仅关心子女的温饱问题，更关心子女的教育问题。反之，丈夫的教育文化水平越低，对于生育子女的数量、性别要求就越严格，对子女的教育问题不够重视。

（3）外出打工的人生阅历

外出打工的男女，开拓了眼界，其思想观念也在逐渐改变，他们一方面受到外来文化的影响，看到了“少生优生”对于家庭的影响，认识到知识如何改变一个人、一个家庭的命运，所以一些较为年轻的出去打工的大歹苗族夫妻，尤其是丈夫，更倾向于少生，更积极主动地把适龄孩子送进学校读书，接受教育。

个案12：大学生的父亲潘阶列

潘阶列，男，45岁，四组人，他的儿子潘国文是大歹村唯一一个本科生。潘阶列虽然只读了小学四年级，但是他一直在外省打工，一干就是十多年，他比村子里的其他家长更愿意花钱让儿子、女儿读书。他最小的女儿今年已经读六年级了，是村里少有的读到六年级的女孩子。

问：你自己没读多少书，那你怎么想到让你孩子读那么书呢？

潘阶列：现在我们穷是穷了，苦是苦了，但是还是要让孩子多读书。

问：你都到过哪里打工呢？

潘阶列：我去过北京、西安、内蒙古等，就是云南、贵州遵义近的地方没去。我在外面看到很多人读书以后，生活都好过多了。

问：你是哪一年出去的？

潘阶列：2006年出去的。

问：村里、家里的人会不会叫你不要送孩子们到学校读那么多书呢？

潘阶列：有啊，但是他们讲他们的，我做我的。只要他们愿意读，我苦点都要供他们读。①

案例13：送儿子读职校的潘网向

潘网向，男，35岁，大寨人，已婚，有三个儿子。潘网向小时候对学习不感兴趣，不想读书，小学都没有读完就辍学了。后来他通过网上老板的招募信息外出务工，期间曾到过北京、武汉等地。潘网向在外务工期间深刻感受到了教育和学历文凭的重要性。于是在大儿子潘你网初一辍学外出打工回家后，他就劝大儿子继续去学校接受教育，并亲自把大儿子送到州职校读书，希望儿子能够掌握一门技术，以后打工也能够得高一点的工资。

（4）传统生育文化

大歹苗族世代传承的生育文化对于已婚的育龄妇女的影响是具体的和复杂的。大歹苗族妇女一结婚，就意味着生小孩，结婚生子是天经地义的，不存在要过几年二人世界的说法。结婚一两年还没有生小孩，势必会被村邻说三道四，也让家人担心不已。从这里可以看出，传统生育文化对于结了婚的育龄妇女是否生育有着重大的影响。此外，传统的生育观念对于已婚的育龄妇女的生育子女数量、生育子女性别偏好也有着一定程度的影响。虽然在生育多少个子女这件事情上，最有权威和决定权的是丈夫，但妻子的意愿也得到尊重，尤其是年轻夫妻，年轻的妻子更具独立性，她们更能从自己的身体、家庭情况出发与丈夫商量生育子女的数量，当然前提是已经生育了儿子。传统的生育观念一贯地影响着大歹已婚育龄妇女的

① 访谈地点：潘阶列家。访谈时间：2020年6月10日下午。

生育子女性别偏好，不论是丈夫还是妻子都会想方设法地一定要生育儿子，女儿生得再多都比不过一个儿子那么圆满。

（5）传统的农耕方式

大歹苗族传统的农耕生产方式对已婚育龄妇女生育意愿中的生育子女性别偏好和生育子女数量有着极大的影响。农耕生产方式需要儿子作为主要劳动力，驾牛犁田、挑担这些繁重的体力活，女子很难承担。农耕生产方式孕育的农耕文明中明确规定，儿子是家庭香火的延续，传宗接代都要靠儿子来进行，女儿是外人，迟早要嫁到别家去的，父母的养老、送终都需要儿子承办。在大歹村，没有儿子的家庭不至于被人嫌弃，但是却让人"可怜"，老人死后的财产也不能由自己的女儿继承，只能分给家族下的兄弟们。因此，对于男孩的生育偏好指挥着夫妻一定要生儿子，如果没有儿子就会继续生下去，这也直接导致生育子女数量的增高。我们可以从志愿者孟强华的访谈内容中看到农耕方式对生育的影响。

个案12：小孟谈农业生产对生育的影响

志愿者孟强华，男，24岁，从江县人，苗族。小孟虽然不是大歹村的人，但他是从江苗族，他的苗语与大歹苗语相似，因此可以与大歹村的村民无障碍交流。小孟以志愿者身份在大歹工作两年，较为了解大歹村的情况。笔者就大歹苗族的生育意愿、影响生育意愿的因素与之进行了交流。

问：在大歹村，如果生的都是姑娘而没有儿子，他们会继续生吗？

孟强华：从这边的角度来说，还是会想生的。

问：这个村寨的每户人家生孩子很多，你能从你的角度解释这个原因吗？

孟强华：主要是人多力量大嘛。农活有人帮助干，兄弟多了，人丁兴旺，多子多福那种。

问：有没有一味追求儿子是报以"传宗接代、养儿防老"的这种目的？

孟强华：有啊，这种观念比较重吧。

问：这里的人们在生孩子方面有没有特别的偏好，就是最好能生几男几女？

孟强华：没有，他们没有这个想法，他们没有几男几女的概念。

问：那在他们所受到的传统文化中有没有特别要求生多少个孩子的？

孟强华：四个以上吧。主要是家里需要劳动力。

问：那现在他们有没有受到外来文化的影响而改变自己生孩子的数目呢？

孟强华：现在改变很多，但是由于各种因素嘛，例如地域的因素、传统因素、思想的停滞以及接受外面的强度太低，再加上教育的落后，这里人们的思想还没有那么靠前。现在人们开始慢慢出去打工，也在慢慢改变自己的思想。还有他们这边的重农思想，所以他们就觉得人多种田、种地能多分担一些。例如插秧，你家两个人要插10多天，但是他家有5个人就只需要插五六天。在这些因素、思想下，他们就觉得家里的人越多越好。①

三、对策及建议

针对大歹苗族妇女的生育意愿、生育率、生育性别偏好等实际情况，要想改变目前这种传统的生育文化，必须从国家政策的宣传、生产力的大力发展、教育文化程度的提高等方面着手。

（一）加大国家相关政策的宣传力度

在大歹村，国家相关的人口、婚姻政策的宣传主要是通过电视、广播、夜校培训三种方式进行。由于妇女、老人听不懂汉语，不认识汉字，电视宣传的效果不佳。广播宣传则是先把相关的国家政策翻译成大歹苗语，然后再请会说大歹苗语的村干部或志愿者用苗语广播。相对于电视的宣传效果来说，广播宣传要有效一些。夜校培训的志愿者老师不仅教妇女

① 访谈地点：大歹村夜校培训教室。访谈时间：2020年6月10日晚上。

们认汉字、读汉字、写汉字，而且还通过图片、音频、视频等形式宣传国家的人口、婚姻政策，这些形式直观且生动，更易于被没有读过书的妇女接受和理解。由于对国家相关政策的宣传时间不长，宣传的手段有限，因此国家相关的人口、婚姻政策对村民生活的影响不是很明显。针对上述问题，政府部门应根据大歹村的实际情况、村民的作息习惯、风俗习惯等特点，制定更有针对性的宣传方式和渠道，增加宣传教育的形式，让政策的影响力深入人心，让政策引导大歹人的生育意愿，改变他们传统的生育文化。

（二）大力发展生产力

大歹苗族生育率高、生育子女性别偏爱男孩，这与历史原因有关外，还与当地较为落后的生产力水平相关。在生产力水平低的情况下，人口就是生产力，人口数量的增长与生产力增长呈一致性。劳动力多的家庭相对于劳动力少的家庭而言，更具有创造和获得经济财富的优势。因此，生产力水平越低，越容易刺激人口的多育。随着生产力水平的提高，生产对劳动力的需求由数量转变为质量，人口数量的增长与生产力增长呈非一致性。人口数量多的家庭未必比人口数量少的家庭更能创造和获得经济财富，人口的数量不再占优势，反而是人口的质量更具主导作用。人口质量的注重，势必会刺激大歹苗族家长对子女质量、教育的投入，进而有效地降低生育意愿和生育率，实现“少生优育”。因此，大力发展生产力，发展大歹经济，是降低大歹生育率的根本所在。

（三）提高人口的文化教育水平

生产力水平的高低对于妇女生育率的影响是巨大和根本的，文化教育等对于生育意愿的影响是潜移默化的和持久的。文化教育水平影响着妇女的平均初婚年龄，进而影响妇女的生育率水平，即妇女的文化教育水平越高，初婚年龄推迟，育龄期缩短，生育率降低；反之，妇女的文化教育水平越低，初婚年龄越早，育龄期增长，生育率提高。同时，具有较高文化教育水平的妇女，容易挣脱传统生育文化的束缚，易于接受科学的人口政策，自觉节育少生。因此，大力发展教育，提高大歹苗族妇女的文化教育水平，是降低生育率、转变生育意愿的长远性和根本性的战略手段。

（四）建立农村养老保障机制

大歹苗族对于生育男孩偏好取向很大一部分原因就是“养儿防老”“老有所依”。之所以要“养儿防老”，有两方面的原因：一方面是因为在大歹村，家庭养老的传统伦理观念已经成为一种制度和文化模式。有儿子的家庭，在父母亲年老后，都会跟儿子居住，儿子负责老人的日常起居、生老死葬，女儿出嫁后无须承担赡养老人的责任。老人把自己的养老、送终全部寄希望于儿子，哪怕儿子再不孝，再不济，父母亲都要和儿子一起居住，否则会被村邻笑话，儿子也会被人说三道四，被说成是“不孝子”。另一方面是因为养老保险投资在大歹村未能开展和实施。大歹苗族地区经济落后，是贵州省的深度贫困村。村民不仅文化教育水平低，而且没有技术，他们不清楚养老保险的作用，家庭收入不高，也没有多余的钱交纳养老保险，因此自己的养老保障只能依靠传统的养老模式——家庭养老。儿子成了老有所依老有所养的根本保障。因此，要想改变大歹苗族的生育性别偏好，建立农村养老保障机制是非常必要的。因为农村养老保障机制的建立，势必使养老成为家庭、社会、政府共同承担的一项工程，让农村老人的养老问题不再只寄希望于儿子，这无疑分担了家庭养老的责任，降低了儿子在养老问题上的重要性，儿子不再是养老送终的唯一承担者和必要参与者。

第二节　儿童

一般情况下把不再过六一儿童节的孩子，即初中一年级以下的孩子都叫作儿童。儿童的年龄通常为一至十二三岁。但大歹村情况较为特殊，由于各种客观原因和主观原因，大歹村的适龄儿童未能及时入学读书，孩子们的入学年龄偏晚，13岁读二三年级、15岁读五六年级的现象时有发生。

大歹村的儿童们仅从相貌、身高很难判断出他们的真实年龄，因为他们比同龄的城市孩子要稚嫩和矮小得多。虽然父亲们经常外出务工，但是由于母亲几乎不外出，因此大歹村的儿童几乎都有母亲陪伴（除了母亲离异或死亡的情况）。适龄儿童，尤其是读小学的儿童，他们的日常生活除了玩耍，做作业以外，还有干不完的农活和家务。

一、别样的生活

个案14：请假的学生——苗族小女孩潘美阶

星期三的早上九点多钟，我们调查小组一行人开始出发寻找访谈对象，在路边正好碰到与妈妈去坡上干活的苗族小女孩潘美阶。潘美阶是四组人，今年12岁，读三年级。她有一个哥哥和一个妹妹。哥哥今年已经十五岁了，在丙妹镇中学读初二，平时基本不回家，只有周末才会回来帮家里干活。她告诉我们哥哥已经不想读书了，很想跟着来村里的老板出去打工。妹妹在读二年级，年纪还小。潘美阶的父母亲都在家里务农，基本不外出打工。

上学时，每天早上起床洗漱后，潘美阶在家里吃完糯米饭，就开始走路上学。中午不回家，学校会提供一顿免费的午餐。下午五点多放学后才回家。下课回家的她要完成老师布置的课后作业，作业主要是抄生字和组词。做完作业，她还要帮助家里干各种家务活以及农活。通过交谈，我们发现潘美阶的父母不怎么注重她的学习成绩，从来没有问过她的考试成绩，也没有问她做完作业没有。农忙时或家里无人手帮忙时，父母亲会把读书的她从学校叫回来或留在家，帮家里干农活、放牛、做家务、刺绣、制衣服等。她很自豪地告诉我们：她们（指大歹妇女和女孩）身上穿的衣服、裙子都是自己织布做成的，她也会织布和绣花。①

后面几次与她在村里的偶然碰面，都是在上课时间，但她还是没去学

① 访谈地点：潘美阶家。访谈时间：2020年6月10日早上。

校读书，而是和她的母亲上坡干活，我们看到后很是惊讶，而她也开始躲避我们，不太愿意和我们说话。笔者想这可能是每次碰面我们都要问一问“今天没去读书吗？”的原因。

个案15：小大人——潘丈你、潘糯你俩兄弟

同样在大歹村四组，我们偶遇到了特别懂事的俩兄弟潘丈你、潘糯你。潘丈你是哥哥，在大歹小学读六年级，15岁；弟弟潘糯你，12岁，在大歹村小学读四年级。每天他们都会步行三四十分钟的路程上下学。早上六点半就起床，然后洗漱吃早餐（糯米饭、面条）上学，下午放学就得回家帮忙做事。

问：你们回来要做作业吗？

潘丈你：不做，回家没时间做作业。

问：那你回家是要帮家里干活吗？

潘丈你：要做家务、喂鸡、放鹅……

问：你除了干活还要帮你大嫂带孩子吗？

潘丈你：要呀。

问：如果不看行不行？

潘丈你：不行，我大嫂还要绣花，没时间看小孩。[①]

在我们与潘丈你聊天的过程中，潘糯你从路边跳到高约1.5米的柴堆处，使劲抽出手腕大小的干柴，抱着干柴回到屋后，他把干柴放进火塘并架好，用打火机点燃干柴，刚开始火没点燃，他又去找了几小块油柴，在油柴的帮助下，火苗渐起，只见他又用纸壳不停地扇，直至火烟消散，火苗变旺。火生好后，他开始淘米下锅煮饭。煮饭不是用电饭锅，而是把装着生米和水的黑色铁鼎罐放到三脚架上，用柴火来煮。从他熟练的动作来看，捡柴生火做饭应该是经常做的事情。在煮饭的过程中，潘糯你从鸡圈抓出一只白色大公鸡，他把鸡的爪子和翅膀抓牢固定，嫂子拿着菜刀杀死公鸡。公鸡羽毛、内脏的清理则由潘丈你完成。嫂子杀好鸡后，又上到二

① 访谈地点：潘丈你、潘糯你家。访谈时间：2020年6月9日傍晚。

楼织布，潘糯你则替换哥哥潘丈你帮忙照顾大嫂的孩子。大嫂的孩子只有八九个月大，还不会走路，于是潘糯你只能用他稚嫩的双手抱着大嫂的孩子，实在抱不动时，他就把孩子放在地上站一会。

问："你累不累呢？做了那么多事，还要帮大嫂看孩子。"

潘糯你："不累，习惯了。"

问："你的作业做完了吗？"

弟弟："在学校做完了，趁课间休息、中午放学，我就已经做完了。"

问："你为什么不把作业带回家来做呢？"

弟弟："来家我要烧火煮饭，带大嫂的孩子，哥哥（潘丈你）一会还要去田那边赶鸭子回家，妈妈去坡上干活没回来，大嫂要绣花，不绣花就没有衣服穿，所以没有时间做作业。"①

看着俩兄弟忙碌的身影和滴下的汗水，笔者不仅一方面叹服他们的懂事、贴心、勤快，知道为家里大人分担家务和活路，还会合理利用学习时间；另一方面又对城乡差异深有感触，城市里的孩子和农村的孩子日常生活是如此的不同，当城市里的孩子在对父母亲撒娇时，农村孩子却已经是半个劳动力了，他们懂事得让人心疼。

个案16："没心没肺"的女孩潘叶明

潘叶明是个12岁正在读四年级的可爱小女孩，今天她作为我们的导游之一带我们去摘杨梅。在摘杨梅的路途中，原本由两个小男生拿着的东西不知何时全在她手上提着了。当我试图让那两个小男生拿回自己的东西自己提时，潘叶明居然拒绝了，她说这个不重。甚至是看到笔者背着书包走山路有点沉重时，她让笔者把书包给她一起背。瞬间，觉得她"没心没肺"，没有算计，为人淳朴善良。

潘叶明有两个姐姐和两个弟弟，平时她负责照看弟弟、做饭、喂鸡，有时候也去坡上放牛、干各种农活。她从七八岁就开始绣花、缝制衣服，现在她绣的花也有模有样了。此外她的生活就是去学校学习，从她的话语

① 访谈地点：潘丈你、潘糯你家。访谈时间：2020年6月9日傍晚。

中可以听出她特别喜欢学习，在学校里也有好好学习。但是，当家里需要人干活时，她还是会被叫回家或请假在家帮忙。潘叶明并不觉得父母亲这样做有任何不妥，她觉得这是一件正常的事，因为村里好多孩子都面临着相类似的情况。当笔者询问潘叶明有没有好朋友时，她高兴地告诉我们她有几个好朋友。平时她们都是星期一一起去上学、星期五又一起回来，有什么开心的或不开心的事她们都会一起分享。①

从这天的相处，笔者看出潘叶明无疑是一个听话乖巧的好女儿、认真负责的好姐姐。她性格开朗，懂事乐观，又能吃亏，善于交友。

二、迥然的学习

1. 随时中断的学习

个案17：全班第二名的苗族女孩潘美阶

潘美阶今年九月份即将读四年级，现在她是三年级的学生。由于这段时间是农忙季节，她的家人让她向老师请假，留在家里帮大人干农活。

问："小妹妹，你的学习情况如何呀？"

潘美阶窘迫道："我……"

问："没关系的小妹妹，你们有哪些学科呀？"

潘美阶："我们有语文、数学、英语和科学。"

问："那你上个学期的语文、英语、数学考多少分呀？"

潘美阶："语文考25分，数学考25分，英语62分"

问："那你的科学呢？"

潘美阶："我们科学没考。"

问："你在你们班上第几名呀？"

潘美阶："第二名……"②

潘美阶的学习成绩全班第二名，仅仅从分数来看，这样的成绩跟城里

① 访谈地点：摘杨梅的路上。访谈时间：2020年6月6日早上。

② 访谈地点：潘美阶家。访谈时间：2020年6月10日早上。

的同年级的学生比起来，算是较差的成绩，但是在潘美阶所在的班级，她已经是第二名的好成绩了。姑且不论分数高低，只论排名，潘美阶的学习在班上已经算是出类拔萃的，但是父母亲并没有让她继续保有学习的兴趣和动力，而是以家里的活路为主，什么时候忙不过来，潘美阶就什么时候被迫中断学习进程，父母亲并不在乎她的学习成绩好坏，也并没有考虑这样的安排是否会影响她的学习。

2. 被家人关心的学习

个案18：被大哥关心的潘丈你、潘糯你

潘丈你今年在大歹村小学读六年级，15岁；弟弟潘糯你在大歹村小学读四年级。每天他们都会步行三四十分钟上下学，早上六点半就起床吃早餐上学，下午放学就得回家帮忙做事。

问：你爸爸妈妈回家会问你们在学校的学习情况吗?

潘丈你：我爸妈他们不管，我哥（指外出务工的大哥）会管。他打电话或回家的时候，就会问我和弟弟写完作业没有，考试考了多少分?

问：你大哥今年多少岁了?

潘丈你：今年29岁。

问：你哥上过学吗? 读到几年级?

潘丈你：大哥读到初三。

问：大哥在家，还是出去打工了?

潘丈你：他在外面打工，很少回家。①

潘丈你、潘糯你两兄弟回到家有干不完的家务和做不完的活路。他们还要帮着大嫂带孩子，爸爸和大哥常年在外打工，农忙和过春节时才回来。父亲极少打电话回家，即使打电话也不会问潘丈你、潘糯你的学习成绩。虽然有母亲陪伴在家，但是母亲由于忙活路，早上出门天黑才回家，再加上母亲没有读过书不认识字，因此，母亲从来没有过问潘丈你、潘糯你兄弟俩的学习情况。幸好，家里面还有读过初三的大哥会时不时地询问

① 访谈地点：潘丈你、潘糯你家。访谈时间：2020年6月9日傍晚。

他们的学习成绩和作业完成情况，可以这么说，大哥是唯一能够让潘丈你、潘糯你兄弟俩感受到的对他们学习关心的家里人了。

个案19：幸运女孩潘你阶

潘你阶是一个害羞的小姑娘，她今年读五年级。听她说因为学生太多老师管不过来，所以学校把五年级分为了两个班。五年级主要课程是语文、数学、英语。据了解，她上学期语文考49分，数学考59分，英语考70分。笔者以为她的英语成绩在班上应该可以排到前几了，但她说她们班有同学的英语考到九十几甚至一百分。

问：你是住校还是每天放学回家？

潘你阶：住校呀，星期五才回家。

问：那你会请假回家吗？

潘你阶：家里有事情就请假回去。

问：一般是什么事情呢？

潘你阶：爸爸妈妈叫回来养鸡、喂羊。

问：你经常请假回家吗？

潘你阶：也不经常，就请假了一次。

问：那你那次是请假回家做什么呢？

潘你阶：家有事情（她没有具体说明）

问：你爸爸妈妈出去打工吗？

潘你阶：现在没有，以前爸爸有出去打工，现在出去找不到工作。

问：那你在家一般是做什么事情呢？

潘你阶：给自己洗衣服、绣花，晚上喂鸡、煮饭、扫地。

问：你几岁开始学绣花的？

潘你阶：8岁。

问：你放学回家做作业吗？

潘你阶：做作业呀。

问：爸爸妈妈干活回来会检查你的作业吗？

潘你阶：他们不检查，就是叫我好好学习。说我们现在读书都不像他们那时候一样，他们以前学习好想读都读不了，现在就只会一点点倜话。

问：那他们经常叫你请假回来帮家里干活吗?

潘你阶：我爸爸不叫我回家干活，他有时还送我上学。

虽然潘你阶的学习成绩并不是拔尖的，但幸运的是她处于一个重视学校教育的家庭，父母亲不会轻易让她中断学习请假回家帮做农活，父亲还经常用自己的读书经历教育潘你阶，希望她能珍惜现在的有利条件好好学习。这种关注孩子学习的家庭在大歹村是寥寥无几的，更多的是让孩子请假回家帮忙干活的家长。

综合上述个案可以归纳出大歹村的儿童在生活、教育、情感等方面，呈现如下特点：

第一，家务、农活繁多，没有充分的学习时间和良好的学习环境

大歹村的儿童，尤其是读小学的儿童，基本上都被当作半个劳动力在使用，生火、煮饭做菜、喂猪喂牛、喂鸡喂鸭是日常事项；农忙时，和大人一起到坡上干活更是常事。他们回到家放下书包，就开始做家务、帮忙干农活，家里几乎没有一张用作写字看书的桌子，没有一个相对安静的学习环境。

第二，学习上缺乏指导

大歹村父母亲总体教育文化水平偏低，他们大多数处于半文盲或文盲状态，大部分父亲读过小学，而母亲基本不识字。父母亲教育文化水平低的现实直接导致父母亲对孩子学习的不重视。许多父母亲认为不读书并不影响生活，从而忽视孩子学习的重要性。有一些重视孩子学习的家长，又碍于自身的教育文化水平低，无法辅导孩子的学习，不能培养孩子的学习兴趣，只会在生活上照料孩子而已。于是，孩子们回到家中得不到有效的辅导，一些学习能力较差的孩子就会跟不上学习的进度，完不成老师布置的课后作业，知识点掌握不牢固，考试成绩不理想，于是渐渐失去学习的兴趣，从而产生厌学的情绪。

第三，孩子与家人之间的情感沟通较为缺乏

大歹村的适龄儿童几乎都有母亲陪伴身边，家里的兄弟姐妹也较多，但是孩子们之间、孩子与父母之间缺少情感上的沟通。大多数家长不关心孩子的学习，不会问孩子在学校、在生活中遇到了什么事情，遇到了什么困难和挫折；当然孩子也不会与家长分享他的开心、失望、伤心。兄弟姐妹之间也不会过多沟通，最多就是偶尔问下学习情况，不会过问生活上、心理上、情绪上的事情，孩子们的心事反而更愿意向同龄人倾诉。

三、对策及建议

儿童是家庭、村寨、国家的未来和希望，如何让大歹儿童的身心得到良好的发展，让他们的生活、学习、情感得到充分关注，这是家庭、学校、社会、政府各个层面都要考虑和重视的问题。只有家庭、学校、社会、政府四个方面充分调动，团结合作，才能营造一个关爱大歹儿童身心健康的保障体系。

（一）家庭

1. 减轻孩子的劳动负担

孩子的主要任务就是学习，在他们学会生活自理的家务事项之余，应尽可能地保证孩子的正常学习时间，不能随意地中断孩子的学习活动，督促孩子上学和完成作业，为孩子营造一个能够专心学习的家庭氛围。

2. 加强亲子互动和沟通

大歹村的夫妻一般都不会双双外出务工，妻子通常都要留在家里照顾老人和孩子。但是由于家里的农活繁重，家务琐碎，再加上母亲几乎没有文化知识，一方面，在孩子们的学习上母亲帮不上忙，另一方面，亲子之间的沟通也极为困难，孩子们的心事母亲不易察觉，也关心不到。外出务工的父亲虽然会与孩子打电话或视频通话，但是通常都只是简单地几句，不会过多地深入到孩子生活、学习、情感的细节。总体说来，大歹村的父母与孩子的互动和沟通是极为缺少的，父母亲不了解孩子，孩子也不愿意让母亲了解自己。因此，应该加强亲子之间的互动和沟通，父母除了对孩子日常的生活照顾、安全照顾外，更应该关心孩子的情感、心理的变化和成长。当父母亲充分理解和关爱孩子，孩子的幸福感、安全感都会增强，这有利于提高孩子的学习兴趣和培养孩子的良好性格。

3. 父母应主动学习家庭教育知识

大歹儿童父母亲的科学文化水平低，虽然已经是既成事实，但并不意味着不可以改变。父母亲应该利用业余时间从广播、电视、手机、夜校培训等渠道主动学习，尤其是学习与家庭教育相关的知识，掌握孩子生理、心理发展阶段的特点和规律，习得正确的教育方法，以期提高家庭教育、自身综合素质水平。父母亲还应该主动加强与学校老师的联系，了解孩子在学校的生活和学习情况，及时与孩子沟通，耐心倾听孩子的想法，尊重、鼓励孩子，进行有效的家庭教育。

（二）学校

1. 关注孩子的身心健康

学校是大歹儿童的主要活动场所和教育场所。在家庭教育较为缺失的情况下，学校成为儿童接受教育的主要承担者。学校应该针对学生的不同特点、遇到的困难和问题，进行精准的教育、辅导和解决。老师除了关注儿童的学习成绩外，还应该关注他们的心理健康，积极了解孩子的家庭情况、心理变化，有效地预防、排除儿童成长道路上的不利因素。

2. 加强教育重要性的宣传

学校应该开展各种活动，通过各种渠道，让儿童尤其是家长切实地体会到“知识改变命运”和知识的重要性。逐渐改变家长忽视儿童教育的态度，让儿童被动接受教育、教师上门劝学，转化为家长主动让孩子上学接受教育，孩子无负担地轻松上学。只有在家庭、学校的共同努力下，大歹村的教育环境才会彻底地根本性地改变，大歹村也才会实现教育脱贫。

（三）政府

1. 制定优惠政策，发展产业，增加农民收入

政府制定优惠的政策，在开发大歹村的乡村旅游同时，还应该鼓励大歹村的苗族发展当地特色产业，使外出打工变为就近务工，并利用网络手段，推销自己的产品，增加农民的收入，改善家庭生活质量，进而改善儿童的生活环境、学习环境。

2. 政府牵头，融合相关部门，营造一个关爱儿童的外部环境

大歹村有早婚的风俗习惯，有些还未小学毕业的女孩，就被家人逼着早早嫁人。学校面对这样的情况，也只能上门规劝家长，如若家长不听劝导，执意让女儿出嫁，学校除了把事情上报上级部门外，也别无他法。针对这样类似的情况，政府应该整合学校、村委、公安、检察院、妇联等部门，依法制止此类事件的发生，让儿童顺利地成长成才。与此同时，政府应牵头组织爱心企业、团体向家庭困难的儿童进行募捐，组织大歹儿童到城市中观光学习，以期丰富他们的知识，拓宽他们的眼界，让他们对外面世界向往的种子生根、发芽、壮大，并最终冲破传统的束缚，实现自我的改变和提升。

（四）社会

1. 对儿童及家长进行教育帮扶、心理疏导

充分发挥社会各界各团体的人才优势，争取各种民间团体、青年志愿者、青年教师到大歹村对儿童及家长进行帮扶教育。一方面，对家长进行家庭教育知识的辅导，另一方面对儿童进行学习帮扶和心理疏导。

2. 建立儿童档案

建立各家各户的儿童档案，做到“一人一档”。把儿童的姓名、性别、年龄、家庭情况、学习情况、性格特征和心理状况等都记录在档案中，并实时统计更新。当儿童遇到问题的时候，学校、社区可以依据档案来制定应对方案。除此以外，社区还应该定期开展各种关爱儿童的活动，尤其在节日假期，开展一些能够增进亲子感情的活动，鼓励家长与儿童的沟通和交流，了解儿童的内心想法，改进家庭教育的方法。

第三节　老人

大歹村60岁以上的老人现有135人。这些老人的居住状况各有不同，他们的物质生活、精神生活千差万别。正是由于他们不同的生活状况（包括物质的和精神的），造就了他们不同的晚年生活，可谓是“几家欢喜几家愁”。

笔者试图依据婚姻状况、生育子女状况这两个因素，对大歹村的老人进行分类。针对不同类型的老人的生活状况进行细致观察和深入了解，以期归纳出不同类型的老人们的生活特点，发现老人生活中存在的困难和问题，并尝试提出解决的对策和建议。

一、鳏寡老人

个案20：未雨绸缪的老爷爷

志愿者孟强华告诉我们：大歹村有一个一直没有结婚的老爷爷，现在已经90多岁了，他没有读过书。在大歹村这个普遍早婚且奉行“多子多福”的苗族村寨，居然还有一位终身未婚的鳏寡老人，这是不可思议的。为此，笔者就老爷爷未婚的原因、生活情况、养老情况与孟强华进行了交流。

1. 未婚的原因：心气高导致年龄拖大

问：你有听闻这位老爷爷一直没有结婚的原因吗？

孟强华：听说那时候爷爷家条件比较好，心气难免就高了。那时候有喜欢他的姑娘，但是他就是不喜欢。随着年纪慢慢变得大了，所以就造成了后面现在的结果。

问：他家家境比较好，怎么会没有人愿意嫁给他呢？

孟强华：这个地方不像别的地方那样只要有钱就会嫁给你，不是这样的。这个地方是看你年龄。比如有一个男孩子他们家特别有钱，但是他年龄大了，村里的女孩子就不喜欢他了。

问：在大歹村，多少岁就被定义为年龄大呢?

孟强华：比如21岁跟20岁的，20岁更受欢迎。

问：听这个村寨的人说女生20岁过后就可能面临没人要的窘境，男生25岁后也会陷入这种尴尬的境况。那意思是女生20岁后、男生25岁后就被定义为年龄大吗?

孟强华：大概是这样，男生超过24岁就很难了。

问：那这个就是他单身的原因?

孟强华：嗯，可能还有其他更多的原因吧。但由于我们不了解过去的历史，他经历的我们是无法感受到的。

2. 生活：政府补助（低保、高领补助）+ 自给自足

问：那这个爷爷怎么养老呢?他又没有子女。

孟强华：现在就是国家养他了嘛，他现在是五保户。

问：那就是政府给他钱?

孟强华：是呀，现在他还有一个高龄补助。80岁以上的高龄就享有这个补助政策，还有低保。

问：那一个月下来，老爷爷能领到多少钱?

孟强华：这个一算的话一个月2000块左右。

问：他需要买粮食吃吗?

孟强华：没有，他自己家有粮食。年轻的时候他把粮食存下来了。

问：他需要买菜吗?

孟强华：菜的话，他自己买，主要买肉。他会自己种些小菜。因为他知道自己没结婚，也没有子女，年轻的时候会有一些小小的积蓄，或者是粮食。他可能知道以后自己老了干不了活，所以他就把这些先保存下来，以备自己老了没饭吃。

问：按这种情况他吃的都能解决，那他的钱主要用于哪些方面呢?

孟强华：可能就是去买一些生活用品呀。比如上次我去他家入户，我看到他正在炒一个鱼。当时我问他“老人家你在炒什么菜呀?”，但是他因为年龄大了，耳朵完全听不到，只应我一句“嗯”。

3. 养老、送终：自力更生+族人

问：那现在爷爷有亲戚去家里照顾他吗?

孟强华：他基本都是自己一个人住，只是有时候有他兄弟的后代来照看一下。

问：那以后爷爷百年归天了是政府来负责他的身后事吗?

孟强华：这个应该是他兄弟的后代了。

二、无儿有女老人

由于各种原因，笔者一行人没能亲眼见到大歹村无儿有女的特殊人群。但是通过村民潘网向 、志愿者孟强华，我们获悉了三户无儿有女户的相关信息。

个案21：独居的老爷爷潘四列

独居的老爷爷是二组的人，他的名字叫潘四列，今年75岁，从没有上过学读过书，是一位老党员。潘四列老爷爷是潘网向的大伯父，妻子很早就去世了，现在一个人住。潘四列有五个女儿，没有儿子。大女儿现在50多岁，嫁到了上歹村；二女儿嫁到本村的三组；三女儿从小眼睛看不到，嫁到大融；四女儿嫁到本村的五组；最小的女儿嫁去了代家寨，今年30岁左右。平日里女儿们有时间都会来看望潘四列，但老人的日常生活还是侄儿子潘网向和潘网向的哥哥在照顾。笔者通过潘网向大概了解了老爷爷潘四列的日常生活情况。

问：爷爷现在在家做些什么呢?

潘网向：他现在生病了，基本不干活了。

问：那去医院看病了吗?

潘网向：带去过了。

问：是谁带去医院的呢？

潘网向：是我带去医院的。

问：爷爷生的是生病呀？

潘网向：他的脚背痛又痒、烂了，去从江医院开刀了，好像作用不是很大。现在家里，我给他吊盐水（自家做的一种药），他不要。现在我就没给他吊了。

问：从江医不好可以送去凯里、贵阳的医院吗？

潘网向：可以送去啊，就是我们没钱。本钱没有那么多，去那边还要几万。

问：那送去从江医病的钱由谁来出呢？

潘网向：先用大伯自己的医疗卡报销，剩下的由我和我大哥一起付。

问：平日里就是你一个人去照顾他吗？

潘网向：还有我大哥，他出去打工了就是我在照顾。

问：那你出去打工了谁照顾呢？

潘网向：就我老婆呀。

问：那你老婆也出去打工呢？

潘网向：现在看他生病也不能出去了，就是在家。他自己能做点吃的我们就出去打工，他现在不好了我们也就不出去了。到时候万一他过世了，人家说你不管，不好听。

问：他女儿女婿可能还没你们照顾这么勤哦？

潘网向：是呀，没办法。她们不可能天天过来照看。

问：那要帮你大伯种田不？

潘网向：不种，他的田给他女儿种了。

问：不给你种吗？

潘网向：我的都是给别人种，自己就种几亩就够吃了。①

潘四列虽然有三个女儿嫁在本村，但是碍于传统习俗，“嫁出去的女

① 访谈对象：潘网向，男，35岁，大寨人。访谈地点：潘网向家。访谈时间：2020年6月8日下午。

儿，泼出去的水”，她们并不承担赡养父亲的责任，只是有空的时候来看望一下父亲。而根据传统习惯，作为侄儿子的潘网向和他的大哥俩兄弟，则义不容辞地承担起赡养潘四列的责任。潘四列生病了，侄儿子要把老人送到医院去医治，否则会被村邻指责其“不管事”，即不孝。但是住院的花销首先靠老人手头上的积蓄或医疗保险卡来报销，剩下的才由潘网向兄弟共同承担。但是由于没钱，老人最多能到从江县医院去治疗，而更高级别的医院是去不了的。据潘网向说，现在老人的脚就这样烂了，没有办法医治，他们也只能干着急而使不上力，实际上说得直白些，就是老人只有等死了。从这里我们可以看到，农村养老机制的欠缺、传统的家庭养老模式的影响，使得无儿有女的老人的晚年生活过得并不如意。

个案22：独居的代奶奶

孟强华告诉笔者，有一位老奶奶的生活境况与上面这位老爷爷极为相似。老奶奶姓代，今年八十五六岁，她也是只有女儿没有儿子。老奶奶的丈夫已经去世很多年了，但是她具体有几个女儿就不清楚了。

据孟强华说，他也是无意间知晓这位代奶奶的。在某次扶贫工作中，他刚好到代奶奶家去，但是被赶出来了。孟强华说：“代奶奶对我说：‘我家没有男的养我，你不要来我家，不要拿这些书啊、纸呀来我家贴’。她可能有点精神恍惚了，她一直以为我带什么东西给她。老人家信鬼神那些，一直认为我进去了对她有某些害处或者不好的，所以我就被赶出来了。”

问：那你后面还去过吗？

孟强华：后来就一直不敢去了。

问：如果我们去找她聊天能成功吗？

孟强华：她完全不让人靠近的。就是之前她家不是一直漏雨的嘛，政府就是派人去给她家修。而我听说当时的那些工作人员去她家的时候一直被她骂。还记得我第一次去的时候，老人家本来是睡在地上的，就是我去的时候她马上就站起来了，用她自己的话把我臭骂一顿。刚好她家邻居在外乘凉告诉我，老人家没有儿子、女儿也嫁出去好多年了，精神可能有点恍惚。她特别抗拒陌生人的靠近。

问：那她怎么维持基本生活呢？

孟强华：生活的话就是她自己煮一些饭呀，煮点什么青菜呀，随便吃点一天就过去了。

问：那她吃的米从何而来呢？现在她也干不了农活了。

孟强华：除了年轻时候积攒的，有可能是她女儿送过来的。

问：那她吃的菜呢？

孟强华：可能是她女儿带过来放在家里面的，早上、晚上老人家都会自己弄一些来吃。她女儿可能要隔几天过来看一下、照顾一下她。因为在大歹苗族女孩子嫁出去后就不能经常跟父母住在一起了。

问：那奶奶有政府的补贴吗？

孟强华：这个也是有的，除了养老保险，现在村里的老人家基本上达到八十岁以上的都有那个高龄补助。

问：奶奶是多少岁呀？

孟强华：大概在八十五六左右。

问：那邻居怎么样呢？

孟强华：蛮好的，因为村里的人心都比较团结嘛，都是一个姓嘛。所以旁边人有什么困难，邻居也会互相照顾一下。

问：邻居主要是从哪些方面去帮助她呢？

孟强华：主要是给她端点吃的，时不时地去照看一下她。

问：那奶奶还认识人吗？

孟强华：她已经不认识人了，她连她女儿都骂。但毕竟是亲生的母亲，该怎么照顾还得怎么样去照顾。①

老奶奶估计得了老年痴呆症，才会连自己的女儿都不认识，但是没有人能轻易靠近她，哪怕对她心存善意的政府工作人员、邻居和亲生女儿。老奶奶平时吃的米、菜都还有女儿接济，邻居和族人也都会不时地去照看

① 访谈对象：孟强华，24岁，从江县志愿者，苗族，从江县人。访谈地点：大歹村夜校培训教室。访谈时间：2020年6月10日晚上。

下，相对于独居的老爷爷来说，她的生活要幸福一些。但是受到传统习俗的影响，女儿不可能与她常住，不可能无时无刻地照顾她，不能赡养她，老奶奶虽然有人不时照顾，但是这远远比不上与自己的亲生女儿同住的幸福。

个案23：相依为命的老夫妻

潘你阶，男，今年80多岁，他的妻子今年70多岁。潘你阶有两兄弟，他是大哥，还有一个弟弟。夫妻俩只有一个女儿，没有儿子。女儿已经结婚，嫁到本村三组。潘你阶老人生病，已经两年都走不了路了。其妻子身体健康，日常生活基本上可以自理。虽然同为无儿有女户，但一生只生养一个孩子的潘你阶夫妻无疑是较为特殊的存在。

关于潘你阶的情况，我们是通过潘网向获悉的。

1. 基本生活情况：女儿女婿、族人、政府补助

问：潘你阶老人家里有没有通自来水啊？要不要自己挑水哦？

潘网向：通自来水的，不用自己挑水了。

问：他还种田种地吗？

潘网向：地，老人家都不种了，就是种一点点菜吃。

问：那他的地近不近哦？

潘网向：远。

问：那么远老人家自己去摘菜呀？

潘网向：不是，他女儿去，他兄弟的儿媳妇也去帮摘菜。

问：像他们这种情况有没有政府的补助啊？

潘网向：有，家庭困难的有低保。

问：那政府搞的补助是从哪年开始的？

潘网向：早就搞了，有二十一二年了。

问：老人看不了存折，一般谁帮他取钱呢？

潘网向：他女儿女婿帮他去要（笔者注：取钱）。

问：平时他们买吃的也是女儿女婿、兄弟的儿子来帮忙买的吗？

潘网向：他（笔者注：潘你阶）去都去不了了，买盐巴、买肉，他们需要什么，他兄弟的儿子都可以帮他买回来。

2.不能和出嫁女儿同住的原因：田、土、地基

问：潘你阶女儿嫁到三组去了，那谁来养老人呢？

潘网向：也是他的女儿女婿来养他们嘛，他的姑娘帮他干活，比如插秧这些活路。

问：嫁出去的女儿回来帮他，她老公家有没有意见啊？

潘网向：没有吧。

问：那他们有没有把老人接到三组去住呢？

潘网向：我们这里不接，我们这里是想老人了就自己过来。

问：是女儿搬过来吗？

潘网向：女儿过来跟他一起住，现在我们这里老人搬去跟她女儿是不可能的。

问：为什么不可能呢？

潘网向：以前老人家不搬就是不搬了嘛（笔者注：指风俗习惯），我也不清楚那个意思。

问：那老人搬去和女儿同住，村子里的人会不会说他们呀？

潘网向：可能会说的。

问：会说老人还是会说女儿女婿？

潘网向：就是，搬人过去就是搬地基呀，田、土的也一起搬。就比如我和我兄弟，我没有儿子只有女儿，我兄弟的儿子可怜可怜（照顾）我，我走了（笔者注：去世）以后，我的地基、田、土都是我兄弟的，然后他再分给他儿子，也就是我侄子，所以兄弟是不准他搬走的。

问：哦，就是怕老人把他的地基、田啊、土啊，各种东西带去女儿家是吧？

潘网向：对呀，搬过那边可以吃可以喝呀。

问：然后他兄弟的那些孩子也不同意哦，那女儿、女婿也不敢要他过去哦？

潘网向：对的，女儿有心的话就经常过来帮忙，老人是带不过去的。

潘你阶老夫妻的日常生活来源依靠政府的补助（低保和高龄补贴）。政府补助的钱发放到存折里，存折里的钱由女儿女婿帮忙支取。日常生活中的蔬菜老人家自己栽种，侄儿媳妇帮忙采摘。但是盐、肉等则由侄儿子到从江县帮忙购买。潘你阶夫妻只生养了一个女儿，但是囿于村里的传统风俗习惯，不能和女儿女婿同住。究其原因主要是潘你阶家族担心潘你阶夫妇搬离大寨与女儿女婿同住后，会把自己的屋基、田、土等家产一并搬离，这样对大寨潘家、潘你阶的族人来说，都是极不愿意承受的损失。而相应地，由于女儿没有父母家产的继承权，因此女儿不承担赡养老人、为老人送终的责任。具有家产继承权的男性族人，即潘你阶兄弟的后代，就要承担起为潘你阶夫妇养老、送终的责任。

此外潘网向还向笔者总体介绍了大歹村无儿有女户的养老、送终情况。

3. 养老、送终：族人

问：在大歹如果没有儿子村里的人会不会嫌弃、嘲笑他啊？

潘网向：没有，他都没有儿子了还骂他干嘛呢，可怜他。

问：那在村里不能生儿子，男的会不会离婚，然后去重新找个老婆生儿子？

潘网向：会呀，现在我们也这样啊。以前老人家我看你习惯了，你看我习惯了（笔者注：情投意合），我们两个你不骂我我也不骂你，舍不得就不会分开。现在就是各自找各自的。

问：老人生病了谁来管他呢？

潘网向：兄弟姐妹一起来（照顾）呀。

问：那他的姑娘来不来照顾他呢？

潘网向：也来呀，他兄弟的孩子也来照顾。

问：那生病了去医院住院谁出钱呢？

潘网向：他自己有钱就自己拿过去用，他没有就是一家一起凑钱给他。

问：那老人过世不在了，谁来给他操办身后事呢？

潘网向：他过世的话只有他的兄弟，其他不管。

问：他女儿女婿不用负责？

潘网向：他女儿女婿也来，就是她们有就送（礼金），没有的话就这样吧。如果说田、土、地基都是你们的（笔者注：堂兄弟），我（笔者注：女儿）没有股份（笔者注：继承权）了，我就不来操办葬礼了。到时候葬礼完了，堂兄弟就自己分老人的财产。

问：那女儿女婿来吃酒吗？

潘网向：来的，正常来嘛。

问：就是房子这里女儿不能要？

潘网向：对，房子、地基还有其他东西都不能要。[①]

通过以上几个典型的个案，可以看到在大歹村无儿有女户老人的真实生活状态，他们的生活来源都靠政府的补助。日常生活中的蔬菜几乎都是自给自足，而肉类、盐等不能自己生产的物品都要靠族人或女儿帮忙购买。只要身体健康能够活动自如，一日三餐几乎都是自己动手。当他们生病了，大部分都是靠族人帮忙照顾和接济。虽有族人接济和照顾，但是远远比不上与自己的女儿共享天伦的温暖，但是碍于传统的家庭养老制度和风俗，女儿不能继承父母亲的家产，不承担赡养老人、为老人送终的责任，而家族下的男丁负担无儿有女户老人的养老送终，同时也享有其家产继承权。

这样一种家庭养老制度之所以形成，实际上是族群对整个家族共同拥有的生存资源——田、土、屋基的一种保护机制，是大歹苗族对生存环境的一种积极适应，是大歹苗族族群血缘认同与族群空间边界认同的一种反映。这种家庭养老制度的世代维系和传承，使得族群稀有的生存资源不会因为女儿的外嫁而减少，生存资源只会在族群内部灵活调配，而能否获得较多的生存资料却依据家庭拥有的男丁人口数量来决定，这也正是大歹苗族为什么要“养儿防老”，生育性别偏好为什么要“重男轻女”，为什

① 访谈对象：潘网向，男，35岁，大寨人。访谈地点：潘网向家。访谈时间：2020年6月8日下午。

么要多育的一个现实原因。

三、生养儿子的老人

由于大歹村生养儿子，且儿女双全的家庭多如牛毛，所以在此笔者仅以曾当过大歹村村支书的代你甩老爷爷的晚年生活为例，来反映这一类型老人的生活和养老情况。

个案24："老有所依"的代你甩夫妻

代你甩，今年70岁，代家寨人。他有五个孩子，三男二女。现在三个儿子都住在代家寨，大儿子代祥你是大歹村的现任村支书，二儿子和小儿子出去打工，儿媳在家里带孩子干农活。两个女儿都没有外嫁，都嫁在大歹村。代祥你的老伴没有名字，称呼时就用代祥你妈妈来代称。代你甩年轻的时候在外逃荒，没机会读书，后来在从江修路、做工期间，才学会了汉语。他年轻的时候还当过民兵连长，后来在村里当了十多年的村支书。

代你甩老人说他的兄弟姐妹都因为饥荒而丧命。后来遇见了同样无父无母的老伴，有缘也就结婚生活在一起了。儿子们并没有给生活费，老人非常理解儿子们的难处，没有责怪他们。由于当了十多年的村支书，所以现在每年有一千多的补助，这是代你甩夫妻俩的主要经济收入，这点钱用来买肉、盐是足够的，但是用来垫付生病住院的费用就显得捉襟见肘了。好在老人家比较懂国家政策，他交了医疗保险，如果生病住院，医疗保险可以报销一部分医药费，剩余的医药费就由三个儿子平均分担。生病住院期间的照护，也是由几个儿了共同承担，但由于夫妻俩跟着小儿子住，所以生病照护主要由小儿子来做。

虽然代祥你夫妻跟小儿子同住，但是他们如果想到大儿子、二儿子家吃住也是可以的。两个女儿也会在空闲的时候来看望代你甩和老伴。现在夫妻俩身体都还不错，没有什么大病，因此他们还住在老房子里，这个老房子是分给了小儿子的，小儿子外出打工，因此夫妻俩守着老房子，自己煮食一日三餐，并不时地到田间地头干农活。田里主要种稻谷，土里主要种玉米、红薯、蔬菜等等，田地的收成就是他们一年的食物来源。

综上所述，无论哪种类型的老人都是在以下两个方面的现实环境中生活：

1.物质生活贫困。大歹村老人的主要收入来源有两大渠道：政府补助和子女收入。大歹村老人获得的政府补助主要有以下三种形式：低保户、五保户、高龄补贴。低保户补助参加城乡医疗保险，政府帮缴120元，农户自缴130元。五保户政府一年发放883元。高龄补贴的发放标准是：80岁以上老人每月60元；90−99岁每月110元；100周岁以上每月320元，大歹村目前没有90岁以上的老人。对于那些生养儿子的老人来说，他们的物质生活并不丰富。因为他们的儿子大多文化程度不高又缺少技术，因此外出务工只能从事一些技术含量要求低的行业，如建筑工地、抬铁轨枕木等，相应地，所得的收入就不高。再加上绝大多数妇女都不认识汉字，不会说普通话，几乎不外出务工，她们在家务农和做家务、照顾孩子和老人，并不创造额外的经济收入。这样，外出务工的男子一个人要承担全家老小的开销，自然家庭人均收入低，家庭贫困在所难免。青壮年劳动力的收入低下，直接造成整个家庭成员包括老年人的物质生活水平的低下。而那些鳏寡老人、无儿有女的老人的收入来源只有政府补助，在他们失去劳动力的情况下，除了粮食、蔬菜可以勉强自足外，其他的生活用品都要购买，微薄的经济收入常常入不敷出。因此在大歹苗族的日常生活中很难见到肉食、时令小菜，几乎只有到过节和办酒席时人们才能吃到它们。由于经济收入低下和收入渠道单一，在老人们生病住院时，子女们往往心有余而力不足，他们拿不出太多的钱医治老人，不能让他们到更高级别的医院接受更好的医疗救治。相比之下，那些无儿有女户的情况更为糟糕，族人对他们的经济支持、日常照顾会更打折扣，老人们生不起病，住不起院更是常事。

2.精神生活贫乏。大歹苗族老人的精神贫困表现在：教育文化水平低，科学文化知识匮乏。六十岁以上的老人，无论男性还是女性，几乎都听不懂汉语，不认识汉字，所以电视、手机这些新兴媒体对于他们来说，如同虚设，对他们一点影响都没有。老人们的娱乐消遣主要是串门、摆龙门阵。由于老人们在身体健康的时候还要帮助家人干农活做家务，串门摆龙门阵成为一种奢侈。当老人们身体变弱变差，终于不用干农活和做家务时，他们又哪里有心情和身体条件去串门和摆龙门阵呢。可以想象得到大歹老人的精神生活是贫乏且枯燥的。

总之，在经济层面上的物质贫困，限制了大歹苗族老人养老资源的获取和子女对老人养老资源的提供，虽然大歹村的“敬老”“孝老”的风气仍保存完好，但是家庭经济基础的薄弱使得家庭对老人的奉养显得“心有余而力不足”，儿子们虽有孝心但是没有能力把老人赡养好，尤其是老人生大病需要大笔费用的时候，儿子们由于没有钱，往往只能让老人病着甚至等死，这样，大歹苗族老人依靠家庭养老的风险大大增加。

四、对策及建议

针对大歹村苗族老人养老面临的困境，应建立一种整合家庭、个人、社区和政府各种力量的养老体系，解决大歹苗族老人的经济收入、生活照看、精神慰藉的困难。

（一）家庭

家庭是社会的基本单位，它是大歹老人养老的依托，这种依托不仅是物质上的供给、生活上的照顾，还是精神上的慰藉，它的养老功能是其他养老方式不可替代的。要想让家庭更好地发挥养老的功能，就应该做到以下几点：

1.建立家庭养老制度。虽然大歹村的“敬老、孝老”的风气浓厚，在村民的心目中赡养老人是儿子不可推卸的责任，不敬老不孝老不养老的儿子是要受到全体村民的指责和非议的，但是并不意味着老人的养老就一定能落实到位，尤其是儿子较多的家庭，往往儿子间相互推诿，没有较为明确的责任人。因此，需要在原先依靠家庭情感和道德伦理维系的家庭养老模式上，建立一套制度化的保障：一方面，宣传相关的老年人权益保障法律，用法律来规范约束儿子的行为，让老人学会运用法律的武器保护自己的合法权益不受侵犯。另一方面，可以签订“家庭养老协议”，明确儿子对老人赡养的责任义务，把养老落实到具体的儿子身上。

2.加强政府对家庭养老的资助。政府不仅要有政策上的倾斜，优待家庭养老人员，还应该运用经济手段作为调节杠杆，调动、激励家庭成员养老的积极性，并适当增加老人的养老补助，拓宽老人的经济收入来源，尤其是失能的老人、无儿有女和五保户老人。

3.拓宽家庭经济收入来源。大歹村在2019年6月入选第五批中国传统村落后，政府开始对大歹村进行乡村旅游开发，实行家庭入股分红的形式让村民受益，实现大歹村的脱贫致富。虽然乡村旅游开发拓展了家庭的收入来源，又能够让村民就近就业和创收，但是这个形式并没有得到大歹人的理解和重视，旅游开发仿佛与他们不相干，村民们的参与性和积极性并未调动起来。实际上，乡村旅游开发可以带动更多的产业发展，如大歹特色的民族服饰、山地牛、糯米、糯米酒等，如果这些民族特色的文化资源能够得到产业化的发展，那大歹家庭的经济收入就会大幅度增加，老人们的家庭养老会得到更为充分的支持和保障。

（二）个人

这里的个人指的是老人，老人既是家庭养老的支持主体，又是家庭养老享受的客体。老人的经济实力、健康状况和人际关系与养老质量息息相关。老人应该未雨绸缪，不要把钱全部用在孩子身上，应该留一部分钱和粮食作为养老的物质准备。老人们在力所能及的情况下，从事一些经济活动，比如，种植、养殖等，增加自己的经济收入。

（三）社区

传统的大歹村落是大歹苗族老人强烈依赖的社区。长久以来，社区的主体——村民们发挥道德舆论的作用监督家庭年轻人对老人的赡养行为；社区政府机构——村委会能够针对特殊的老人实施经济补助，如，低保户、五保户、高龄补贴等；社区的医疗机构——卫生院，为老人们定期检查身体，监测病情变化，实施简单治疗，正是社区的存在让家庭养老能够有效地稳定地实行。为了更好地发挥社区在家庭养老功能上的积极作用，社区还需加强如下几个方面的建设：

1.拓宽社区对老人的经济补助渠道。目前为止，大歹村的老人能够享受到的政府补助只有三种类型：低保、五保户、高龄补助，其中第三项要至少达到80岁才能享受。而这些补助发放的金额较低，不能保证老人的生活质量。因此要拓宽老人的经济补助资金筹集渠道，除了政府补助外，应该还要发挥村内群体互助传统，各家各户在力所能及的情况下帮助困难老人。社会的募捐也需积极发起，尽可能地筹集到更多的社会善款，帮助老人们提高养老的生活质量。

2.加大社区机构、人员对老人的帮助力度。虽然现在有医疗机构定期为老人检查身体、测量血压，进行简单的救治，但是服务的力度和深度不够，还应该在现有水平的基础上，加大对社区内老人的医疗卫生投入，让老人们“生得起病”。目前，大歹村有2名社区志愿者，志愿者不仅要搞夜校培训，还要入户扶贫，工作繁重，帮扶老人的事情往往只能“浮光掠影”，不能跟踪深入。因此志愿者的工作职责要明确，实现帮扶老人的专门化。

（四）政府

政府在宏观调控、资金积累和筹措等方面具有得天独厚的优势。以政府为主导修建社会化的养老项目是家庭养老的必然选择。政府应该做到：1.制定养老法律制度。从法律的角度来规范和指导村民的养老行为。明确老人的合法权益、成年子女的责任、义务和权利。2.通过政策宣传，改变传统的养老观念和模式。通过相关政策的宣传和教育，改变大歹人的养老观念和模式，让他们认识到家庭养老只是养老的一个方式，社会养老作为一种新型养老模式，它能够有效地保障老人的生活，能够让老人时时刻刻都有人照顾，并且让老人们聚在一起，解决精神上的贫困和空虚。3.增加养老补助，鼓励家庭缴纳养老保险。政府发放的补助种类、数量有限，应该大幅度地提高老人补助金额，增加老人补助项目，自此基础上，鼓励家庭年轻人或老人自己缴纳养老保险，真正做到“老有所养”。

总之，只有充分发挥家庭、个人、社区和政府的力量，才能够对现有的家庭养老制度进行完善和补充，才能是老人的生活、精神都得到全面的照顾。

第七章　教育与卫生

第一节　教育

“教育是人类文化发展的基础，也是经济社会发展的重要支撑”，在“建设教育强国和人力资源强国”的战略目标指引下，我国基础教育取得了长足进展。在这样喜人的大背景下，大歹村却被誉为贵州教育的“洼地”。大歹村的教育，不管是家庭教育、学校教育，还是其他教育形式，发展都不够理想。

一、家庭教育

家庭是养育孩子、教育孩子的重要场合。大歹苗族家庭不仅教会孩子待人接客的礼仪，教育孩子尊老爱老敬老养老，还传授生产的技能和生活的经验。男孩跟随父亲上山砍柴、耙田、耕田、收谷、捕鱼，女孩跟随母亲或女性长辈学习纺纱、织布、染布、蜡染、刺绣，学做家务，学插秧、收谷、种地等农活。可以说，家庭是孩了的第一个学校，父母是孩子的第一任老师。

大歹苗族的家庭教育除了上述内容外，它还具有以下几个特点：

1.“重男轻女”，对儿子的溺爱和放任

个案1：游戏高手潘纪你

潘你往，男，47岁，三组人，已婚，有2个儿子，没有女儿。潘你往的大儿子潘纪你今年二十二岁，未婚。潘纪你读完小学后，因为学习成绩不好就出去打工了。但近两年没有外出，一直在家里面赋闲着。平日，除了家里面要求他出门干农活外，其余时间都是在家里玩手机游戏。之前我们去访谈潘你往时，潘纪你就一直躺在沙发上打游戏。他对游戏的痴迷程度是无法想象的，他说自己打游戏很厉害，喜欢玩吃鸡、王者等游戏，段位很高，还说要带我们一起打。他笑着说有时候打游戏都忘记了时间，打着打着，天都已经亮了还在玩。家里面也不怎么管他，因为觉得他学不下去了，要不出去打工为家里面赚点钱，要不在家干一点农活。①

这种对男孩子溺爱和放任的家庭教育方式在大歹村是普遍存在的，女孩子学习好，但家里面不让女孩子读书，女孩子十五六岁基本上就要求出嫁了；而大部分男孩子学习比较差，但家里觉得男孩子读书才是应该的，男孩子到了二十多岁不结婚，家里面也不急着催他们结婚。大歹村重男轻女的现象十分严重，但重男的前提下又不怎么关心他们的学习，这反映出大歹苗族家庭教育的矛盾，也反映出大歹苗族家长对学校教育、学习重要性的忽视。

个案2：潘你列的现身说法②

潘你列，男，29岁，已婚，四组人。潘你列只读到一年级就不读了，因为当时对读书没兴趣，家里面也没怎么管，家人觉得不读书的话就在家或者上山干活就行了。他流利的普通话是出去外面闯荡几年打工学会的。潘你列有两个弟弟在读小学，作为大哥的他对弟弟们的学习成绩也不怎么了解，因为弟弟一般都不会拿成绩单给家人看，打电话时问弟弟们也不说。家里人也不打电话问老师，因为他们觉得学习是不需要管的，孩子自己学自己的就行了，这种放任学习的家庭教育，让一些自律性较差的孩子更加放纵，因此直接导致学习成绩不好，厌学的事情层出不穷。

据潘你列说，之前大歹村出现过小孩被父母打骂后离家出走的事情，因此现在家长都不敢打骂孩子。潘你列对他的两个弟弟也只能口头上教育

① 访谈地点：潘纪你家。访谈时间：2020年6月8日晚上。

② 访谈地点：潘你列家。访谈时间：2020年6月10日晚上。

一下，他告诉弟弟们如果不好好读书的话，就只能像他一样上坡干活、出去打工。但是弟弟们依旧不怎么听劝，反而经常逃课，还学会了抽烟，但家人也没办法，只能让他们继续这样下去了。这种家庭教育属于一种放养的状态，放养下的孩子如果再没有自律性的话，学习成绩不可能是理想的。

2. 不重视学校教育，尤其是女孩的学校教育。

个案3：潘写祥谈大歹家长对学校教育的态度[①]

村民潘写祥，男，28岁，四组人。潘写祥只读过小学三年级，他说那时父母都是愿意供他读书的，已经送他前往大融（隶属于从江县丙妹镇的一个村）去上学了，但是因为自己实在不喜欢读书，所以后来就放弃只读到三年级。潘写祥16岁时就外出务工，此后常年在外闯荡，到过全国各大城市，他的普通话就是在外务工时学会的，且发音非常标准。

在我们询问到大歹女性的教育文化程度时，他说道："现今26岁及以上年龄的女性，大多都是没读过书的，主要原因是父母和家中长辈都认为女孩子读不读书都是无关紧要的。比起读书，家长们更愿意让女儿去学习纺纱织布、染布刺绣等手工活和在家中帮忙干农活，这些技能对她们的婚后生活是非常有用的。"潘写祥还告诉我们，大歹的老人们不仅仅是不重视女性的学校教育，对于男性的学校教育他们也不够重视，他们更愿意让自己的孩子去学习一些谋生的、比较实用的手段，如种植农作物、饲养牲畜等。老人们还举例说明读书又不可以当饭吃，又不能填饱肚子。

个案4：姐姐和弟弟的差距

在大歹村的乡村硬化公路边上，有一个较窄的独栋一层房子。这个房子被用作"摩托修理店"。店主有一个儿子，今年10岁，读大歹小学三年级。小男孩告诉我们，他的父亲对他很严格，常说如果他不去学校读书，将会变成一个"混子"，让他必须去学校读书，不用担心家里的农活，即使再怎么不想去读书也必须将"九年义务教育"读完，才能去做其他的

① 访谈地点：潘写祥家。访谈时间：2020年6月9日晚上。

事。而父亲对待小男孩的姐姐的教育重视程度远远比不上对小男孩的重视程度。小男孩的姐姐完全没有读过书，十三四岁时就已经外出务工了，他的父亲并不觉得不让女儿读书有什么不妥，因为他认为女孩子有无文化都是无关紧要的。

总之，大歹村的家庭教育处于一个松弛的状态，家庭教育主要是教子女们的生活经验和生产技能。家长们普遍不重视子女的学校教育，造成了子女们学习上的放任自流。家长们对女儿的学校教育尤为不重视，女儿不用读书，只要学会干农活、做家务、做女红即可，这就造成了大歹村妇女文盲率高的事实。由于“重男”，在学校教育上，家长更倾向于关注儿子的学习；在生活上，家长对儿子尤为溺爱放纵，男孩赋闲在家不会被人说闲话，也不会不被父母亲待见。

二、学校教育

大歹村的学校教育主要有学前教育、小学教育。学前教育、小学教育的教学单位分别大歹幼儿园和大歹小学。幼儿园的老师和小学一二年级的老师大多既能说普通话又能讲苗语，这为师生的交流、知识的传递架起了一座有效的桥梁。大歹幼儿园、大歹小学的建立和完备，极大地方便了村里的孩子上学，解决了无书可读、读书远、女孩入学率低的问题。这两个学校都有营养午餐，真正实现了“学在学校，吃也在学校”的国家优惠政策。

（一）大歹幼儿园

大歹幼儿园位于原来的大歹村教学点。自从2019年9月大歹小学正式使用，原来教学点的1–4年级的4个班级搬离，教学点更名为大歹幼儿园。

1. 学校基础设施①

大歹幼儿园的教学楼是两层的瓦房。园内有三间教室，三间睡房，一间办公室，一间厨房，两间教师宿舍。幼儿园设置三个班级，1个小班、

① 数据材料由时任大歹幼儿园的潘园长提供。

图 7-1　大歹幼儿园教学楼　杨亚 摄

2个大班，每个班级配备2名教师。教室内安装空调，设置三个功能区：读书区、玩具区、教学区。园内的工作人员有清洁员1名、食堂工作人员2名，都是大歹村人，皆为女性。政府给予大歹幼儿园每年41750元的办公经费，经费用于购买办公用品和校园的文化建设以及水电费的开支。幼儿体育用具有：篮球、足球、跳跳球、平衡车、跳绳、沙包、跳圈、跳杠、跷跷板、海绵垫。

2. 师资情况①

大歹幼儿园现有7名女教师，她们都是从江县人，其中三位教师是苗族，两位是侗族，一位是水族，一位是瑶族。40–45岁的有两位教师，20–30岁的有五位教师。教师的学历有本科、大专、中专、中师、幼师。这7名女教师中有两名是大歹幼儿园的本园老师，另外五名教师是从江县第一幼儿园、第二幼儿园、贯洞幼儿园、丙妹幼儿园、洛香幼儿园的支教教师。

3. 学生情况②

2020年上半年，大歹幼儿园共有幼儿108人，其中男生55人，女生53人，皆来自大歹村，其中107名幼儿来自潘家大寨，只有1名幼儿是代

① 数据材料由时任大歹幼儿园的潘园长提供。

② 数据材料由时任大歹幼儿园的潘园长提供。

家寨的。小班幼儿36人，年龄4–5岁。大班有两个班级：大（1）班幼儿33人，年龄普遍为6–7岁；大（2）班幼儿39人，年龄皆为6岁。学生在校补助营养餐每人每学年600元，建档立卡幼儿每学年额外享有的500元发放到家长的一折通里。本学期（2019–2020第二学期）大歹幼儿园建档立卡幼儿有52人。

4. 幼儿园课程安排[①]

根据幼儿园课表可知大歹村幼儿园采取的是每周换一课表的上课制度，课程教学内容每周都有所改变，每周都有一个课程主题与教育重点，具体内容如下：

6月1日–6月5日教育重点内容为：

①加强幼儿常规知识，培养幼儿养成习惯。

②培养幼儿讲礼貌，知道什么时候应该采用什么用语。

③培养幼儿热爱祖国，热爱劳动，懂得感恩。

环境创设："爱祖国"主题环境。

家园共育：配合老师工作，培养幼儿爱家乡、爱长辈、爱老师，学会感恩。

生活安全：教育幼儿注意餐具使用安全、上厕所安全、体育户外活动安全。

课程具体安排表为：晨间为室内主动活动；上午为科学、数学、社会、语言教程、体育活动、听故事、阅读、讲故事等课程；下午为音乐、建康、美术、安全、离校准备等课程。

上课效果分析：

1）常规教育，良好习惯需要加强培养。

2）基本了解新型冠状病毒是什么，并学习了一些基本的预防传染病的方法。

3）有待加强集体教育的纪律。

---

① 数据材料由时任大歹幼儿园的潘园长提供。

幼儿园工作目标：

1）抓好常规教育，培养幼儿良好生活习惯。

2）培养幼儿学会讲礼貌，学会遵守规则，懂得与同伴分享、合作。

3）培养幼儿学会讲究个人卫生，有初步的卫生知识意识。

4）让幼儿初步了解基本安全常识，有初步自我保护意识。

具体措施：

①从一日活动各个环节入手，纠正不良习惯，慢慢形成良好习惯。

②通过集体教学活动让幼儿学习讲礼貌，学习简单的礼貌用语，学会与同伴分享、合作。

③通过幼儿园一日生活教育，跟家长沟通一起帮助幼儿建立初步的个人卫生意识。

5. 大歹村幼儿园爱心项目[①]

丙妹镇大歹村过去是从江县深度贫困村之一。全村共有289户2047人，建档立卡贫困户136户1058人，低保户42户245人，村民主要经济收入来自种养殖业和外出务工。

2013年，杭州市萧山区牵手贵州省从江县。2019年12月，在萧山日报的牵线搭桥下，100台电视机从千里之外的萧山送到了大歹村的苗寨。一台台电视机，连接起了大歹村与山外的世界。萧山区还关注到大歹村幼儿园里的近100名孩子，因为家庭贫困，缺衣少食，有的孩子大冬天衣着单薄甚至还光着脚丫。于是，在新春来临之际，杭州萧山帮扶从江工作组联合萧山日报、萧山区红十字会共同启动“亲苗计划——情系大歹快乐童年”爱心项目，倡议社会各界的爱心人士，充分发挥自身的资源、行业优势，弘扬扶贫济困、慈心为民的奉献精神，积极组织、参与爱心结对，以实际行动助力当地幼儿，减轻贫困家庭负担，携手共创幸福生活。

附：“亲苗计划”——情系大歹快乐童年。

一杯牛奶：每天早上，让每个孩子喝上一杯牛奶。全年总费用10

① 该信息由时任大歹幼儿园的潘园长提供。

万元。

一双鞋子：春天来了，给每个孩子添置一双新鞋。全年总费用1万元。

一个书包：秋天开学，给每个孩子买-个新书包去上学。全年总费用1万元。

一件冬衣：冬天过年，给每个孩子一件新羽绒衣过大年。全年总费用2.5万元。

（二）大歹小学

大歹小学坐落于青山环抱、古木苍翠、风景优美的苗族村寨大歹村脚下，学校前身是从江县丙妹镇大歹教学点。教学点只有一、二、三年级。四至六年级需到20公里外的从江县城关三小、城关四小以及大融小学去上学，孩子们上学路途不仅远，而且上学路上存在一定的安全隐患，同时也大大增加了家庭负担，再加上家长们对教育的重要性认识不到位，很多适龄儿童早早辍学失学，这也导致大歹村成了贵州教育的“洼地”。大歹孩子的读书条件可以从以下四个个案中窥视一二。

图7–2　原大歹小学教学点　王绍东 提供

图7–3　现大歹小学远景图　王绍东 提供

个案5：饿着肚子读书的潘阶列

潘阶列的儿子潘国文是大歹村目前唯一的一个大学生，笔者想探究潘阶列支持鼓励孩子读书的原因。

问：那他（笔者注：潘阶列的大学生儿子潘国文）以前读小学在哪里

读的？

潘阶列：在现在的幼儿园那里。

问：那里以前有一到六年级吗？

潘阶列：只有一到三年级，四年级就去从江了。就是这样子，我们才读书不多。父母亲想脱贫就送孩子读书多一点，但是有些不想读书孩子就留在这里。现在新修的学校有一到六年级了。

问：你是不是之前也读过书的？

潘阶列：读，读到四年级了。

问：那后面怎么不读了？

潘阶列：那时候你不知道啊，我们饭都没得吃啊。那时候我们就从下午6点吃饭到第二天的12点才得吃饭。肚子饿了没力气读了。①

潘阶列告诉我们，在他读小学的那个年代，由于大歹村没有完小，小学四至六年级都要到从江县去读，那时候交通不便，家里也很贫穷，所以都是步行几个小时才到县城读书。对于年幼的学生来说，读书不仅要克服长途跋涉的劳累，而且还要忍饥挨饿，意志力薄弱一点的学生很难坚持下来，再加上学校教育并没有受到大歹父母亲的足够重视，因此辍学是必然的，也是普遍的，这也是造成大歹村村民教育文化水平低的一个原因。

个案6：潘丈你的学习经历

潘丈你是大歹小学六年级的学生。他的小学母校有三个，第一个是大歹村原来的教学点，第二个是从江县四小，第三个是现在的大歹小学。

问：你一年级在哪里读的？

潘丈你：在现在的幼儿园那里，以前可以读到三年级。

问：那你四、五年级在哪里读的？

潘丈你：四小。

问：你们是走路去上学吗？

潘丈你：有政府派车来免费接我们。

---

① 访谈地点：潘阶列家。访谈时间：2020年6月10日下午。

问：拿什么车来接你们？

潘丈你：班车（笔者注：中巴车）。

问：坐车要多久才到四小呀？

潘丈你：半个小时。①

潘丈你的四年级、五年级都在从江县四小读，虽然远离大歹，但相较于潘阶列来说，他是幸运的，因为他不用长途跋涉地步行读书，而且在他读六年级时，大歹小学竣工并投入使用，所以他又可以在离家很近的地方读完六年级。

为加快城乡教育高质量同步发展，解决大歹村村民子女“上学难、上学远”的问题，在从江县县委、县政府的高度重视下，县扶贫办对接了澳门中联办，2018年由澳门基金会出资3000万元，从江县人民政府实施兴建大歹小学，学校工程于2018年8月30日开工，2019年8月26日竣工投入使用。

1. 学校基础设施②

新的大歹小学有教学楼、学生宿舍、教师宿舍、学生食堂、标准化运动场地。校园内的足球场、篮球场、乒乓球场功能齐全，利于孩子们强健体魄和培养体育爱好。总之，现在的大歹小学是一个教学生活设施齐全、功能完善、校园环境优美的学校。

学校总占地面积23200平方米，建筑总面积7011平方米。建有教学楼、学生宿舍楼、教师宿舍楼、学生食堂各一幢。学校目前共有13个教学班，有在校生430人，其中寄宿生231人，学校教职工总数41人（其中南明小学帮扶团队5人，专任教师27人，工勤人员9人），专任教师中本科学历11人、大专学历13人、中师学历3人，教师学历合格率100%。

学校各功能室齐全，有标准化的实验室、仪器室、美术室、图书室、棋牌室、音乐舞蹈室、多功能室、计算机室、多媒体教室、steam科创教室；学生宿舍是八人间，上下铺，有阳台晾晒衣物，有盥洗池、卫生间和

① 访谈地点：潘丈你、潘糯你家。访谈时间：2020年6月9日傍晚。

② 注：大歹小学基础设施所涉数据由时任大歹小学校长王绍东提供。

淋浴。体育活动场地有200米环形跑道、5人制足球场、标准塑胶篮球场两个、气排球场、羽毛球场。

图7–4 大歹小学教学楼 王绍东 提供

图7–5 大歹小学食堂（左）、教师宿舍（中）、学生宿舍（右） 王绍东 提供

2. 师资情况[①]

大歹小学现有专任教师27人，其中，女教师9人。教师的年龄结构、学历结构、职称结构、教师来源地、民族结构如下：

①年龄结构：30岁以下4人，31 – 40岁14人，41 – 50岁5人，51 – 60岁4人。

②学历结构：初中1人，中师2人，大专13人，本科11人。

③职称结构：一级教师17人，二级教师10人。

④教师来源地：县内22人，本省外县5人。

⑤民族结构：教师均是少数民族，其中苗族15人，侗族10人，水族1人，壮族1人。

3. 学生情况[②]

大歹小学学生入学率、合格率、巩固率、毕业率均达到100%。各年级学生的性别、民族、生源地统计结果如表8–1所示。

① 注：大歹小学师资情况统计数据由时任大歹小学校长王绍东提供。

② 注：大歹小学学生情况统计数据由时任大歹小学校长王绍东提供。

表8-1 大歹小学各年级学生性别、民族、生源地统计① （2020年）

年级	性别		民族			生源地	
	男	女	苗	侗	汉	大歹村	上歹村
一	40	82	122			122	
二	17	53	70			70	
三	39	47	86			71	15
四	31	23	53		1	43	11
五	39	17	55	1		42	14
六	30	9	39			25	14

大歹小学2020年有住校生113人，配有男、女宿管员进行管理。学生住宿条件良好，学生的生活用品配足配齐，每间寝室都提供有冷、热水供学生洗漱，同时建有洗澡房、洗衣房、晾衣房等生活设施。所有的学生都享受农村义务教育、学生营养改善计划资金、义务教育阶段家庭经济困难寄宿生生活补助的政策。

4. 崭新的学习经历

个案7：潘糯你的学习经历

潘糯你是潘丈你的弟弟，大歹小学四年级学生。每天早上他都会步行三四十分钟的路程到学校，下午放学时又步行三四十分钟的路程回家。

问：你为什么不住校呢？

潘糯你：住校了，宿舍里没人我害怕就回来了。

问：你们老师管不管你们作业？

潘糯你：管呀。

问：如果作业没做完老师会不会惩罚你呢？

潘糯你：会呀。

① 注：此表数据由时任大歹小学校长王绍东提供。

问：那他打不打你们呀？

潘糯你：我们班调皮的同学老师就罚他扫地一天。

问：你几岁读的一年级？

潘糯你：八岁。

问：你读过幼儿园没有？

潘糯你：没有读过。

问：你刚读一年级的时候听得懂老师的话吗？

潘糯你：听不懂。

问：那老师怎么上课呢？

潘糯你：读一年级的时候，我们大歹有个老师教，他会苗语又会普通话。

问：一年级的时候，他上你们班的什么课？

潘糯你：语文、数学。

问：那上到二年级你听得懂普通话吗？

潘糯你：听得懂一点。上三年级才听得懂的。①

潘糯你之所以不住校，是因为宿舍人少，他害怕。从他的话语中，可以知道大歹小学的老师对学生的管理还是挺严格的，由于绝大多数孩子都没有读过幼儿园，没有一个接受汉语的过渡阶段，因此低年级的（一、二年级）班级都会配备一些会大歹苗语的老师，上课的时候老师会用双语教学。经过一二年级的双语教学和汉语适应，学生到了三年级基本上都能听得懂汉语，也能说普通话。

三、其他教育形式

（一）无言的文字教育

在大歹村村委会办公楼门前有一个宽敞的水泥院子，在院子的右边有

① 访谈地点：潘丈你、潘糯你家。访谈时间：2020年6月9日傍晚。

很长的一排宣传栏。这些宣传栏的内容涉及消防安全、婚姻等方面，它们以无言的文字形式教育工作人员和村民。

消防安全公示教育

根据《中华人民共和国消防法》《黔东南苗族侗族自治州农村消防条例》有关要求，各校（园）要重点检查木质结构（砖木结构）房屋。如木质（砖木结构）学生宿舍、教师宿舍、食堂、教学楼等各项用火用电是否存在火灾隐患，发现问题及时处理。

一、明确专人进行监管，要有明显的禁烟标志，消防器材必须保管完好，数量、布局合理，消防用水管道通畅。

二、安全通道必须有明显疏散指示标志，疏散通道不得关闭、堆放物品，保证学生学习、就餐、住宿期间能够安全疏散。

三、楼内应急灯性能良好，疏散指示标志指示方向正确，疏散指示标志、应急灯不得有遮挡、覆盖现象。

四、楼内不准使用大功率电器，不准使用明火，线路、插板、插座、开关等必须符合国家标准，人走熄火、断电。

依法打击早婚早育以及提倡破除婚姻陋习通告

打击早婚早育如下：

（一）未到法定婚龄结婚（法定婚龄为男满22周岁，女满20周岁）；

（二）以暴力、胁迫或者其他手段强奸妇女，奸淫不满十四周岁的幼女；

（三）抢婚、骗婚或借婚姻索取财物；

（四）拐卖或收买被拐卖的妇女、幼女为妻；

（五）包办、买卖婚姻和其他干涉婚姻自由；

（六）近亲结婚（直系血亲和三代以内的旁系血亲结婚）。

打击破除婚育陋习行为如下：

（一）父母从小为子女定娃娃亲；

（二）为未成年人做媒牵线搭桥，造成未成年子女辍学、早婚早孕；

（三）利用迷信哄骗未成年人结婚；

（四）父母为了儿子早成婚，领养其他家庭女孩作为“童养媳”；

（五）妇女生育时由不具备医疗卫生资质和条件的“接生婆”接生。

本通告发出之日开始实行，发现有违反的，依法给予处罚，并负刑事责任。

这些公示牌的教育虽然无声，但是它们也起到了对大歹村的工作人员、村民的教育作用。来村委会的外来人员也会不自觉地走到宣传栏所在处浏览，了解大歹村的法律法规的宣传内容。不过，宣传栏教育所涉及的内容、教育对象、教育手段有着明显的局限性。受到版面的限制，宣传栏的教育内容只是有限的几个方面，它的教育覆盖面不广泛。要能看懂领悟宣传栏的教育内容，至少要认识汉字才行，而绝大多数大歹村村民教育文化程度低，甚至有些是文盲，尤其是妇女，因此它的教育对象无形中就被缩小在认识汉字的人群里，而对于那些不识汉字的村民来说，宣传栏形同虚设。此外，宣传栏是一种无声的文字教育，它不够生动不够形象和立体，很难吸引村民们的注意力，自然其教育效果就会大打折扣。

（二）夜校培训

大歹村于2017年成立了夜校讲习所。夜校讲习所位于大歹幼儿园教学楼对面的两层砖木结构的瓦房。这栋两层瓦房里有大歹幼儿园教师宿舍、办公室、幼儿园食堂。在教师办公室的隔壁就是夜校讲习所，它是一个能够容纳40人左右的教室，教室里有桌椅板凳、多媒体设备。夜校授课的时间是晚上八点钟开始，授课时间为2个小时，不过由于村民们从坡上干活回来得晚，又还要弄晚饭吃，因此，基本上都是10点钟左右才有三三两两的村民前来。志愿者培训的内容广泛，既有浅显的常识，又有法律制度，这是针对村里的中老年人实施的第二次教育，也是村民学习基本常识、知识、法律的一个机会。

1. 夜校培训台账信息

大歹村的夜校培训从2017年9月份开始至今，由志愿者王健强、孟老强（学名孟强华）担任培训老师，为村民们授课。王健强、孟老强都是从江县的苗族，他们的苗语和大歹村的苗语几乎相同，所以授课的时候他们多采用双语教学结合多媒体方式授课。从夜校成立至今，大歹村参加培训的村民由每年两百多人次增加到九百多人次。夜校培训的内容主要有：文明礼貌用语、10以内加减乘除认识与计算、看电影学习普通话、唱苗歌侗歌、安全用电、医疗扶贫政策、100以内数字的认识与计算、食物名称、民族、认识常用汉字以及常用名字、婚姻法、民族、认识家庭住址、贵州省农村火灾警示教育片、决绝早婚早育、移风易俗等。

2017年大歹村夜校培训台账①

序号	培训时间	培训教师	参加人数	培训课时	授课内容
1	2017.9.5	王健强	30	1	《认识26个英文字母》《写26个英文字母》
2	2017.9.6	王健强	23	1	《练习写自己名字》《学习汉语数字》《拨打紧急电话》
3	2017.9.12	王健强	25	1	《学习乘法口诀》
4	2017.9.13	王健强	23	1	《复习上节课内容》《乘法口诀》
5	2017.9.19	王健强	20	1	《学习除法口诀》《学习24节气歌》
6	2017.9.20	王健强	19	1	《复习加减法》《了解计划生育》
7	2017.9.26	王健强	14	1	《学习统计表计算》《复习前几节课知识》
8	2017.9.27	王健强	14	1	《对九月份进行模拟考试》
9	2017.10.3	王健强	3	1	《除法与加法的运算》
10	2017.10.4.	王健强	5	1	《复习除法与加法的运算》
11	2017.10.10	王健强	17	1	《学习常用单位换算》
12	2017.10.11	王健强	15	1	《学习面积单位》《货币单位》
13	2017.10.17	王健强	3	1	《学习长方体特征》

① 此台账表由大歹村志愿者孟强华提供。

续表

序号	培训时间	培训教师	参加人数	培训课时	授课内容
14	2017.10.18	王健强	7	1	《复习长方体特征加强练习》
15	2017.10.24	王健强	7	1	《弟子规》
16	2017.10.25	王健强	7	1	《弟子规》
17	2017.10.3	王健强	3	1	《复习10月份以来所学的知识》
18	2017.11.1	王健强	5	1	《举行10月份月考》
19	2017.11.7	王健强	3	1	《宣讲学习十九大精神》
20	2017.11.8	王健强	2	1	《弟子规》《宣讲十九大精神》
21	2017.11.14	王健强	4	1	《弟子规》
22	2017.11.15	王健强	3	1	《弟子规》
23	2017.11.21	王健强	3	1	《弟子规》
24	2017.11.22	王健强	3	1	《弟子规》
25	2017.11.28	王健强	3	1	《弟子规》
26	2017.11.29	王健强	3	1	《学习贵州省高产小麦栽培技术》
27	2017.12.5	王健强	3	1	《学习贵州省高产小麦栽培技术》
28	2017.12.6	王健强	4	1	《学习贵州省高产小麦栽培技术》
29	2017.12.12	王健强	2	1	《学习贵州省高产小麦栽培技术》
30	2017.12.13	王健强	3	1	《学习贵州省高产小麦栽培技术》
31	2017.12.19	王健强	4	1	《学习贵州省高产小麦栽培技术》
32	2017.12.26	王健强	3	1	《学习贵州省高产小麦栽培技术》

2018年大歹村夜校培训台账①

序号	培训时间	培训教师	参加人数	培训课时	授课内容
1	2018.1.3	王健强	3	1	《柑橘规范化栽培技术》
2	2018.1.8	王健强	3	1	《常见病虫害的防治方法》
3	2018.2.1	王健强	4	1	《乘法口诀》
4	2018.2.7	王健强	4	1	《乘法运算》
5	2018.3.5	王健强	3	1	《柑橘规范化栽培技术》
6	2018.3.8	王健强	3	1	《柑橘规范化栽培技术》
7	2018.3.21	王健强	3	1	《柑橘规范化栽培技术》
8	2018.3.26	王健强	3	1	《优质水稻高产栽培技术》
9	2018.3.27	王健强	12	1	《复习上学期所学知识》
10	2018.4.2	王健强	3	1	《复习上学期所学知识》
11	2018.4.3	王健强	3	1	《复习上学期所学知识》
12	2018.4.10	王健强	3	1	《生活基本常识》
13	2018.4.11	王健强	3	1	《生活基本常识》
14	2018.4.16	王健强	4	1	《消防安全知识》
15	2018.4.17	王健强	4	1	《消防安全知识》
16	2018.5.3	王健强	3	1	《加减法的运算》
17	2018.5.9	王健强	4	1	《加减法的运算》
18	2018.5.10	王健强	5	1	《单位换算》
19	2018.5.16	王健强	4	1	《单位换算》
20	2018.5.17	王健强	4	1	《单位换算》
21	2018.5.23	王健强	4	1	《单位换算》
22	2018.6.6	王健强	4	1	《乘法口诀》

① 此台账表由大歹村志愿者孟强华提供。

续表

序号	培训时间	培训教师	参加人数	培训课时	授课内容
23	2018.6.7	王健强	3	1	《乘法口诀》
24	2018.7.19	王健强	10	1	《坚决打赢脱贫攻坚战确保同步小康》
25	2018.7.31	王健强	4	1	《复习上学期所学知识》
26	2018.8.1	王健强	7	1	《学会加减法基本计算》
27	2018.8.2	王健强	8	1	《学会加减法基本计算》
28	2018.8.8	王健强	4	1	《学习乘法口诀》
29	2018.8.9	王健强	6	1	《学习九九除法口诀》
30	2018.8.15	王健强	5	1	《学会加减法的基本计算》
31	2018.8.16	王健强	5	1	《学习九九除法口诀运算》
32	2018.9.12	王健强	11	1	《复习26个英文字母和常用单位换算》
33	2018.9.20	王健强	11	1	《学习如何看车票找座位》
34	2018.10.9	王健强	6	1	《教学员写自己名字和乘法运算》
35	2018.11.1	王健强	8	1	《乘法运算》
36	2018.11.6	王健强	5	1	《期中考试》
37	2018.11.7	王健强	3	1	《加减法与乘法的运算》
38	2018.11.14	王健强	3	1	《乘法口诀》
39	2018.11.21	王健强	8	1	《写名字与人称》
40	2018.11.22	王健强	11	1	《复习26个英文字母及乘法》
41	2018.12.10	王健强	5	1	《教学员写名字》
42	2018.12.11	王健强	7	1	《教学员写名字与加减法运算》
43	2018.12.18	王健强	28	1	《学写名字与家庭地址》
44	2018.12.17	王健强	9	1	《学写名字与加减法运算》
45	2018.12.24	王健强	32	1	《教学员写名字》

2019年大歹村夜校培训台账①

序号	培训时间	培训教师	参加人数	培训课时	授课内容
1	2019.11.4	王健强	29	2	控辍保学
2	2019.11.5	王健强	26	2	如何到银行取钱
3	2019.11.7	王健强	36	2	如何认识高铁车票
4	2019.11.12	孟老强	11	2	算术课
5	2019.11.13	孟老强	24	2	书写姓名
6	2019.11.14	王健强	24	2	家庭住址
7	2019.11.17	王健强	30	2	学习文明礼貌用语
8	2019.11.18	王健强	52	2	10数以内的加减法
9	2019.11.21	王健强	33	2	文明礼貌用语
10	2019.11.22	王健强	49	2	唱苗歌，讲普通话
11	2019.11.23	王健强	52	2	学习普通话，唱苗歌
12	2019.11.24	孟老强	72	2	学习普通话，唱苗歌
13	2019.11.25	王健强	28	2	学写家庭地址
14	2019.11.26	孟老强	50	2	安全用电
15	2019.11.27	王健强	55	2	医疗扶贫政策
16	2019.11.28	孟老强	45	2	100以内数的加减法
17	2019.12.2	孟老强	27	2	食物名称
18	2019.12.3	王健强	24	2	婚姻法
19	2019.12.4	孟老强	29	2	民族
20	2019.12.5	孟老强	35	2	求救电话
21	2019.12.9	王健强	13	2	认识大歹村常用汉字及常用名字

① 此台账表由大歹村志愿者孟强华提供。

续表

序号	培训时间	培训教师	参加人数	培训课时	授课内容
22	2019.12.10	王健强	13	2	认识大歹村常用汉字及常用名字
23	2019.12.11	王健强	25	2	复习一个月以来上课的内容
24	2019.12.12	王健强	44	2	第一期结业考试
25	2019.12.16	王健强	14	2	交通出行
26	2019.12.17	王健强	21	2	交通出行
27	2019.12.18	孟老强	23	2	100以内数的加减法
28	2019.12.23	孟老强	13	2	家庭
29	2019.12.26	王健强	17	2	学习讲普通话
30	2019.12.27	王健强	19	2	学习讲普通话
31	2019.12.28	王健强	19	2	学习讲普通话
32	2019.12.30	王健强	26	2	学习讲普通话
33	2019.12.31	王健强	17	2	学习讲普通话

2017年、2018年、2019年大歹村夜校培训课时分别为32个课时、45个课时、66个课时，培训的人数分别为：283人次、285人次、995人次，从这些数据可以看出，夜校培训的力度、培训的对象都在加深和扩大。夜校开办三年，每一年的培训内容中都会有一两次课是关于国家的大政方针、法律法规等内容的，拼音、认字、写字、算术、学说普通话是最普遍的培训内容，除此以外，农业生产技术也被介绍给村民，如贵州省高产小麦栽培技术、柑橘规范化栽培技术、常见病虫害的防治方法、优质水稻高产栽培技术等。总之，夜校培训的内容越来越贴近村民们的生活，它为大歹村村民外出、与外界人们的交流提供了基本的知识准备。

2. 夜校培训测试流程、奖励机制

大歹村夜校培训有一套测试流程，该流程可以总结为“一点、二看、三查、四学、五测”。

所谓的“一点”指的就是：每天上课前要求学员进行点名签到，按照各自编入班次查看学员到课情况，针对未到校学员及时进行联系，通知其尽快到校，对于到校没坚持完成当天课程的给予奖励。

“二看”是：为吸引学员学习兴趣，通过精选一些视频、电影等，在正式开课前进行播放吸引学员兴趣，同时通过观看电影视频让学员从中学到知识。

“三查”的意思是：检查学员前一天学习成果并进行巩固。

“四学”是：通过学习新知识，学会写自己名字、地名、认识基本标志标识、学会简单加减法、认识100以内的数字等。

“五测”指的是：通过月末开展基本知识检测，对于成绩合格的发放结业证书并对成绩优秀的进行表彰，对于未能通过检测的学员编入下一期学员培训班再次进行学习。

为了激励村民参加夜校培训，夜校制定了如下奖励原则：

夜校每周安排两天上课，一个月即八天，奖励物品有三类：①牙刷和洗发膏。②香皂、肥皂、牙膏。③毛巾、洗衣液。根据村民上课的天数来决定奖励的物品：（1）连续上课2天奖励①类物品一个；（2）连续上课3天奖励②类物品一个；（3）连续上课4天奖励①、②类物品各一个；（4）连续上课5天奖励③类物品一个；（5）连续上课6天奖励①、③类物品各一个；（6）连续上课7天奖励②、③类物品各一个；（7）连续上课8天奖励类物品①、②、③类物品各一个。

3. 夜校培训个案

个案8：夜校防火安全培训

2020年6月5日晚，夜校迎来了6月的第二场培训，培训内容除了识汉字、读汉字外，最主要的就是防火安全培训。当晚参加培训的都是妇女，她们一如既往的姗姗来迟，有的甚至培训到一半了才来。防火安全培训内容主要为：火灾发生实例（主要是黔东南苗寨火灾案例）、森林防火知识、火源的管理、重点人员的管理、加强火灾防空力量、防火器材的识别与使用、灭火方式与技巧等，各个内容都由相应的视频播放讲解。这种小段的视频播放形式很能激发妇女们听课的积极性，视频播放的全程，妇女们全神贯注地盯着画面，虽然她们中的大多数人听不懂视频中的普通话，但是却能够通过图像理解和领悟视频中的内容。在视频播放结束后，志愿者老师还放了一首关于防火知识的苗歌。这次培训与上次培训比起来，妇女们更容易也更愿意听课，培训效果也更佳。因为通过音效和图像的形式，妇女们一方面听普通话讲解，使得汉语水平有所提升；另一方面也让村民认识了火灾的可怕，学习到了防火基本知识，一举两得。再加上培训结束后发放奖品，妇女们既学到了知识，又得到了实惠的奖励。

个案9：普法教育培训

2020年6月8日晚，大歹村夜校讲习所进行了六月份的第四次培训，培训的主题是普法教育。这次培训的主持者是从江县司法局的工作人员。听课的有15位妇女，司法局工作人员主要负责讲解一些法律法规，这些法律法规与大歹村民的某些风俗习惯是相冲突的。这次培训采取问答形式进行，司法局的工作人员提出问题，当村民们不能理解时，志愿者老师会在旁边用 苗语翻译，只有答对了问题才会有奖品。

图 7–6　大歹村夜校普法教育培训　龙德 摄

问答的具体内容如下：

问：男生结婚法定年龄是多少岁？

答：22。

问：女生结婚法定年龄是多少岁？

答：20。

问：儿童满多少岁应接受义务教育？

答：凡年满六周岁的儿童，其父母或者其他法定监护人应当送其学习并完成义务教育；条件不具备的地区的儿童，可以推迟到七周岁。

问：小孩在义务教育阶段，家长不送子女上学是违法行为吗？

答：是，胁迫或者诱骗应当接受义务教育的适龄儿童、少年失学、辍学的，非法招用应当接受义务教育的适龄儿童、少年的，依照有关法律、行政法规的规定予以处罚。

问：要达到多少岁才可以务工？

答：满16岁可以务工。

问：父母迫使未成年人结婚，或者为未成年人订立婚约，是违法行为吗？

答：是。

问：采伐自己在自留山上种植的林木，需要领取《采伐许可证》吗？

答：根据《森林法》规定，个人采伐自留山上的林木必须申请《采伐许可证》，按许可证的规定进行采伐。采伐后，必须按照规定的面积、株数、树种、期限，完成更新造林任务，更新造林的面积和株数不得少于采伐的面积和株数。

问：砍伐自己家房前的零星树木也需要批准吗？

答：农村居民采伐房前屋后自己所有的零星林木可以不申请《采伐许可证》，不需要办理批准手续。但是，必须要同时具备两个条件，一是个人所有，二是零星林木，才能不申请《采伐许可证》就可以砍伐。

问：和邻居发生纠纷怎么办？

答：可以请求人民调解委员会、有关单位、有关行政部门进行调解，也可以依法向仲裁机构申请仲裁，或者向人民法院提起民事诉讼。

问：多大的小孩可以骑电动自行车？

答：16岁以上。

问：孩子多大后可以骑摩托车？

答：18岁以上。

问：骑摩托车上路需要什么证件？

答：骑摩托车上路的话需要悬挂号牌、携带行驶证，还有就是驾驶摩托的驾驶证。

问：不赡养老人违法吗？

答：是，子女不赡养老人是违法的，需要承担相应的民事及刑事责任。

问：驾驶或者乘坐两轮摩托车乘客必须戴头盔吗？

答：是，《道路交通安全法》有明确规定，驾驶摩托车时，驾驶人员和乘坐人员应当按规定戴安全头盔。不按照规定佩戴安全头盔的，将受到记2分，罚款200元的处罚。

司法局工作人员的提问涉及婚姻、教育、务工年龄、树木砍伐、邻里纠纷、骑电动车摩托车的必要条件、老人的赡养方面的内容，这些内容与大歹村民的日常生活息息相关，对于大歹村的移风易俗具有积极的作用。

个案10：农作物嫁接技术培训

2020年6月12日晚，大歹夜校进行了农作物嫁接技术的培训，这次培训的地点不是大歹村的夜校讲习所，而是在代家寨鼓楼。培训举办机构为从江县人社局，培训人员主要来自贵州环亚民族职业技术学校。养殖种植技术的培训负责人来自不同学校，一年一般会来2–3次，一般一次要持续15到20天。由于培训人员不懂大歹苗族的苗语，所以代家寨一组的组长在一旁帮忙翻译。培训人员首先说明进行农作物嫁接时，需要先将手和嫁接器材进行消毒，接着他开始一步一步地讲解嫁接的步骤和操作方法。讲解完嫁接技术和操作方法后，让村民上前实际操作，培训人员在一旁指导。

笔者一行人访谈了培训人员，他向我们介绍了这两天来大歹村主要是培训西瓜与辣椒的嫁接技术，具体内容如下：

1.辣椒的嫁接技术。嫁接的作用；钻木的品种选择；接穗品种的选择；嫁接前的准备；嫁接的方法；辣椒栽培技术；辣椒对产地环境的要求；辣椒的稀释、施肥及其防治害虫的方法；辣椒的储藏等。

2.西瓜的嫁接技术。西瓜的生子环境特点讲述、西瓜种子消毒及其育苗期的管理、西瓜施肥技术、西瓜栽培技术特点、西瓜中后期田间的管理技术、西瓜增产技巧、西瓜防治病害讲解等。

至于培训的效果，笔者访谈了参加培训的男性村民，他们普遍反映学这个技术还是有用的，提高了农作物的存活率和产量。有小部分男性村民认为学习这个技术培训没有多大作用。培训负责人认为村民学习这个效果是很大的，村里面的一些辣椒、西瓜等作物都实现了增产。

这次技术培训也是有奖励政策的，凡是参加培训的村民，都可以得到60元/每期的奖励。奖励不是以家庭计算，而是以人头计算。每次培训都有签到记录，培训一期完毕后，参加培训的村民留下银行卡号，负责人将名单上交县政府，政府将奖金发放至银行卡中。培训针对大歹村的所有村民，贫困户与非贫困户都可以，而且有时候政府会免费发放100只鸡苗让村民带回家养，并教会他们一些养殖技术。鸡苗养大之后由村民自行处理，可以自己杀吃，也可以卖掉。

四、大歹教育的突破和努力

（一）大学生“0”的突破

2019年前，大歹村全村两千多人，没有一个大专生、大学生。2019年9月，有两个男生终于实现了大歹村“0”大专生、大学生的突破。大专生和大学生都是男生，两个还是堂兄弟关系。大专生叫潘光明，今年20岁，现就读于遵义职业技术学院建筑工程技术专业。大学生潘国文，今年20岁，现就读于贵州财经大学商务学院工商管理专业。

大专生潘光明的生活、学习自述①

从出生到现在，短短二十年，风雨无阻的成长。每个人都有不同的人生，人生是条长河，有的是涓涓细流，有的是滔滔江水，有的是风平浪静，有的是波涛汹涌。在不同的环境有着不同的际遇，塑造着不同的人生，成长中有说不完的悲欢离合，也有道不完的曲折离奇。

二十年家乡的风景依然是青山环抱、古村苍翠，有浓郁的树木，清新的空气。小时候只知道天天宅在家里不知道山的外面还有另一个世界，也不知道那是怎样的一个世界，直到上学经过老师传授和书上看到的才知道世界是我目前还不能认知的。入学后，也会像其他同学一样，着迷那些新鲜的各种各样的玩具，因为家里的经济不允许，只能自己想办法，有时候拿石头修成玩具车来玩，还有时候就是大人做木剑送我们，这些虽然比不上外面的小朋友，但心里已经很满足了。周末的时间就是跟小朋友或爷爷上山放牛，记得有一次跟同伴放牛捅马蜂窝，我们在田里发现了一个大蜂窝，爬满了密密麻麻的马蜂。我手里拿着一根长长的猪杆，悄悄地靠近蜂窝，突然发出使劲地一击，随后便扔掉竹竿狼狈逃走，跑出去没多远，一只马蜂追上来，在我的头上狠狠的一枪。

上了初中，自己有了自己的思想和明确目标，知道有些事情自己做了就该自己来承担后果，同时，求学的心更加的坚定，因为有知识的人是值得被尊敬的。上了初中，一个月只能回家一次，在家不变的是放牛，变的是人心。暑假期间，在农历六月十六村里有个普通而又特殊的节日，叫新米节，说它普通，因为每年六月都会有这一天，又因为你喜欢不喜欢它，它都会和往常日子一样如期而至。说它特殊，因为这个节日是为了纪念牛郎织女，也是为村里有爱情的人设定的节日，因为在节日期间男方会搭好秋千等女方，之后会跟自己喜欢的人一起荡秋千。

上了高中，成绩不怎么理想，但我更加严格克制自己的言行，不断地改善自己的性格，体验过千折百回后，走进成功大门的喜悦，也尝到一次

① 该自述内容系潘光明本人思考后所写，通过微信传递给笔者的。

又一次带给我的苦果，经历一场高三的风雨和磨砺，应该是幸福的，有人说：不读高三的人生是不完美的人生；三年经历过高三的黑暗，也有过难以压抑的时候，可正是这样的日子才让我们长大。时间如梭，转眼即逝，只留了我无限的思考和深深的体验，三年的学习生涯，不但给了我丰富的知识，还懂了如何乐于助人；三年的求学，也磨砺出了我坚强不屈、不放弃的性格。

再后来经历过高考的失败上了大专，但我相信我一定不会一直失败下去，大学的生活跟高中差别很大，什么事都是靠自己，没有老师的唠叨和逼迫，完全靠的是自己的自学能力，我相信我会规划好自己的大学学习，同时，也参加社团来丰富自己的大学生活。我学的是建筑工程技术，今年的疫情耽误了很多时间，但我不会放弃求学的机会，时间一日复一日，转眼一年半晃过去了，虽然有些迷茫，但在这个假期我会做好眼前的任务，在春晖社里做好先锋作用，动员村里的孩子学习，辅导村里的弟弟妹妹学习。还有时候就跟村里的妇女上夜校，为村里做一些奉献，我现在的梦想就是努力的学习，走出大山，同时，也帮助更多的人走出大山。

注：我一年级到四年级在大歹小学教学点就读，五六年级在从江县三小就读，初中在从江二中就读，高中在从江一中就读。

2020年6月，大歹村唯一的大学生潘国文应邀为大歹小学的学生做了一次讲座，宣讲自己的读书经历，告诉小学生们“为什么要读书”的道理，发言通俗易懂，阐明了读书的用处：不用干农活；能够走出去看到外面美丽的世界；有更多的选择，不用再像父母亲那样艰苦。以下内容是潘国文的发言稿。

我们为什么读书，读书有什么用？可能很多同学都不知道去学校读书是为什么，有可能是爸爸妈妈要你来学校读书，有的可能是老师让你来你才来的，有的可能是因为看到小伙伴都来了你也跟着来了，而有的可能因为读书不需要干农活放牛，所以才来的。但是很多人都不知道读书是为了什么，甚至有的同学觉得读书没有什么用，但是读书的用处是很大的。

第一，读书可以让你不用干农活，都知道干农活是很累的，不管什么天气都要去，但这个年纪如果不选择读书的话可能就只能干活放牛羊了，大一点的话可能也只能去干活打工了。相信学校的同学们肯定都不愿意去干这种事情，因为可以从自己爸爸妈妈那里得到很多的经验，他们都很辛苦，不读书，不认识字，出去打工都特别的费力，都是干那种最苦的活，为什么他们不像城市里的人一样不用每天那么辛苦，因为城里的人都读书，他们有知识，他们可以选择很多的事情干，而且活得也特别的轻松快乐，这就是为什么我们要选择好好读书的原因。

第二，外面的世界很好看，好好读书就能多出去走走，看看外面魅力的世界，外面的世界真的很美好，有的同学可能去过从江，应该都会觉得从江跟我们这个村子比起来要好看的多，街道很干净，有很多美丽的房子，漂亮的衣服，好吃的东西，好玩的东西，但是在从江的外面还有更多的美好的事物，那里有高楼大厦，广阔无比的海洋等等，这些东西应该在电视里面都有看到过，这些你们都不想亲眼去看看吗？我相信这里的每个人一定都很向往外面的世界。所以我们要好好读书，将来才能自己亲眼去看一下。

而我也像你们这么大的时候就开始读书了，经过了很多年的努力才得到了现在的学习成果，读书不是一天两天的事情，一天两天那是无用功，你们要坚持学习到最后，几年甚至十几年，才能得到读书的成果。对比起以前我们读书的环境，城市里的学校和我们这里的学校是无法比较的，就比如大学的学校不仅很大，而且各种设施都很齐全，偌大的操场和图书馆，为你提供了安静的学习环境和娱乐的场所等。它不像我们之前读书的时候一样，记得以前读小学一年级的时候是在一个大木房子里面读书，而且里面的座椅都是破破烂烂的，黑板也是几块木板拼凑起来的，老师在上面写的东西都看不清楚，直到二年级的时候才开始有一个好一点的学习环境，那时候的我们能学到的东西很少，只有数学语文两门课程，学校也只有两个老师，学校读书和娱乐的环境也特别的差，在学校连饭都吃不上，都是下课了回家去吃然后继续去上学；而且整个小学也只有到四年级，读完四年级之后就要到从江县城去读，一去就是一个星期，有时候要几个星期才能回家。去的时候还要从村上走到都柳江下面去找车坐，回来的时候也一样，这都是师哥师姐们所经历的事情。而我们那时候读书比你们现在读书还要苦的多，那样的环境下我们都坚持下来了，相信你们一定也会坚持的好好读下去的，不仅如此还要学得比我们更好。这样以后才会知道父母的不容易，才不会像他们一样艰苦。好好的读书以后的路就会好走了，选择的路就多了，想做什么就做什么工作。真的，外面的世界真的很精彩。①

（二）南明小学的帮扶

大歹小学于2019年9月开始投入使用，这解决了大歹村、上歹村孩子“上学远，上学难”的问题，也为大歹、上歹两地的教育发展提供了“硬件”支撑。但是，仅有“硬件”基础设施是不够的，还需要“软件”的搭配。于是2019年11月，经省教育厅、贵阳市教育局的统筹安排，南明小学组建了一支由校长、处级干部、骨干教师组成的5人管理教学团队，开展了对大歹小学为期3年的帮扶活动。南明小学的教育帮扶团队成员构成如下：陈晓丹书记担任道德与法治教育课；王玉校长肩负学校管理；副校长李艳老师任语文老师；德育主任赵发勇老师教体育。帮扶团队组织教研活动、学科活动，组织大歹小学的专人教师学习《课程标准》、“三笔字”比赛，和他们一起做省级课题等，目的就是提升大歹小学老师的教学科研水平。总之，南明小学帮扶团队成员为大歹小学带来了先进的学校管理、教务管理模式和先进的教学方法教学手段。

南明小学5人组还与大歹小学的二十多名教师一起努力，对学校的教学楼外墙、走廊、卫生间等进行粉刷和装饰。来到大歹小学帮扶的南明区骨干教师赵发勇老师说：来到大歹小学的时候，所有教学楼外墙都是白色的，没有其他颜色。赵老师一行5人认为一个小学没有五颜六色显得太单调和没有生机，于是他们就自己动手粉刷教学楼的外墙。现在教学楼外墙从下到上依次有三种颜色：最下边的一段墙壁的颜色是棕色，代表的是土

① 该发言稿的内容是笔者通过微信从潘国文处获得。

地，这也是大歹小学学生的本色；中间一段墙壁的颜色是绿色，代表的是草地，也象征着生机；最上面一段墙壁的颜色是蓝色，代表的是天空，也是对大歹小学孩子们未来的展望。[①] 每一层楼的走廊、教室都有崭新的书架，里面放置了很多种适合孩子阅读的书籍。走廊书架旁往往都有一个免费的直饮机，方便孩子们饮水，也克服了大歹、上歹孩子喝生水的不良习惯。办公室门前有各种图案和标语的文化墙。大歹小学每一层楼都有男女卫生间，男、女卫生间的门帘是蜡染的男孩、女孩图案，这不仅方便孩子们识别不同性别使用的厕所，还突显少数民族地方性特点。通过大家的努力，现在的大歹小学教学楼温馨而活泼。

南明小学帮扶团来到大歹小学遇到了不少现实的困难：第一，师生沟通、教学困难。很多小学生不会说普通话，老师们又不会说大歹苗语，师生沟通困难，教学困难。第二，家校沟通困难。大歹村民，平日里说的都是大歹苗语，男人们由于读过书或外出务工，大多数都会说普通话。但是由于男人们大多外出务工，留在家的绝大多数妇女不会说普通话，老师与学生妈妈的语言不通，家访效果不佳。第三，孩子们怕生，缺乏自信。大歹村由于长期闭塞，教育落后，孩子们面对陌生人都是极为害羞的。上课时，他们不敢回答问题，不敢和老师交流，不敢表达自己的想法，下课后见到老师就躲。第四，孩子们的个人卫生习惯不佳。有些孩子不洗头、不洗澡、不剪指甲、打赤脚或穿拖鞋。

为了克服这些困难，南明小学帮扶团的老师们把绝大多数时间花在与孩子们打交道、“做朋友”上。孩子们喜欢零食，就出钱买来分发给孩子们；孩子们爱玩游戏、爱打球，就和孩子们一起玩一起打球；孩子们手工制作，就教他们如何把树叶拼成图。为了改掉孩子们打赤脚或穿拖鞋的习惯，总是不厌其烦地告诉孩子们要穿鞋。老师们还主动帮助孩子们梳头、洗头、剪发。为了培养孩子们的兴趣爱好，想方设法地办兴趣特长班。为了让孩子们开阔眼界，还组织大歹小学部分学生到贵阳的动物园、博物

① 访谈对象：赵发勇老师，男，35岁。访谈地点：大歹小学。访谈时间：2020年6月11日下午。

馆、科技馆、大学参观，还和南明小学的城里孩子交朋友。帮扶团根据大歹小学生的实际情况，联系南明小学，请专门的艺术老师到大歹上艺术课，开设心理辅导、艺术教育、国防教育、安全教育课；为了助推学校校风、学风建设，组织开展了包括“爱在大歹”师生游戏节、大歹小学家长开放日、“最美大歹娃”评选、“爱读书之家”、冬季运动会、经典美文诵读和学生心理健康辅导等活动一百六十多场。

经过近一年的艰苦努力，南明小学帮扶团的老师和大歹小学的专任老师一起改变了大歹小学生的精神面貌，他们不再怕生，可以和老师无拘无束地交流，可以和老师在球场上尽情挥洒汗水，甚至有些学生可以上台担任主持人。家长们也看到了教育使孩子们发生了改变，对老师们的家访不再抗拒和不理解，有些家长明确表示要支持孩子读书。现在的大歹小学已经是从江县的一所名校，经常有人来参观考察。大歹村适龄儿童和青少年辍学现象已经消失，良好的校风、学风正在形成。

（三）春晖社的成立

2020年8月6日，从江县首个村级春晖社在大歹村正式成立。春晖社的社员主要是大歹村的初中及以上文化程度的在校学生。社长是大歹村唯一的大学生潘国文，副社长是村里的大专生、高中生。春晖社的成立，一方面能够凝聚大歹村最有文化的年轻人，激发他们的荣誉感和使命感，坚定读书信念；另一方面让大歹村这些在外读书的年轻人，把大山以外的新思想、新观念、新知识源源不断地带回大歹，进而改变过去那种“读书无用”的思想观念，树立“读书光荣、读书有用”的思想氛围。

大歹村春晖社刚刚成立，社员们就投入到初中毕业生的劝学工作中，他们用自己的亲身经历和切身感受，利用自己的多重身份，如同学、朋友、亲人等，协助从江县相关部门开展教育政策宣传，鼓励和动员村里的初中毕业生及其家长转变思想观念，主动入学接受教育，树立读书改变自己、家人的命运，进而改变家乡贫穷落后面貌的观念。同时，春晖社还开设春晖课堂，社员们利用每天下午2：30–5：30的时间，为村里的低年级学生补课，教他们做作业、认字、朗诵、算术等。为了丰富村里年轻人的娱乐生活，春晖社的社员们还开展了打篮球活动，每晚社员们会到大歹小学去打篮球，小学的孩子们会在球场边围观，有时候还举行篮球比赛，如，大歹小学的老师和春晖社的社员对抗赛，这些都吸引了小学的孩子们到现场围观，有些甚至直接上场比赛。

春晖社的社员还积极配合大歹村夜校扫盲、思想宣讲等工作，他们为参加夜校培训的村民，尤其是妇女们介绍用火、用电的安全知识，教她们使用电饭锅、电磁炉等家用电器。由于春晖社的社员都是本地人，与村民们沟通起来更加容易和亲切，因此培训效果也更好。

（四）大歹部分小学生游学贵阳

2020年8月11日，由贵州省省纪委省监委机关驻大歹村帮扶工作组组织筹办了一次“童眼看世界、童心向未来”游学活动，参加活动的是大歹小学21名品学兼优的孩子，其中有12名是女生。部分女生的家长不同意女儿参加这样的活动，他们认为假期女儿就应该在家里干家务，带弟弟妹妹，帮大人干农活，后来之所以能够参加游学活动，还是靠老师上门给家长做工作。此次游学活动的目的有两个：一是为了让大歹小学的孩子们开阔眼界，树立用心读书，走出大山的人生理想。二是希望通过此次游学活动，让游学的孩子们回到学校后感染更多的孩子好好读书，努力改变自己的命运。

大歹小学的21名孩子在从江站上车乘坐高铁到贵阳，这对于他们来说，是人生的第一次高铁体验，有些孩子还晕车了。但是对外界的好奇心战胜了疲倦的身体，孩子们马上进入状态，来到游学第一站贵州大学，参观了教学楼、体育馆、图书馆等地方。在体育馆内，孩子们第一次接触了攀岩运动，但这是他们的强项，因为在家乡他们经常攀爬树木、山坡。图书馆的大量的藏书、窗明几净的图书室都让孩子们印象深刻。贵州大学的领导还准备了书籍作为礼物馈赠给孩子们，并鼓励孩子们多看书，在书的世界里找到人生的出路。

游学第二站是南明小学。南明小学的师生早早在校等待。每到一个楼层，都会有南明小学大队部的同学细心讲解。在南明小学的多媒体教室，大歹小学和南明小学的孩子们进行了结对子活动。孩子们选择结交一位同龄好朋友，大家约定以后书信往来。游学的第三站是多彩贵州城。每到一个地方，主持人都会贴心地为大歹小学的孩子们致欢迎词，大歹小学的孩子们非常感动。之后，孩子们还收到了多彩贵州城专门准备的礼物。

第四站来到了贵州极地海洋世界，在导游的带领和讲解下，大歹小学的孩子们第一次看见了美人鱼表演、企鹅、大白鲸、海狮、水母等动物。在海豚表演环节，大歹小学一位小女孩勇敢地站出来让海豚吻了一下脸，她很开心也很激动，小女孩勇于接受新事物，相信这一吻对她影响应该是巨大和深远的。之后，孩子们参加了多彩贵州城的长桌宴，观看了苗族祭、刀山火海和篝火晚会等节目。晚上，孩子们入住酒店，这也是他们对酒店住宿服务的第一次体验。

游学活动第二天，大歹小学的孩子们参观了甲秀楼，与南明小学的孩子一起参观科技厅，了解多姿多彩的昆虫世界。大歹小学的孩子们来到观山湖区的国际会议中心附近，体验了与众不同的西餐，感受了不一样的美食。西餐体验完毕，游览了名气较大的CC — PARK国际交互式购物中心，大家留影纪念。最后，孩子们恋恋不舍地乘坐高铁返回从江。

通过这次游学活动，大歹小学的孩子们亲眼见证这个世界的大，世界不再抽象，而是具体和生动的。孩子们心里也有了这样的认识：外面的世界很大很精彩，外面还有很多很新鲜的事物，要想走出大山，接触外面的世界，就必须努力学习，改变自己的命运。

第二节　卫生

虽然现在大歹村的医疗卫生条件有所改善，但是由于长期的交通和信息闭塞，传统的风俗习惯仍然影响着个人卫生、家庭卫生、社区环境卫生。

一、个人、家庭、社区卫生

大歹村经过扶贫政策的支持，现人畜混居的情况得到了根本的改善。除此之外，基本每户人家都修缮有独立的卫生间，家中都有垃圾收集箱，也大多会集中处理生活垃圾。

除去部分村民还在使用传统的清洁方式（如，用淘米水或者酸汤清洗头发；只用清水清洗衣物和洗浴）外，大歹村大多数村民已经能够使用现代清洗材料去清洗衣物和洁净自身，加上家庭独立卫生间的修缮，个人洗浴问题也得到了很好的改善。

大歹的社区卫生方面还有待提高，路边多有牲畜排泄物，即时产生的垃圾没有通过所设有的垃圾收集箱进行收集处理；生活污水只通过排水沟排到村外，并未得到集中处理。

（一）个人卫生

1. 饮食卫生

俗话说“病从口入”，不良的饮食卫生习惯会给身体健康带来不利影响。一位姓夏的扶贫工作人员告诉笔者：大歹村里有些人家的个人饮食卫生习惯是个大问题，尤其是老人家，很多腐烂坏掉、隔夜的食物都不怎么舍得扔掉，如腐烂变质的辣椒和白菜、剩菜剩饭等，而且丢的时候也不让丢。扶贫人员告诉他们经常吃这些会生病的，他们也才同意丢弃。[①]

夏天，苍蝇很多，村民们吃剩的食物放在灶头上或桌子上，没有任何的遮挡，这样苍蝇很容易在食物上产卵，也容易有灰尘掉在食物上，人吃了这些被污染的食物后，容易诱发拉肚子、痢疾和肠胃病。

2. 赤脚、赤腿

大歹村有着一种“赤脚、赤腿”文化，大部分人（主要是妇女和小孩）平时都不怎么穿鞋子，路上、家里、沙堆上、水沟里随处可见不穿鞋子甚至不穿裤子玩耍的小孩。据说，五六年前大歹村的苗族，不管是老人，还

① 访谈对象：夏姓工作人员，男，26岁，从江县人。访谈地点：夜校培训教室。访谈时间：2020年6月7日晚上。

是成年人、小孩都习惯打赤脚，不管季节再怎么变化，他们都从不穿鞋。后来部分大歹男人外出务工，才逐渐改变了打赤脚的习惯，但是那些未外出务工的大歹人，仍习惯打赤脚。随着大歹交通条件的改善，一些机构、部门或协会向大歹村民捐赠鞋子，他们认为大歹苗族之所以打赤脚不穿鞋是因为太贫穷所致，这种看法实际上是一种误解。大歹村的孩子们、妇女们几乎每个人的脖子上都佩戴一个银项圈，小孩的一个银项圈值800块钱左右，大人的银项圈价格在1000元左右，他们既然能够买得起较为昂贵的银项圈，不可能买不起一双普通的鞋子，因此认为大歹苗族是因为贫穷买不起鞋子才会打赤脚的看法是一种误解。大歹苗族之所以习惯打赤脚，这与他们的生产方式、生活方式息息相关。因为大歹苗族以农耕为主，农耕生产往往需要赤脚犁田、栽秧、收谷，日常生活中的很多习惯，如洗涤衣物、舂米等也需要赤脚，因此他们习惯打赤脚不穿鞋。现在大歹村的成年人出门都穿鞋子，有些穿凉拖鞋，有些穿球鞋，但是在家里，他们还是习惯打赤脚。

对于那些年龄在三四岁以下的孩子来说，父母亲则认为这样的孩子没必要穿鞋子。小孩子不分性别，都是打赤脚的，即使天气较冷或下着雨，孩子们也依然一双小脚丫行走于村寨的各个角落。由于经常赤脚走路，孩子们的小脚非常有力和宽厚。这个年龄段的孩子们不仅赤脚走路和玩耍，他们还赤腿。孩子们的上身都是穿上衣服的，衣服的长短和数量根据季节、天气温度的变化有所调整，但是下身一如既往地不穿任何裤子或裙子。小孩子们的两条腿和屁股暴露在外，一方面方便他们随时随地大小便，也省了大人帮他们清洗身子而来回穿脱裤子的不便；另一方面，由于两只小腿、屁股、生殖器长期暴露在外，不仅不能有效减轻摔倒等意外造成的伤害，还会增加孩子生殖器官受到伤害和感染的概率，这对孩子的身体健康是极为不利的。

2. 脚洗衣物

在大歹村，衣物清洗都是由妇女们承担。妇女们习惯于在水井边，或在自家水龙头处清洗衣物。虽然某些家庭因扶贫政策而领到了洗衣机，但是妇女们不识字，不会操作也用不惯洗衣机，因此清洗衣物还是用人工的方法进行。大歹村的苗族妇女清洗衣物不是用手洗，而是用脚来踩和刷洗衣物。她们用桶把脏污的衣物挑到水井边或自家水龙头下，然后把衣物摊开，用脚踩踏衣物，在几处较难清洗的部位，用脚板来回摩擦，相当于我们用刷子刷洗衣物一样。讲究一些的年轻妇女则先用洗衣粉浸泡衣物，后才用脚踩洗。而对于那些年老的妇女来说，她们往往不使用洗衣粉，只用清水浸湿衣物，然后脚踩几下就完成了对所洗衣物的清洁。虽然脚洗衣物与手洗衣物皆是清洗衣物的方式，没有谁先进谁落后之分，但是脚洗衣物的确带来了一些卫生疾病隐患，因为有脚气、脚病的人，如果用脚来踩洗衣物，尤其是贴身衣物，自然会把病菌传递到衣物上，往往容易得皮肤病、妇科病。

3. 井水、清酸、白汤洗头

大歹村有一个传统，女孩子从出生开始，头发不能剪，唯一可以剪的就是刘海，所以待到成年嫁人时，妇女们的头发都是长及腰部以下。长头发方便妇女们盘发挽髻，无须购买假发来填充发量。但是长头发的清洗和护理较短发而言就要费事得多。大歹苗族妇女洗发习惯用淘米水制成的清酸、糯米粉放冷水加热煮成的白汤来清洗，相对于市场上购买的洗发水而言，这两款洗发用品都是纯天然、有机和无污染的。妇女们用它们洗头，头发乌黑泛着光泽。但是妇女们清洗完头发以后，并没有立即用干爽的毛巾把头发擦干，或用吹风机直接把头发吹干，而是把湿头发盘在头顶挽成发髻，用塑料梳子别住，过一会儿，就把湿头发放下来用梳子梳理，如此反复三四次直到头发完全干透。

（二）家庭、社区卫生

1. 家庭杂物混乱堆放

大歹村的夏姓扶贫工作人员告诉我们：大歹村的非贫困户可以享受三改政策待遇，即厨改、厕改、灶改。项目资金在5000到18000左右。之所以实施这个政策，是因为大歹村村民家庭的基础设施不到位，村民们的家庭卫生得不到基本保障。在进行“三改”以前，村民们家里只有一个火塘，火塘既是做饭做菜，也是招待宾客的地方，使用起来极不方便，也不能赶急。至于上厕所，村民则要到山坡上解决。[①] “三改”政策实施后，政府为村民家里修建了厨房、灶台、厕所，并免费送给村民们门窗、冰箱、洗衣机、锅碗瓢盆、碗柜、电磁炉等。

图 7-7 “三改”后的厕所、碗柜 龙德 摄

虽然大歹家庭的基础设施较以往更为完备和齐全，但是家庭的卫生习惯仍然需要慢慢改进。虽然有了碗柜，但是大歹人还不习惯把碗筷放到柜子里，他们还是像过去那样把碗筷用桶或盆装起，没有任何遮盖。家里的杂物、废弃物堆放混乱，有些人家舍不得丢掉不用的废旧物品，如烂木棍、烂竹篮子、烂锅碗瓢盆等，以至于家里拥挤不堪出现了多处卫生死角，这些卫生死角的存在为细菌的滋生提供了丰饶的土壤，也对人们的身体健康埋下了隐患。

2. 垃圾的收集和丢弃

大歹村的社区环境卫生普遍较差，村里的道路上随处可见动物排泄物（牛、鸡、鸭、狗等动物的粪便），家家户户门口都堆着一些废弃物垃圾，牛粪草也堆积在房屋的两边。由于大歹村搞乡村旅游开发，因此在村里的主干道路上，几乎每隔十多二十米就安放一个绿色的大垃圾桶，还安排了几个村民负责打扫村里的主干道卫生。同时，政府还给各家各户发放小型的灰色垃圾桶。通过观察，笔者发现，政府发给各家各户的灰色垃圾桶基

① 访谈对象：夏姓工作人员，男，26岁，从江县人。访谈地点：夜校培训教室。访谈时间：2020年6月7日晚上。

本只是摆设，村民们大多对其废弃不用将其闲置于家中某个角落。道路上绿色的大垃圾桶里没有太多垃圾，只有附近人家偶尔丢弃的废旧物，如个体较大的纸盒、木块等，而没有生活垃圾。村民们没有形成扔垃圾到垃圾桶的习惯，反而选择把垃圾堆到房屋中的某个位置，或者将垃圾直接丢到火塘、灶台里面烧掉，满地的灰尘加上潮湿的天气使得家里面气味很重，地面像是泥泞的田地一样。有些人家直接把鸡鸭养在家里面，鸡鸭直接把粪便排泄在家里。这样的垃圾收集和垃圾处理习惯、人畜同居的习惯极易造成环境污染，从而使人更容易染上疾病。

二、传统医药卫生

大歹村由于交通信息闭塞，村民经济困难、教育文化水平落后，所以卫生常识缺乏，再加上日常生活中的不良卫生习惯，造成很多流行疾病的发生，如痢疾、麻疹、伤寒、水痘等。由于过去对疾病缺乏科学的认识，又受到鬼神观念的影响，村民们时常有病不找医生而是求神祭鬼，因为他们认为疾病就是得罪了神鬼才造成的，要想病愈就要对神鬼进行祭祀和驱赶。对鬼神的祭祀和驱赶需要神职人员，如蒙面师傅、师傅、大师傅等，某些神职人员不仅会看鬼做鬼事，还会一些民间草药，他们既是“巫”也是“医”。

民间除了“巫医”懂得的较为特殊的草药以外，还有非神职人员的苗医懂得一些外伤和疾病治疗方法。

个案11：村民对苗族“草药”的介绍[①]

据大歹村村党支部副书记介绍，代家寨有懂传统苗族医术的苗医代克写。我们一行8人今早来到代家寨准备访谈代克写，但是他不在家，于是村支书和代家寨一位代姓村民为我们描述介绍现存的并有具体疗效的“草药”药方就有四十多种。据他们说专门治疗眼疾的就有“五种草药的药方

① 访谈对象：村支书代祥你（男，51岁）、代姓村民（男，50岁），二人均系代家寨人。访谈地点：代姓村民家。访谈时间：2020年6月8日早上。

和疗法”；专门治疗腰、手脚等跌打扭伤、风湿骨痛的也有多达“十二种草药的药方和疗法”。但是他们二人也无法全面讲述这些草药的名字。除此之外，他们只能用苗语不能用汉语说出草药名字，而我们又听不懂大歹苗语，因此无法准确地记录这些草药。也许只有碰到苗医代克写，并请他为我们一一指认草药，我们才能准确地把大歹苗医治疗各种疾病的草药名称和治疗方法记录下来。

个案12：潘你列的摔伤治疗[①]

2020年6月8日早上，我们一行人到四组入户访谈，访谈的对象是村民潘你列，男，29岁，已婚，家里共有9口人。今天，大歹的很多男人都上坡干活了，潘你列因为之前上坡摔断腿，所以这段时间都是他老婆上坡干活，他负责在家带孩子。潘你列的腿摔断了，他并没有去医院治疗，而是找村里一个专门治疗跌打损伤的苗医看病，苗医给他开了一些草药用来泡酒。这些药都已经被苗医剁碎，外人根本看不出是什么植物。潘你列把糯米酒倒进装着草药的瓶子里，泡个三五天后就可以用来喝和擦拭痛处，一般边喝边擦四五个月伤就差不多好了。潘你列说这个药酒，病人可以喝，不生病的或无聊的时候也可以喝，它具有养生的功效。他经常闲着无聊的时候就会喝上几碗，就算喝醉了第二天也没感觉到不舒服，反而觉得很精神。喝完一瓶药酒之后又可以重新倒酒进瓶子里继续泡，一瓶药可以连续泡十多次，一开始泡出来的药酒是金黄色的，后面颜色就会慢慢变淡。

当我们询问到苗医的治疗和报酬情况如何时，潘你列说苗医每过一段时间就会来家里看一下病人的康复情况，并根据康复进度更换药材。脚伤好了之后要请苗医到家里面吃饭，苗医回去的时候要送给他一只鸡或者鸭，就算是医药费了。

除了上述“民间药方”外，伤风感冒、拉肚子等常见疾病大多数村民都知晓其治疗方法和治疗草药，如治疗伤风感冒的方法有纠背、刮痧等；

① 访谈地点：潘你列家。

治疗拉肚子的草药有蒿菜、地瓜叶等。

虽然传统苗族医术仍然存在，但是随着现代医疗技术的普及和传播，大歹村村民也逐渐接触到现代医学，若自己的身体感到不适或有一些头疼脑热之类的小毛病，也会主动到村卫生室就诊治疗。大歹村的村医也会应上级要求定期对村中的老幼等弱势群体进行基本的体质健康状况检测（如测量血压、测量体重、体温等），村民们也会主动配合村医的工作。

三、现代医药卫生

（一）村卫生室

大歹村卫生机构仅有村卫生室，是2018年建成投入使用的。在此之前，村里并没有卫生室以及其他医疗卫生机构。新建成的卫生室基础设施相对较为简单，仅能够提供简单的感冒治疗、伤口包扎以及孩童接种，不支持母婴护理工作以及各类突发性重大疾病护理。

大歹村卫生室位于大歹村村委会办公楼一楼，共有5个病床位，主要由药房、诊断室、治疗室、观察室、公共卫生室五个科室组成，其中诊断室是负责接待来访与诊断病人的场所，治疗室是在知晓病情后安排治疗的场所，药房负责管理和发放药品，观察室是针对需要进行留守待观察的场所，公共卫生室主要用途是对传染性疾病的预防以及防控。村卫生室的人员组织上是以县级指导咨询总队进行领导咨询，安排两个乡村医生负责村卫生室日常服务病人，其中一名为大歹本地苗族医生潘记中，另一名为懂得大歹苗语能够用苗语与大歹人交流的乡村医生王俊宏。

大歹村卫生室的职能主要是向农村广大居民提供国家基本公共卫生服务项目、基本医疗和家庭医生签约服务等工作，还承担上级卫生健康主管部门交办的各项工作，具体内容有：1.居民健康档案管理服务。2.健康教育服务。3.预防接种服务。4.0—6岁儿童健康管理服务。5.孕产妇健康管理服务。6.老年人健康管理服务。7.高血压患者和2型糖尿病患者健康管理服务。8.严重精神障碍患者管理服务。9.肺结核患者健康管理服务。

10.中医药健康管理服务。11.传染病及突发公共卫生事件报告和处理服务。12.卫生计生监督协管服务。13.免费提供避孕药具。14.健康素养促进行动。卫生室乡村医生的服务方式主要以坐堂服务与上门服务相结合，不仅需要在村卫生室坐诊，还需要下组巡诊、入户随访、到上级业务主管单位报送材料和培训学习。

（二）家庭医生

家庭医生实际上是家庭医生全月服务工作的简称。大歹村的家庭医生工作主要是由村卫生室的两名乡村医生来承担。家庭医生为村民提供一般医疗服务，服务内容有：1.根据签约服务对象的病情需要提供或协调医疗资源，帮助预约上级医院专家诊疗服务，享受优先就诊、精准转诊、预约门诊、预约住院和大型仪器设备预约检查等服务。2.为符合条件的签约慢性病患者提供不超过1个月的慢性病连续处方服务，并提供跟踪随访管理。3.根据签约慢性病患者的病情需要，参照县级医疗机构新农合用药目录提供代购药品服务。4.提供常见病和多发病的中医药诊疗、合理用药、就医路径指导等医疗服务。

家庭医生签约服务政策按照自愿原则，采取团队服务形式为建档立卡贫困人口以户为单位做到应签尽签；为家庭医生签约服务对象做好健康评估，全面摸清建档立卡贫困人口健康状况和疾病救治需求，采取针对性措施，做到签约一人、履约一人、做实一人；为签约服务对象提供基本医疗服务、基本公共卫生服务、健康管理服务，重点加强对已签约贫困人口中高血压、糖尿病、结核病、严重精神障碍等慢病患者的规范管理服务；签约服务对象在签约机构经家庭医生转往上级医院，优先预约专家门诊，优先安排辅助检查，优先安排住院服务；免费享受国家基本公共卫生服务提供的14大项服务，免费获得一份健康教育宣传资料。

（三）健康扶贫政策

1.贫困人口25种大病集中专项救治政策内容

（1）救治病种：对患食管癌、胃癌、结肠癌、直肠癌、终末期肾病、儿童白血病、儿童先天性心脏病、儿童淋巴瘤、白内障、肝癌、肺癌、宫颈癌、乳腺癌、骨肉癌、急性心肌梗死、地中海贫血、血友病、尿道下裂、艾滋病机会性感染等25种疾病贫困人口患者进行“四定两加强”措施开展分病种、分批次救治、因客观原因不需要治疗的患者纳入家庭医生签约服务进行规范化管理，做到立治尽治。

（2）救治政策：患25种大病贫困户人口患者到定点医院住院治疗，可享受大病保险降低起付线50%、提高支付比例5个百分点、年度救助限额内农村贫困户人口政策范围内个人自付住院费救助比例不低于70%等优惠政策。

（3）定点医院：从江县人民医院：已经备案救治病种25种：患食管癌、胃癌、结肠癌、直肠癌、终末期肾病、儿童白血病、儿童先天性心脏病、儿童淋巴瘤、白内障、肝癌、肺癌、宫颈癌、乳腺癌、骨肉癌、急性心肌梗死、地中海贫血、血友病、尿道下裂、艾滋病机会性感染等。

其他病种需要到上级医院进行救治，即贵州省人民医院、贵医科大附属医院、黔东南州人民医院、贵医科大二附院等省内三甲医院。

2. 县域内“先诊疗后付费”和“一站式”即时结算政策

本县内的建档立卡户人口在县域内定点医院进行治疗办理住院手续时，无须缴纳住院押金，与医院签订《先看病后付费住院治疗费用结算协议书》，即可住院，出院时只结算个人自付费用，避免贫困群众多部门来回跑。出院结账单要体现医疗总费用、基本医疗保险、大病保险、医疗救助等医疗保障救助报销金额和个人实付金额等明细，实现“一单清”。县指定的“先诊疗后付费”定点医疗机构是19个人民乡镇卫生院、医院等。

第八章　竞争与合作下的民间游戏娱乐

大歹苗寨青山环抱，古木苍翠，风景优美。在这里没有熙熙攘攘的人群，没有繁杂的店铺，没有可以休憩的咖啡馆和让年轻人放松发泄的酒吧和KTV，这里只有着沉淀的沧桑，充满年代感的吊脚楼，身着苗服的村民，快乐的孩童。由于这个村落直到2010年才基本实现“四通”，即正常的通车、通水、通电话和通广播电视，因此，外面的世界不管如何变化，都与大歹关系不大，它依旧沿袭着自给自足的农耕生产方式。也正是这个原因使得大歹苗族传统文化得到很好地保留和传承，其中蕴含的民间游戏娱乐也得到了较好的传承。近年来，随着与外部的交往日益密切，特别是外出务工人员的急剧增多和乡村旅游产业的兴起，外来文化不断地对大歹苗族文化产生深刻的影响，致使一些传统民间游戏娱乐开始慢慢地衰落甚至消失。

第一节　民间游戏娱乐的形式与功能

民间游戏娱乐，是以消遣休闲、调剂身心为主要目的，而又有一定模式的民俗活动。它是人类在具备起码的物质生存条件的基础上，为满足精神的需求而进行的文化创造。[①] 民间游戏娱乐活动与人们的日常生活息

① 钟敬文.民俗学概论（第二版）[M].北京：高等教育出版社，2010：280.

相关，它来源于宗教、生产劳动、军事等，具有娱乐性、竞技性、对象性、地域性、民族性的特征。民间游戏和民间竞技活动，可以使得人们劳作后的身心得到休憩，对村民个体的体能、情绪、创造力和道德感的提高、调节、塑造都非常有利。

民间游戏娱乐主要有民间游戏、民间竞技、民间杂艺三大类型，本文根据大歹苗寨的实际情况，重点介绍民间游戏和民间竞技两大类型。

一、丢手绢：提升应变能力

丢手绢，又叫丢手帕，它是大歹苗族儿童经常玩的一种娱乐游戏。在大歹苗寨走访观察的过程中，笔者发现关系好的孩子都会相约在一起玩这个游戏。游戏开始前，先要准备几块手绢，大家推选一个丢手绢的人，其余的人围成一个大圆圈蹲下。游戏开始后，丢手绢的人沿着圆圈外行走，他（她）要神不知鬼不觉地把手绢丢到蹲在地上的某个人身后，而其他人不能告诉这个人。被手绢丢中的这个人从其他孩子的眼睛和脸上读到信息后，就会迅速起身追逐丢手绢的人，这时，丢手绢的人放开步伐快速逃跑，他（她）要想办法回到圆圈中自己的原来位置上，因为只有回到原来的位置上，才会安全，才不用当面为大家表演节目；否则，若被抓住，则要为大家表演一个节目。如果丢手绢的人安全地跑回了圆圈中自己所在的位置，那个被手绢丢中的人则要为大家表演节目。节目可以是跳舞、唱歌、讲故事以及学动物叫等。有些孩子较为内向，对于他们来说当众表演节目是一个非常大的挑战，刚开始时他们会害羞，声音很小，动作忸怩，但经过几次锻炼后，孩子的胆量会逐渐增大，声音变大，动作自然。

节目表演完毕又开始新的一轮，表演节目的人转变为丢手绢的人，他（她）开始围着圆圈走，把手绢丢在某个人的身后，二人相互追逐，直到有一方表演节目，如此循环。这个游戏一方面可以凸显出儿童的应变能力，有利于儿童应变能力的培养和锻炼，另一方面能有效地促进儿童身体基本动作的发展，提高肌肉的运动机能。在游戏过程中，儿童始终处于主体地位，并且还能保持着身心愉悦的精神状态，这对儿童形成乐观开朗、积极向上的性格具有积极的意义。总之，丢手绢是一个可以锻炼孩子应变能力、身体的灵活性和在公共场合的表现能力，对儿童身心的发展具有良好的促进作用。

二、拖拖车：模仿中学习

无论是城市里的男孩还是村寨里的男孩，都对汽车情有独钟。大歹村的男孩子们虽然没有商店里售卖的炫酷汽车模型、汽车机器人，但是他们会利用手边或眼前看到的材料，自己动手制作汽车。他们用空的矿泉水瓶或饮料瓶作汽车的车身，塑料瓶的瓶盖作车头。在塑料瓶身的前后部位分别钻上左右相对的四个孔，然后用自己削尖的小木棍插进孔里，作为车轮轴。车轮轴的左右两边分别穿上一个较为坚硬的绿色桐子果，这四个翠绿的桐子果就是汽车的四个轮子。拖拖车没有装上电池，也没有USB充电接口，它要移动，需在瓶颈部位捆上一根绳子，孩子拉起绳子就会带动拖拖车的前进、后退和拐弯。五六岁的小孩几乎都会制作拖拖车，年龄小一些的孩子的拖拖车由哥哥或其他家人帮忙制作。

图 8-1　拖拖车俯瞰图　梁念 摄

图 8-2　拉着拖拖车的大歹儿童　梁念 摄

小男孩们在一起玩拖拖车，一方面可以锻炼孩子的语言表达能力，增进孩子们的友谊；另一方面，通过制作拖拖车，锻炼了孩子们的动手能力，丰富他们想象力，也让孩子们互相模仿，彼此学习。

三、跷跷板：协作中学习

在代家寨的鼓楼底层阁楼处，放置着两块木板，其中一块木板呈梯形，其顶部斜放在阁楼歇凉休息的长条凳上，尾部搁置在地面，用作跷跷板的支撑底板。这块木板长约3米，木板厚度较大，其表面被削成凹凸不平的阶梯状，凹下去的部位宽度正好放另外一块木板。这块放在底板上的木板长约3米，板面平滑，用作孩子就座的跷跷板。两个孩子分别坐在木板的左右两边，一方使劲往下压，另一方则跷起来；反之，亦然。

跷跷板的底板为什么砍成阶梯状呢？通过观察发现，阶梯状的底板一方面可以避免在游戏的过程中跷跷板打滑，增加跷跷板的稳定性；另一方面也可以通过不同高度的阶梯状部位来调节跷跷板的高度，即越往底板顶端放置，跷跷板跷起的高度越高；相反地，越往底板尾部放置，跷跷板跷起的高度越低，这样就会方便不同年龄段和不同身高的孩子灵活调节跷跷板的高度，避免意外发生。

图 8-3　正在玩跷跷板的代家寨儿童　梁念 摄

跷跷板能够锻炼儿童在游戏情境中尝试操作，并用计数的形式来比较物体的轻重，培养儿童的合作意识、分析观察能力和体验参与活动的乐趣。

四、跳皮筋：体现团队精神

跳皮筋是大歹苗寨孩子喜爱的一项传统体育娱乐活动，年龄在五六岁以上的孩子几乎都会跳皮筋。有时候男孩子不愿参加，女孩子也会拉着他们一起跳。

图 8-4　正在跳皮筋的大歹儿童　梁念 摄

笔者向男孩潘克往了解跳皮筋的过程。潘克往说：开始跳皮筋，首先要把绳子的两头捆绑在一起，打成一个小节，这样就成了一个圈，然后要两个人，一个人在一头把皮筋套在身上。皮筋放置高度由低到高分为八个等级，一级在脚踝的位置；二级在小腿肚中间；三级在膝关节的位置；四级在屁股中部的位置；五级在腰部的位置；六级在腋下的位置；七级在肩膀位置；八级在耳朵位置。等级越高，难度越大，谁跳的皮筋高度越高，谁就越厉害。① 小孩子的好胜心都比较强烈，他们会不断地去超越对方，

① 访谈对象：潘克往，男，12岁，大歹小学三年级学生。访谈地点：大歹幼儿园操场。访谈时间：2020年6月7日下午。

比对方跳得更高。经常跳皮筋，不仅能够有效地增强内脏器官和血液循环系统的功能，增大肺通气量，促进新陈代谢，而且能够增强腿部和腰部的灵活性，促进骨盆的生长发育，可以说，跳皮筋是发展力量、柔韧、灵敏等身体素质和提高弹跳力、平衡能力的有效手段。孩子在跳皮筋的过程中，不断地挑战不同等级不同高度的皮筋，不断增加跳跃的难度，实际上也是一种不断挑战自己、战胜自己、增强自信的磨炼过程，这对于他们的冒险精神的培养、抗挫能力的培养都具有积极作用。

五、跳大绳：团结互助

跳大绳，关键的是甩绳和进出的时机。甩绳的这两个人需要默契合作，要保证甩绳的频率和高度一致、绳子一定要着地，否则，跳绳的人其头部和上身极易绊到绳子，或者脚会绊住绳子。甩绳的人除了要有好的团结合作外，还需要很好的体力，体力不好，甩不了几下就会败下阵来。当

图 8–5　正在跳大绳的大歹儿童　梁念 摄

绳子甩起来后，跳绳的人要瞅准时机，即绳子甩到最高点时，就要及时跑进，并灵活调整双脚的跳起和落地；在出去时，也要找准机会，即绳子着地后刚刚升起时，否则脚和上身容易绊到绳子。大歹的孩子们体力很好，有些孩子连跳七十多下都不喊累。跳大绳不仅能够促进血液循环、骨骼生长，增强体质，增加肺活量，改善心脏供血功能，还可锻炼身体的协调性和灵敏度，培养儿童的团结合作精神。

六、打陀螺：不断超越

大歹的孩子们会自己制作陀螺。他们找来生树干，把树皮削掉，用刀砍断树干，只留下与陀螺长度大致相当的一截。然后用柴刀耐心地把这节树干削成陀螺的形制。孩子们制成的锥形陀螺，体量有大有小，主要根据树干的粗壮程度来确定。大陀螺需要耗费更大的力气抽打，小陀螺则要轻松得多。抽打陀螺的线可以是现成的绳子，也可以是用树皮制成的皮绳。儿童潘祥当带领我们去寻找能够制作皮绳的树，这种树经过手机上网查询，它的学名叫毛桐，是一种可以长到3～4米的乔木。潘祥当从新鲜的毛桐树干上削下一段树皮，把树皮捆在小棍子上。这样，陀螺和陀螺线就制好了。

图 8-6　正在砍树皮制陀螺线的潘祥当　梁念 摄

图 8-7　正在打陀螺的潘祥当　梁念 摄

打陀螺时，首先要把小棍子上的陀螺线紧紧地缠绕在陀螺身上，小心翼翼地把陀螺放在地上，用手中的小棍快速地沿陀螺线缠绕的反方向松开陀螺，当陀螺开始旋转时，用陀螺线抽打陀螺，使其旋转平稳且快速。打陀螺比赛中，谁的陀螺先停下来，谁就输了。打陀螺，不仅可以锻炼儿童的动手能力，丰富其想象力，还能够锻炼孩子的身体协调性和四肢灵活度，锻炼孩子的体力和意志力，在比赛的过程中，更是滋生出一种不断超越对手、超越自我的精神。

七、耍枪：塑造意志品质

在代家寨访谈的路上，遇到两个小男孩在拿着木棍挥舞着，就像是在练武术一样，其中一个男孩叫代玩阶。笔者与他聊了起来：

问：小朋友，这是什么？

答：这是剑。

问：你们平时会玩这个吗？

答：会，我们四个好朋友都有这个。

问：那你们平时都是怎么玩的？

答：就像电视里面打架的一样。

问：这个是谁帮你们做的？

答：自己做的。

问：你们从哪里拿来的这个东西？

答：竹子是自己去砍的，上面这个是从学校捡来的。

问：上面这个就是学校围墙上的防护栏尖儿吗？

答：对，它自己掉下来，然后我们就去捡了。

图 8-8　提枪玩耍的大歹儿童　梁念 摄

问：那你们为什么会想到要做成这个样子，而不是做成别的样子呢？你们是在哪里看到的，然后就想做成这个样子？

答：在电视上看到的，看到人家拿这个打架。

问：那你们把这个叫什么？

答：耍枪。

问：上面这个刺这么尖，你们不怕打到人吗？

答：不怕，我们会注意的。①

原来他们手里的红缨枪的枪头是学校外墙防护栏的尖儿。枪杆是自己上山砍的新鲜竹子制成。孩子们用红布、蓝布、白绳把枪头捆绑固定在枪杆顶端，整个枪看起来颇有一种"红缨枪"的感觉。代玩阶还告诉我们：以前他们玩的都是木棍，没有这种枪。去年大歹小学成立后，防护栏上的尖儿掉下来了，他们才用这个尖儿来做枪头，才用竹子来做枪杆。②孩子们舞枪弄棒，追逐嬉戏，不仅能够促进肌肉力量的增强，使得身体柔韧

图 8-9　大歹儿童自制的"红缨枪"　梁念 摄

① 访谈对象：代玩阶，男，12岁，大歹小学三年级学生。访谈地点：代家寨鼓楼旁。访谈时间：2020年6月7日下午。

② 访谈对象：代玩阶，男，12岁，大歹小学三年级学生。访谈地点：代家寨鼓楼旁。访谈时间：2020年6月7日下午。

性、灵活度得到提高，必要时还能防身自卫，而且能有效促进血液循环，增加大脑供氧量，刺激大脑皮层神经末梢，有助于孩子的智力开发。舞枪弄棒，讲究招数、与人过招的进退礼仪，这样既能修身养性，更能从锻炼的过程中，培养孩子的自信心和浩然正气。

八、荡秋千：升华情感

在大歹苗寨，荡秋千也是一项重要的娱乐活动，它的主要参与者是年轻男女、儿童。

大歹苗寨的秋千没有秋千架，而是把一根较长且粗壮的绳子两端捆在大树的树枝上，秋千的垂直高度通常为五六米。活动时，人站在绳子上，两手握绳，两脚用力蹬，使之摆动，越摆越高，或者站在绳子上，由别人推动，越荡越高。大歹苗寨在农历六月过新米节。新米节的前一天，年轻人会相约着去秋千树下给秋千绳放上木板。村里的每个小组都有自己的秋千，男生会接待从其他组来荡秋千的女生。荡秋千的年轻男女都会穿着苗族盛装。秋千可以单人坐也可以双人坐，可以两女一起坐、两男一起坐，也可以一男一女坐，秋千摆荡的高度越高，欢呼声就越大。由于秋千的高度不低，在秋千上摆荡需要技巧和勇气，所以它能够锻炼人的协调能力、灵活度、胆量。与此同时，荡秋千增加了年轻男女相处和了解的机会、加强了彼此的联系，增进了感情，不仅促进了民族团结，而且便利了年轻男女的

图 8-10　悬挂在树枝上的秋千绳　梁念 摄

婚配，实现男女情感的升华。

荡秋千的娱乐活动不仅仅在新米节时玩，在平时生活中，很多小孩也会相约着一起去荡秋千。孩子们荡秋千的形式不像过新米节时那么讲究和隆重，不需要放木板，而是直接踩在绳子上，手握绳子，来回摆荡。有时是单人摆荡，有时是双人摆荡，还有时是三四个人一起摆荡。孩子们会在摆荡的过程中，瞅准时机跳上秋千绳，从而逐渐增加秋千绳上的人数。荡秋千时，孩子们会自觉排队等候，一个接着一个地玩这个游戏，很有秩序感。荡秋千娱乐活动，增进了儿童之间的联系和沟通，培养了他们的团结互助意识，有助于儿童天性的保持与释放，有助于儿童体能、身体素质、意志力的培养。

图 8-11　正在荡秋千的大歹儿童　潘娇娇 摄

九、下三棋：综合能力较量

在走访的路上，我们看到路边的废弃水泥井盖上，用白色的破碗片拼成了两个棋盘状的物件，于是用手机拍了下来。后来我们把这个照片拿给健谈的村民潘你网看，他告诉我们这是下三棋的棋盘。只要有时间，村里面玩得好的几个人就会约着一起下三棋。潘你网还在纸上画了图，然后用小树枝和树叶教我们怎么下，小的那个棋盘是2：1的形式，两颗棋就能杀死一颗棋，即“二子相连”可吃掉对方的一颗棋子。大的那个棋盘是3：3的形式，三颗棋才能被杀死，即“三子相连”可吃掉对方的一颗棋子。

图 8-12　水井盖上的下三棋棋盘　梁念 摄

下三棋简单易学，是老幼皆宜的一种智力游戏，它不需要固定的棋盘和棋子，可以随手在地上或纸上画好形如照片中的格子，可以用小石头、小土块、纸团、树叶、树枝充当棋子。下三棋的规则与“五子棋”相似，都是选出一方先行，双方轮流在棋盘上布子，每次一子，一方摆出两子相连或三子相连即获胜。

经常玩下三棋游戏，有诸多益处：

1.训练逻辑思维的能力。下棋讲究排兵布阵，在怎么走下一步棋、走几步棋时，往往需要事先规划好，实际上这个事先规划也就是逻辑思维能力的训练。

2.锻炼把控规则的能力。下棋的规则是明确的，该怎么下，怎么下才算赢都得按规则来操作。下棋可以让棋手在不违反规则的前提下，思考如何获胜，这种对规则的把控能力在日常生活中也是极为有用的。

3.提高思维缜密的程度。经常下棋的人思维缜密，每走一步，都会预先想到下一步，也会思考到对方如何走，并想出相应的对策，因为下棋的人知道，一步走错，步步皆错。因此下棋的人往往思维缜密，每走一步棋都会小心谨慎权衡再三，这实际上是提高了个体的思维缜密程度。

4.提高大脑记忆力。下棋的时候，会不自觉地记下自己和对手曾经走过的棋路，记住赢棋局或者输棋局所走的线路，对胜利或失败的经验进行总结，这实际上也就锻炼和提高了大脑的记忆力。

5.缓解压力，提升抗压抗挫能力。下棋是一种娱乐，它能使人身心放松，能够缓解释放生活或工作压力。下棋的人深知“胜败乃兵家常事”，不可能保证每一局都能赢，久而久之，自我的抗压和抗挫能力得到提升，对待失败和挫折就会泰然处之，而不会耿耿于怀。

十、斗鸟：变了味

在走访的路上，看到很多村民家门口都挂着鸟笼，鸟笼里养着黄豆鸟、画眉鸟。村民潘你网说：养鸟的人会拿自己的鸟去参加打斗比赛，即“斗鸟”。大歹人把斗鸟称为“雀打架”，它是人们喜闻乐见的一种传统娱乐方式。与“斗牛”比起来，“雀打架”的参与人数没有“斗牛”那么多，规模也小得多。以前的“雀打架”和“斗牛”一样没有任何金钱奖励，参加者只是出于兴趣爱好而已。①

我们对村民潘祥当进行了访谈②，了解到关于斗鸟的鸟种类、斗鸟是否下赌注、赌注有多少、参加斗鸟的人来自哪里、斗鸟的时间、斗鸟的场

① 访谈对象：潘你网，男，50岁，大寨人。访谈地点：潘你网家。访谈时间：2020年6月8日下午。

② 访谈对象：潘祥当，男，50岁，大寨人。访谈时间：2020年6月5日下午。访谈地点：潘祥当家。

地等信息。

斗鸟的种类：购自外地的画眉

问：叔叔，我们从上面走下来，在路上看到很多人家的门口都有鸟笼，他们是喜欢养鸟吗？这个鸟一般有什么用处？

答：是的，有一些人家就喜欢养鸟，他们用那个鸟去斗鸟。

问：去斗鸟比赛的那个是什么鸟？鸟是从外面买进来的？还是自己去山上抓来的？

答：基本上都是从外面买来的，养了就拿去斗，那个是画眉鸟。一只几百块钱或者几万块钱。

斗鸟的赌注：大小不等

问：就是让鸟和鸟比赛吗？有没有下赌注之类的？

答：就是两只鸟在斗，然后比输赢，比赛的人下赌注，在旁边看的人有些也会下赌注。

问：下的赌注大不大？一般都是多少钱？

答：你想下多少就下多少，这是不规定的，几十块钱也可以、几百块钱也可以，有些还下三四万。

斗鸟的参与者、时间、场地

问：只有自己村寨里面的人斗鸟吗？

答：不是的，还有外面的人也会来，只要你有鸟参加比赛就行。

问：一般会在什么时候斗鸟，有没有固定的节日或时间？

答：没有固定的节日或者时间，只要有鸟就可以商量着斗。

问：那赌输的鸟会不会放了或者是被杀掉？

答：有时候会放了，有时候会继续养着，但是不会杀掉。

问：斗鸟有专门的场地吗？具体是在哪个位置？

答：有场地，就是在停车场的上面。

问：这个场地是不是斗鸟的场地？

答：是的。

问：为什么外面会有树干，有什么作用？

答：那个树干是要把斗鸟的场地给围起来，让鸟在里面斗，鸟先飞出去就输了。

问：为什么会有水，是不是故意放进去的？

答：不是放进去的，是因为下雨，那个地方又比较低，所以就会积水。

问：那座山叫什么山？

答：不知道，苗话说的是“挡尴亚”。

问：如果鸟输了会不会放了？

答：不会，还继续养着，赢的鸟可能会被人高价购买。

问：为什么外面的人也会选择来这里斗鸟？

答：因为这里有平地，而且是在山上，鸟比较自然，在城市没有场地。

在大歹村，斗鸟的参与者可以是本村的，也可以是外地的，只要有鸟来比赛，都可以到固定的斗鸟场地去斗，不论时间。斗鸟已经不再仅仅是一项娱乐活动，更重要的是它演变成了一场“赌博”。下了注的参与者、旁观者变成了赌徒，斗鸟变成了下注的对象，鸟的输赢不仅仅是荣誉问题，更是关乎金钱问题。“斗鸟”充满了紧张和刺激，因为有赌注，不管赌注金额的大小，人们总会特别关注鸟的输赢，因为这关系到自己的切身利益，即自己的钱能否赚更多的钱或自己会不会折钱。

图 8-13　雨水淤积的斗鸟场　梁念 摄

十一、斗牛：看重荣誉

斗牛是苗族喜爱的历史悠久的传统娱乐活动，每逢节日喜庆，必以斗牛取乐助兴。从江境内苗族均有斗牛的风俗。[①] 大歹作为从江县的一个传统苗族村寨当然也不例外。斗牛，也称为“牛打架”，是大歹苗族最为喜爱的一项娱乐活动。据村民潘你网说：“在大歹，举行斗牛活动之前，要牵着斗牛绕着摆放有糯米饭、茶水、煮熟的稻鱼等祭品的‘窝堆’转三圈。”[②] 窝堆是大歹苗族的祖先神、保护神，祭拜“窝堆”，就是希望得到“窝堆”神灵的庇佑，斗牛活动顺顺利利。

笔者对斗牛、斗牛活动存在诸多疑惑，为此对村民潘具你进行了访谈。潘具你告诉我们怎么买斗牛、养斗牛：斗牛是花钱从外面买进来的，买的时候不仅要看斗牛的价格，还得请真正懂牛的师傅看。一头牛的价格在几万到十几万不等。懂得看牛的师傅要认真查看牛的身体部分，比如牛头、牛腿、牛尾、牛身、牛耳朵、牛嘴巴、牛鼻子、牛眼睛、牛脖子、牛角、牛脚、牛屁股这些地方，每一个角落都要看。假如牛的价格太贵的话，就不买了，但是如果真的喜欢的话，就喊那个组的组员（大概有几十户人家）来看，师傅只是负责看而已，价格就让那个小组的成员自己商量，看看多少价格合适。关于买回来的斗牛的喂养，是要开会决定的，每个组都不一样，之前是小组内的成员每家养一天，轮流来，但是现在大部分都不想轮流养，就由两个人来养，一个人割草，一个人拉牛去放。这两个人自己分工，可能是这个月你负责养，我割一个月的草；下个月我负责养，你就负责割草一个月。他们两个人只负责拉牛去吃草、洗澡，不负责带牛去训练。这两人一年共有四五万的报酬，报酬两个人平分。这个报酬费是由整个组的组员一起出，二组的是按户头出钱，有些组是按家里的男丁人头数（这里的男丁指年龄在10岁或者13、14岁以上的）出钱。养牛

① 从江人民政府编印：《从江民族民间文化知识读本（初稿）》第74页。

② 访谈对象：潘网向，男，35岁，大寨人。访谈地点：潘网向家。访谈时间：2020年6月9日下午。

的人一般都是喜欢牛的，而且是家里人口较多、劳动力较多、有闲置人口的。①

从潘具你的叙述中可以看到：购买斗牛和饲养斗牛的成本都较高，一头斗牛是花几万，甚至数十万买下来的，再加上养牛的人工费用，假设一头斗牛重1700斤左右，那一斤肉差不多值100元。这些费用对于过去深度贫困的大歹村村民来说，是一笔沉重的经济负担，但是村民们还是愿意花钱买斗牛和养斗牛，究其原因一方面是出于兴趣爱好，另一方面是一个更深层次的原因 —— 为了集体的团结和荣誉。哪个小组没有斗牛，就代表着在斗牛活动中他们自动弃权和认输，而且也意味着他们这一组的经济实力要落后于其他小组，小组成员不团结不合心，不管是自动弃权和认输还是小组成员缺少集体感、荣誉感和不团结，都会受到其他小组成员的嘲笑和轻视。

潘具你还告诉我们：大歹的斗牛一般会在一月、二月、三月、八九月、十一二月份的时候，五、六、七月是农忙的时候，也是牛长角的时候，长角的话就斗不了。之前的斗牛场已经被旅游公司开发为停车场，斗牛不能在停车场的水泥地上举行，因为那样牛很容易受伤。要斗牛的话，必须到山上才行，那里的泥土是软的，还有草，这样牛就不容易受伤。有些斗输了的牛会被杀掉，牛肉不会用来出售，而是把牛肉平均分配给共同出钱买牛养牛的小组成员食用。

在斗牛活动中不设奖金，斗赢的牛没有任何物金钱奖励。斗牛不是比赛，而是纯粹为了娱乐人们而已。人们不忍心让牛去参加比赛，比赛是牛被打跑为止，打二三十分钟，很伤牛，打一次的话估计那个牛就废了。由于只是娱乐，因此只斗几分钟就拿绳子拴住牛的左后脚，拉牛分开。如果我们村开牛堂（笔者注：当东道主的意思）的话，别的村过来参加的话，也只能是我们村的人去拉，一般由三四十个年轻力壮的人组成，他们都会将红色或绿色的绳子捆在手上。挑选拉牛脚的人时，首先要跟即将去拉牛

① 访谈对象：潘具你，男，32岁，大寨人。访谈地点：潘具你家。访谈时间：2020年6月10日晚上。

脚的那个人说好“牛是不好拉的”，让他做好预防。如果牛伤到拉牛脚的人，则由本堂（笔者注：举办方）处理，即如果我们村里请人去拉脚，出了事故，我们村里自己负责。但假如是那种闲人自己去看斗牛的话，本堂有喇叭提醒的，有的人好像很不怕的样子去拍照，出了事故他自己负责。①

在黔东南的其他地方，斗牛活动已经不仅仅是一项民间娱乐活动，它更是一项带动和刺激内需的经济活动，斗牛已经实现商业化、产业化，它不仅丰富和满足人民群众日益增长的文化娱乐需求，使得我们民间斗牛文化得以传承和发扬，而且能够带动旅游、运输、住宿、餐饮等一系列第三产业的发展，并能够帮助人们提高经济收入，甚至实现富裕。而大歹村的斗牛却仍然保持着淳朴的原汁原味的斗牛精神——娱乐、集体荣誉、家族团结，斗牛不是商业化和产业化的经济活动，它不是为了谋利而举办，只是为了娱乐大众、为了集体荣誉而兴，村民们对牛怀着尊重敬畏的态度，而没有把牛当作赚钱的手段和工具，这与村民们的自给自足的农耕生产方式息息相关，也与市场经济尚未深度进入大歹村息息相关。

第二节　民间游戏娱乐的衰落与对策建议

一、民间游戏娱乐的衰落

大歹苗族的民间游戏娱乐活动项目保持得较为完整，其传承仍在继续，儿童们还在玩丢手绢、拖拖车、跷跷板、跳皮筋、跳大绳、打陀螺、耍枪，年轻人依然会在节日期间荡秋千，老少皆宜的智力游戏下三棋和娱乐活动斗牛依然流行于大歹。不过，民间游戏娱乐的部分活动内容已经悄

① 访谈对象：潘具你，男，32岁。访谈地点：潘具你家。访谈时间：2020年6月10日晚上。

然发生了质变，或难以正常开展，如斗鸟不再只是一项娱乐活动，它演变为一种小众的类似于“赌马”性质的非法活动；盛行的斗牛活动由于传统的斗牛场被开辟为停车场，因此短时间内很难找到一个得到全体村民认可的斗牛场地，因此斗牛未能如期正常开展。

由于大歹苗族开始使用手机，尤其是一些小学男生开始接触智能手机，他们通过智能手机上网聊天、冲浪、打游戏。有时候，我们看到村里三三两两的男孩子聚集在一起“吃鸡”、打“王者荣耀”，如果没有人打断，他们会一坐就是几个小时，而那些没有手机的孩子就围着有手机的孩子一起看着。孩子们玩手机，就不会再想着出去玩户外活动，这势必影响传统的民间游戏娱乐活动的正常传承，对孩子体力、视力、创造力、想象力、动手能力的增强和提高都会造成不利的影响。

总之，大歹苗族的民间游戏娱乐出现了不同程度的衰落，究其原因，主要有以下几个：

1. 乡村旅游开发未尊重当地村民的传统风俗习惯

大歹村在2019年6月入选第五批中国传统村落名录后，政府以此为契机，针对大歹村的民族文化特点制定了乡村旅游开发项目。该乡村旅游开发交由旅游公司负责。但是由于旅游公司的项目开发并未尊重大歹苗族的风俗习惯，他们草率地把大歹苗族世代因袭的斗牛场地占用，开辟为一个水泥地停车场。如果没有政府或村里的精英承头寻找和开辟新的斗牛场，那这项活动就会因为没有合适的场地而暂停或中断，这势必影响斗牛活动的传承和群众参与的积极性。

2. 民间游戏娱乐活动与学校教育脱节

学校教育的目的是为了培育德智体美劳全面发展的人才，学校教育的课程，从文化课到体育课、美术课、音乐课等都是为了这一目的而设。但是学校教育的课程并没有兼顾到少数民族地区的实际情况和少数民族学生的特点，学生日常生活中所接触到的传统文化并未纳入学校教育的范围，这就造成了学校教育与学生所处的实际生境、学校教育内容与传统文化内容相脱节的境况。学校教育的考核标准与传统文化是脱离的，二者之间并没有关系，因此势必在学生和家长的心里造成一种错觉：传统文化（包括民间游戏娱乐）是不重要的。这对包括民间游戏娱乐在内的传统文化的传承是极为不利的。

3. 现代娱乐方式、体育文化的冲击

随着现代娱乐方式、体育文化的引进，大歹村正发生着不同程度的文化变迁。大歹苗族可以听广播、看电视、看手机，小学生、年轻人玩游戏，青壮年人聊QQ、微信，发朋友圈、刷抖音已经在大歹苗寨兴起。现代传媒相较于传统的民间游戏娱乐活动来说，更新颖、更立体生动，能够极大地刺激和吸引儿童、青壮年人。

交通的便利、教育的发展、城市化进程的加快，都使得大歹儿童和青壮年人逐渐走出大山，到城市中求学、打工。这些走出去的大歹人回到家乡时，带回了不少外面世界的新信息，其中不乏现代的体育文化和体育项目，如，篮球、乒乓球、排球等，这使得大歹儿童和年轻人的生活和娱乐方式更加丰富和多样化。

虽然现代娱乐方式、体育文化的引进，丰富了大歹苗族的日常生活，但是也造成了儿童和青壮年人对民间游戏娱乐活动的关注降低，使得民间游戏娱乐的主要传承主体数量减少，甚至出现断代的危机，这对民间游戏娱乐活动的传承和发展都是极为不利的。

4. 民间游戏娱乐的发展缺乏激励机制

大歹苗族的民间游戏娱乐活动未得到进一步开发，没能形成文化产业，实现民族资源的“变现”，从而为大歹苗族创造经济财富。饲养斗牛、斗牛比赛的目的是为了娱人和家族荣誉，不考虑成本和经济效益。荡秋千也只是为了娱乐、年轻男女感情升华而设，它与人们的生活水平的提高和家庭富裕不沾边。这就造成民间游戏娱乐活动的发展没有激励机制，失去经济动力，大歹苗族不会自觉地保护和发展它们，对其采取“顺其自然”“任其自生自灭”的态度，这样，民间游戏娱乐活动面对现代化的冲击时，随时随地出现中断或消失的可能。

二、民间游戏娱乐保护的对策及建议

要想保护、传承和发展大歹苗族的民间游戏娱乐活动，阻止民间游戏娱乐在大歹苗寨的颓势，应该从以下几个方面着手：

1. 尊重传统，尊重当地人的风俗习惯

大歹的乡村旅游开发应该在尊重传统尊重大歹苗族的风俗习惯基础上进行。只有尊重传统，才能因地制宜地为大歹村的乡村旅游开发量身定制合理的旅游项目和旅游规划，让鲜活的传统使旅游景点活跃起来，成为吸引游客的宝贵民族文化资源。尊重大歹苗族的风俗习惯，一方面可以减少大歹苗族对旅游开发和政府政策方针的排斥、抵触情绪，能够让他们配合和支持政府的工作，实现大歹村的脱贫；另一方面可以在充分了解和尊重大歹苗族的风俗习惯的基础上，让那些充满正能量的风俗习惯，包括民间游戏娱乐项目成为旅游开发的项目，让外来游客了解大歹苗族的日常生活，甚至可以让游客亲身参与体验，享受民间游戏娱乐带来的乐趣，达到康体旅游的效果和目的，为大歹苗族增收助力。

2. 民间游戏娱乐进学校

对那些能够有利于学生的德智体美劳发展的民间游戏娱乐项目应当引入学校教育，纳入学校正规的教学计划和大纲中，尤其是进入体育课堂。在体育课上，不仅教授现代体育项目，还要针对大歹苗族学生的民族特点，开设一些具有民族特色的民间游戏娱乐项目。让学生的日常生境与学校教育结合起来，让学生在享受现代教育的同时，也能了解和体会传统文化的魅力，使大歹苗族的民间游戏娱乐得以有效的传承和发展。

3. 增强大歹苗族的文化自信

大歹苗族的自给自足的、男耕女织的小农经济生活方式，使得他们很少接触到外面的世界和外面的文化，再加上大歹苗族地区教育落后，村民们的教育文化程度偏低，尤其是绝大多数女性都是文盲，在这样的情况下，没有社会精英对自己本民族的文化进行整理发掘，大歹苗族无法认识到自身文化的价值，缺乏文化自信，当新鲜的、刺激的现代传媒、现代娱乐方式、现代体育项目进入大歹苗族地区，大歹苗族很容易被吸引，进而羡慕和盲从，轻易放弃自己的本民族文化（包括民间游戏娱乐项目）。因此在这种情况下，很有必要对大歹苗族的民间游戏娱乐进行整理、发掘，发掘其自身具有的被忽视的娱乐、健身、智力锻炼的功能，让大歹苗族正视自己的文化传统，增强文化自信，从而自觉地保护和传承民间游戏娱乐，进而以本民族的民间游戏娱乐为桥梁，加强同其他民族的文化交流，促进民族间的团结友谊与全面和谐发展。

第九章　植根于生计生命与生态中的稻鱼鸭复合种养系统

一个民族的生计方式是改造利用其所处生态系统的产物，而这样的产物又是确保该民族成员的生命得以延续的基本保证。在这一过程中，人类的生计方式都离不开对所处生态系统的依赖，只能在生态系统中寻找自己的着生点，汰选出自己加工利用的对象，规避对自己不利的因素，以获得经济活动的成功，从而使该民族的生命获得不断壮大的机会。也就是说，生态系统对人类经济活动的影响是全方位的，但却是无意识的，而人类的经济活动则是在强大的自然环境面前，能动地发现其可以利用的空隙和机会，去实现自己的目标。就生态系统而言，它是提供民族成员生存的载体，任何一个民族都必须在此基础上去构建其生计方式，再凭借所构建起来的生计方式去获取该民族成员的生存物质。

因而，从某种意义上说，一个民族的生计方式的形成就是针对其所处的生态系统而长期磨合的结果。也就是说，各民族生计方式在对其所处生态系统的改造、利用过程中形成了自己对资源获取和利用的方法，但这一系列方法要持续发挥作用，就一定要将这些方法纳入该民族的文化之中，成为该民族文化的一个有机部分，与该民族文化的其他部分形成一个社会事实，从而使生计、生命与生态三者之间达成一种耦合关系。

第一节　让禾生于生计、生命和生态中

一、传统生计中的稻

从报道人潘你网处获悉，从前，大歹村的糯稻有10至20个品种，但现在只剩下了四个品种。之所以如此的原因是有的糯稻产量太低，或者水土不适合种植而被淘汰。如今，大歹村保存有如下几个品种的稻谷：

第一种用苗语叫nias neb，种植在地势较高且水源充足的农田。一般是从农历三月开始种植，农历七月半便可折禾；第二种叫nias hob（杂交水稻），它是籼米，不是糯米。杂交水稻对于种植地的要求不高，如果有比较干的田才会被考虑拿来种植杂交水稻，水源充足的田一般都会种植糯稻。早稻一般在三月下旬到四月初之间进行播种，到七月中下旬就可收获。中稻在四月初到五月底进行播种，九月中下旬可收获。而晚稻在六月中下旬种植，十月上中旬可收获。对于那些比较干的田，如果不种植杂交水稻则会种植玉米、红薯、辣椒、西瓜等农作物。村子里的人主食都是糯米饭，杂交水稻种植几乎是用来喂养家禽家畜；第三种叫“nias nios”，种植地会选择在地势较低的水田，米粒的颜色略带黑色；第四种叫“nias eb xianb”，种植地也是选择在地势较低且水源较充足的水田，米粒的颜色略带红色。

二、水稻种植

受到地势影响，大歹村的田多是建在山坡上的梯田。一般情况下，低处田很少有水，所以在低处田通常种植杂交水稻，或者其他农作物。地势较高且水源充足的田就种植糯禾。大歹村的村民之所以主要种植糯禾而很少种植杂交水稻，是通过比较二者的种植成本后做出的选择。在种植水稻的整个过程中，无不显现出大歹苗族的生存智慧。

大歹村民很少种植杂交水稻，若家里有多余的田或田水不充分，才会选择种植杂交水稻。一般一亩田种一斤杂交水稻种子，一斤50元左右。杂交水稻的种植全过程与种植糯禾一样，都要经过整土、播种育苗、插秧、田间管理、收割五个阶段：

整土。要想种植水稻首先就要选土整地。选好一块稻田后，需要对其进行整地，从前都是用牛耕，所费的时间很长，近几年来开始用现代化的农用机器耕作。整地时先进行粗耕，将土壤深翻即可，之后再进行细耕，将体积较大的土块打散碾碎，最后进行盖平，将细耕后的土壤推平，所以要耙两次田。

播种育苗。整土完毕后，就要开始播种育苗。到农历三月初大歹村民便开始播种育苗，村民们从不到城里购买糯禾的种子，种子都是祖先传下来的。自己家每年都会留种，播种前将种子放入清水中浸泡一段时间后，然后直接洒到一块专门培育秧苗的田里，等待一个月左右，秧苗发芽长高。

插秧。秧苗发芽长高到四月中旬，即可进行插秧。插秧就是移栽的意思，在种子出苗长至8～10cm时即可进行插秧了。首先将幼苗收集成捆，方便插秧。插秧时将幼苗仔细地插在稻田中，要间隔有序，株行距要合理，不宜过宽过密，过宽浪费土地利用率，过密不利于幼苗生长，而且还会导致糯米产量的减产。

田间管理。期间还要注意田间管理，当秧苗不断生长，直至长出第一个茎节时就进入了分蘖期，这个时候为了保证它的生长发育，往往都要施肥、除草、松田，让稻苗生长更为强健。所施的肥料中多为农家肥，期间还会在田里放养鱼、鸭，鱼和鸭可以吃掉害虫和杂草，从而减少化肥和农药的使用，进而减少农药对秧苗和环境的污染。当稻苗开始抽穗时，这时要加强管理，可喷洒相关农药提高水稻的生理机能，提高授粉授精的概率，还可达到增产的目的。秧苗生长期间要给农田施肥和打农药，一亩田需要的化学肥料要50斤到80斤左右，一共要撒两到三次肥料，一年需要买700斤左右的肥料；农家肥（牛粪）洒一次需要五挑到十挑左右，一挑重约100斤，一年需要施肥3至4次。化学肥料一般是2元一斤，700斤就需要1400元。按照报道人潘你网对自己家稻田的打药情况来看，一般需要以下农药：狼毒素，60元一瓶；虫苯甲酰胺，10元一包；吡蚜酮，5元一包；氯虫啶虫米，10元一包；吡蚜噻虫胺，5元一包。一年打三四次农药，就是400元左右的农药钱。

收割。不同品种的糯稻其生长周期不同，由于田地距离村子较远，且交通不便，所以打谷的那几天都是早出晚归，甚至太晚了的话就住在搭建的牛棚里过夜。两个人收割一亩田的糯稻全过程大概花费六到七天的时间，大歹村每家的田地一般在几亩以上，所以花费的时间也较长。

图 9–1　大歹苗族妇女正在给晾干的糯禾把去壳　王灵 摄

三、糯禾产出

大歹村水田种植糯禾，一亩田可以产250把左右的糯禾，一把差不多3斤重，250把就有750斤。生糯禾一般卖3.5元一斤，算下来就是2625元。

要是香禾糯的话可以卖4元一斤，但是香禾糯的产量不高，一亩最多产400斤左右，算下来是1600元。高产地与低产地综合下来，一亩田可以产800斤左右的糯禾。糯禾的出米率是百分之七十五。

糯稻的产出除了糯禾谷粒以外，还有与糯禾谷粒分离的糯禾草，糯禾草的用途广泛，它可以作为制造肥皂的原料出售，或者有小商贩开着车到村中出售水果时，还可以用其与小商贩交换水果。这些小商贩把收到的糯禾草用来制作扫帚出售。糯禾草不仅可以拿到市场交换，还可以家用，大歹苗族妇女用糯禾草烧灰，用草灰水洗头，或者在包粽子时，用糯禾草烧成的灰和糯米泡在一起，被草灰浸泡过的糯米包的粽子，更香更糯更容易消化。在以前条件很不好的情况下，糯禾草还可以作为厕所纸使用。两把晾干的糯禾米芯有一斤，市场上是1元1斤，一亩田可以产出250把糯禾，那么一亩田的米芯可以卖125元。

四、糯禾储存

大歹村民收割糯禾不使用农用收割机器，也不使用镰刀成片成片地收割，而是用专门的摘禾刀，一根一根地把糯禾稻秆割断，然后用手把稻秆

图 9–2　正在晾晒的糯禾把　王灵 摄

中的糯禾芯抽出来，用手拿着，直至手满拿不下时就把手上的糯禾捆成一把放在田坎边，又继续一根一根地割稻秆，并一根一根地把糯禾芯抽出来。这样的收割方式效率很低，耗时很长。之所以这样低效率的收割，是与糯禾的属性紧密相连的。因为糯禾摘好后，还要放到禾晾上晾晒半个月左右才能装进禾仓，否则会霉烂长芽。糯禾要放到禾晾上晾晒，必须先把糯禾捆成把，为了一步到位，村民们在田里收割时，直接捆成一把把，抬到禾晾处直接挂起晾晒。糯禾晾干后，直接以整把的形式放进禾仓，食用时，妇女们用手把糯禾芯上的谷粒一颗一刻地摘下来，然后去壳煮熟即可食用。用来播种的糯禾种子的最好储存时间是一年内，时间久了，糯禾的产量会下降。

五、糯禾的生态价值

大歹村民之所以选择种植糯禾，一个很大的原因就是大歹村的梯形田地位于阴冷的山坡，很多田是水田，常年积水，一般的水稻品种无法生存，而糯禾具有适应大歹村生态环境的突出优点：1.耐阴冷。糯禾普遍具有耐阴冷抗低温的特点，在大歹村的气候条件下，糯禾能够保证稳产，甚至高产。2.稻秆高且粗壮，不怕水淹。由于糯禾的杆高，利于田里高位蓄水。高位蓄水，一方面刺激糯禾秧苗杆拔节长高，接受更多的日照，提高产量，降低田里杂草的丛生；另一方面，可以放更多的鱼苗，可以让鸭子有更多的饵料，尽可能少伤害鱼。3.生长周期长。糯禾的生长周期约为八个月左右，植株间的间隔较宽，根系较少，抓土较松，适合鸭游弋和鱼的生长。相较于杂交水稻而言，糯禾播种提前，收割推后，提前和推后的时间共一个月左右，拉长了鱼和鸭的生长期，利于稻鱼鸭的丰收。4.抗虫鼠鸟害。糯禾稻秆表面有绒毛，对水稻侵害的常见害虫很难侵蚀稻秆。稻田常年高位蓄水，稻秆高，老鼠很难偷食稻谷。糯禾稻谷顶端有很长的芒，谷壳表面有倒刺，有效地阻止了鸟类的侵害。

第二节　让鱼游弋于生计、生命和生态中

黔东南是种植糯禾最多的地方，仅仅从江县就有两百五十多个品种。大歹村位于从江县西北方向，整个村庄郁树葱茏属于阴冷的山区，一年四季储蓄深水，一般的水稻无法在这种环境下生存，所以大歹村主要是糯禾种植，糯禾属于高秆禾本科，高达一米左右，适合深水种植。村民们面对不同海拔高度，不同类型的梯田，他们会利用不同品种的糯禾进行应对。与此同时，大歹村的村民利用多年的经验积累，传承和发展特色稻鱼鸭混合种养的传统生计方式。在这种传统的生计方式下实现了稻鱼鸭一地三丰收的效果。

稻鱼鸭混合种养，需要的稻不是籼米稻，而是糯禾。因为糯禾具有以下几种生态价值：一是稻秆高且粗壮，利于稻田高位蓄水。这种特性也使得稻鱼鸭混合种植得以有序地进行，对稻鱼鸭共生的运行有重要的意义。如前所述，糯禾稻杆高且壮，可以刺激秧苗的生长，接受更多的光照，提高糯稻的产量；同时糯稻种植的间距较宽，能够放养更多的鱼和鸭，鸭的游动空间较大，鸭的饵料充足，减小鸭对鱼的损害。二是是糯稻的分蘖力强，正好满足了稻鱼鸭共生的需要。糯稻的生长周期较长，种植密度低适合鱼类和鸭类的养殖。三是耐阴冷，糯稻具有耐阴冷和耐低温的特点，对气候灾害的抵抗力强，能够保持稳产和高产。四是降低田间杂草的生长。糯稻水面较高且不晒田，抑制了喜湿但不耐深水的杂草的生长，同时糯稻独特种植方式优化了田间的环境。五是抗病虫、老鼠和鸟类侵害的能力强。大歹村实行多种品种混合插秧的方式，有效地避免了稻瘟病、鸟类和虫害的威胁。

一、鱼的品种

在苗侗社会中曾有一句俗话说：“无鱼不成礼，无鱼不成祭。”可见鱼在百越民族中的重要性。大歹村养殖的鱼类分别为草鱼和稻田鱼两种家鱼，这两种家养鱼都是大歹苗族自己培育的，不同大小的鱼有不同的名称，罗康智老师研究黄冈侗寨时所写的《保持与创新：以传统应对现代的黎平黄冈侗寨》一书中提到，“刚孵出来的小鱼称为‘鱼花’，长到一寸时要称‘鱼苗’，到秋收不捕捞而继续放养的鱼则要称‘老口’。”①

二、鱼的培育

鱼苗的培育从种鱼的选择到成功的孕育出鱼卵都需要管理员全身心的投入，时时刻刻都要关注鱼苗的成长和环境的变化，给予及时的应变对策。大歹村家家户户都有孕育鱼苗的鱼塘，对于鱼塘的选址、鱼苗前期鱼塘的布置、公鱼和母鱼的选择等事项都有讲究，都需要培育者精心的管理。

个案1：潘季里谈培育鱼苗、鱼塘布置

2020年6月6日访谈了四组村民潘季里，男，37岁。潘季里说：“鱼苗是我们自己配的，就像配猪仔一样自己会配，农历的三月份就开始准备培育鱼苗。一般在田里围一个一米宽的土塘，弄一个出水口，在里面一排排地把草放在鱼塘里，那些鱼会自己把草弄好，把鱼卵产在草上。如果土塘里没有弄草，鱼看到哪里有草它就到哪里产卵。这个鱼塘是每家都有的，一条母鱼要配十或十几条公鱼。鱼喜欢下雨天生产，一般都会看天气，要下雨了就在下雨之前把鱼塘布置好，下雨了你搞不好的话，一下雨它就马上生，所以在当天下雨之前把一切准备好。”

① 罗康智.保持与创新：以传统应对现代的黎平黄岗侗寨[M].北京：民族出版社，2014：154.

个案2：潘姓村民谈鱼塘布置、孵鱼卵、放鱼苗

2020年6月8日访谈了四组另外一位潘姓村民，男，46岁。潘姓村民说："在坡上挖一个坑，拿一条母鱼，七八条公鱼放在一起。就是在那个坑里放水进去，然后把那个草（大歹苗语yeb hangk）一根根地放在里面，那个鱼就把蛋生在那个草上。生蛋了你得把它弄上来，把那个母鱼和公鱼放回田里，把那个蛋弄起放好了，你要搞一排一排树，要拿它晒在那里，别让他干，在它的上面用一两个小木板把水引下来，弄得像下雨一样的，等它三天，你看他蛋里面长了眼睛了，开始转了，你看它转一下，开始有力了就拿去放在田上。但不是放在那个有鱼的田里，怕会被其他大的鱼吃完的。要放在我们刚刚耙好的那个水不浑浊的干田里。"

个案3：潘党往谈配鱼、鱼塘布置、鱼苗孵化

2020年6月10日访谈了二组村民潘党往，男，46岁。潘党往说："一般就是一条母鱼，十多条公鱼，拿去鱼塘放，那个鱼塘是我们在田里挖的，还要有一条水掉下来，鱼塘里放有草，苗名叫longb gheil gheil。母鱼有两三斤，公的有二两，放一两晚上就有生蛋了，有小鱼最快是四五天，最少要十天。"

图9–3　潘党往家的大、小鱼塘（由右到左）　王灵 摄

通过这三个村民的谈话，我们能够大致地了解大歹苗族培育鱼苗的过程，但为能够更加深入的了解培育鱼苗的工序和技术，我们决定要亲眼观看当地村民的这一伟大工程。2020年6月11日，罗康智老师带领我们一行人前往村民潘党往家的鱼塘一探究竟。本以为鱼塘离村子很近，但步行一段时间后发现离村子很远。大歹苗族的房屋和田地都是在陡坡上，去田里干活或从田里干活回家，都需下坡上坡，较为费力。虽然在去田间的路上我们看到了民为了方便而开挖的小路，但由于小路被雨水冲刷变得格外的光滑，并且长了苔藓，尤其是走下坡路时，一不小心就会摔倒。回村的时候就是上陡坡，上陡坡不仅需要技术，更需要体力，空手空脚的我们走起路来都气喘吁吁，更不用说双肩负重的村民了。

我们顺着梯田往下走，一直走到一个接近山谷的地方，终于看到了潘你网家的鱼塘，同时大歹村壮丽的梯田景观也让我们大饱眼福。由于刚下过雨，田间的下坡路很难走，罗老师让我们其他人等在田坎上等他，站在田坎上我们也大概地看到了鱼塘的建构。在之前的访谈中，许多村民都跟我们说鱼塘的选址没有什么讲究，实际上鱼塘的选址、修建是非常讲究的，村民们之所以如是说那是因为他们已经有了经验，对于他们来说，鱼塘修建条件他们了如指掌，就像他们在选择母鱼的时候，第一直觉就选出了母鱼，但却说不出其中的缘由，这一切都是当地村民智慧的结晶。在培育鱼的系统中总共有三个重要部分：一是水源，二是鱼塘，三是母鱼和公鱼。鱼塘的选址必须是有充足水源的地方，鱼无水则不活，没有水的地方，有再好的鱼也存活不了多久。潘你网家鱼塘总共有两个，一个大的一个小的，两个鱼塘紧挨着修建。大鱼塘主要是放养鱼和老口的地方，小鱼塘则是育鱼花的场所。小鱼塘宽1米左右，它的上方必须有水流入，这是为了保证在育鱼苗时，能够保持湿润，给母鱼和鱼卵提供合适的环境。

每到谷雨时节（三月中旬左右）大歹村民就开始准备培育鱼苗，他们通过观察天气，在下雨前期就把鱼塘布置好。下雨之前，村民们抓紧时间去山上寻求用于给鱼产卵的草，当地的村民将这种草称为longb gheil gheil或是yeb hangk，这种草学术上称为垂穗石松。垂穗石松主茎上的叶子呈螺旋状排练且密集，柔软而舒适，村民将垂穗石松铺在鱼塘的底部，让母鱼在垂穗石松上产下鱼卵。小鱼塘上方的水流也要控制好，不能太大也不能太小，在布置鱼塘时就得将水量控制到最佳。鱼塘布置完成后就要选择鱼了，鱼的配比也有讲究，一般都是一条母鱼配五至十条公鱼。小的鱼塘承载力有限，放很多的公鱼进去会占用很大的空间，在母鱼产卵时，太多公鱼的游动会破坏到鱼卵，所以在放置公鱼时要经过深思熟虑。一切安置好后，一两晚的时间就会得到鱼花。

三、鱼的放养

刚孵出的鱼花体长0.2 ~ 0.3cm，它靠吸收体内卵黄囊中的营养物质生活。孵出后两至三天，卵黄囊中的营养物质被吸收殆尽，这时鱼的消化系统已初步发育完全，鱼鳔中充满气体，鱼苗开始向各方向游动觅食。这时就可以将这些小鱼花放在刚耙好的干田中，但不能一耙好田就放鱼花进去，因为刚耙的田水体浑浊不适宜放鱼，待水静置清澈之后方可放鱼花，这时候的水体清澈且含有多种有机物，可作为鱼的饵料。之所以选择干田是因为大歹村的糯禾田都是放养鱼苗和老口的地方，我们都知道生物界有这么一个成语“弱肉强食”，要是将刚孵化出来的鱼花放于糯稻田中，鱼花将会成为鱼苗和老口的食料。

待六月份时，三月份放的鱼花已经长到一指或是两指大，这时候就要将鱼进行转场。因为当地由于地势和气候的影响，到六月份之后，干田的水将会减少甚至干涸，不适合养鱼。糯禾田里的水较深且这时的鱼较大，适应环境的能力较强，在接下来的耙田、插秧、薅秧等农业活动都不会对它们的成长带来很大的影响。

放鱼苗和老口都要根据田的面积进行放养。鱼苗一亩田放养一百到两百条，最多可放到三百条；老口一亩放五十条。在放养鱼苗的时候，大歹村的村民都会牢牢地记住自己每一块田放养了多少条鱼，因为这些数据都直接关系到今后对鱼的转场和秋收后鱼的获取状况。

当鱼放养在没有插秧的田里时，村民们会从山上砍两三棵带有绿叶的树枝搭成棚状插在稻田里，这主要为了给鱼制造一个遮阳栖息的场所，同时也是告诉其他村民这块田已经放养鱼，不允许别人在这里放鸭、鹅等家禽。当稻田里面插秧放养鱼时，就会在这块田的田坎边插上一根150cm左右的树枝，上面挂着一件破烂衣服，这主要是警示人们这里已经插秧放鱼，不能随便放鸭子进去，同时也是为了吓唬外来的不速之客，避免田里的稻和鸭受破坏。

四、田间管理

对稻田里的鱼的管理，主要就是对田间水位的管理。水是田间养鱼的一个限制因子。水位调节的不合理，会让鱼“越狱”有机可乘。针对鱼的生长状况，大歹村的村民随时都要对田间的水位进行调节，同时在田间的出水口处设置栅栏，防范鱼乘着水位的增高而“越狱”成功。

众所周知，水越深养鱼就越好，它能为鱼类提供丰富的水资源。但水太深，水面过于平稳，鱼类的游动频率较小，鱼对逃避天敌的能力得不到训练，面对天敌的袭击鱼儿无一幸免，对鱼的成长不利。田间的水也不能太少，太少了会让鱼被晒伤或是直接导致田水干涸，鱼类因缺水而大量死亡。所以水位的调节对鱼和养鱼者来说是十分重要的一项工作，想要得到肥美的鱼，就要勤快地跑腿。

五、鱼的收获和利用

大歹村的村民好养鱼、好吃鱼，每到农历九月秋收时，鱼的收获满满。但由于自然环境的影响，在秋收时节所收获到的鱼往往都是少于之前放养的鱼量，有的是自然患病死亡，有的是涨水被水冲走，也有的是被天敌所食。要想捕捞稻田鱼，需用专门的竹筐，在收割后的糯禾植株桩的间隙，用竹筐盖住田鱼，封锁田鱼逃跑的路径。秋收的渔获怎么处理呢？村民们有自己的独特办法。

图 9-4　捕捞田鱼的竹筐　王灵 摄

1. 腌鱼的制作

鱼能够给人体补充所需的蛋白质。大歹村民为了能够获得充足的蛋白质，从先辈开始，他们就有一道独特的工序让鱼肉长期保存，村民们将这种长期保存下来的鱼称为腌鱼。腌鱼的制作十分简单，并没有我们想象中的那样复杂。

九月的老口稻田鱼体型肥美，肉质鲜嫩，一条基本上有一斤左右，最适合拿来做腌鱼。制作腌鱼的前一天，先将糯米洗净泡制膨胀，准备好九月份的稻田鱼、辣椒面、姜、大蒜、盐等。不同的村民腌制腌鱼的材料不尽相同，有些人家不用姜和蒜，总之，腌鱼都是按照自家人的口味来腌制的。尽管腌鱼的材料不同，但制作腌鱼必不可少的就是肥美的稻田鱼、自家种的糯米、辣椒面和食用盐。制作腌鱼的第一步是将刚捕来的新鲜鱼进行处理，即将鱼肚剖开，去掉内脏，抹上一层盐渍过一两天。泡好的糯米饭上锅蒸熟，用辣椒面、盐、姜片、蒜末等加上少许水搅拌均匀成糟料，然后把糯米饭和糟料均匀地涂抹在鱼肉上，将鱼一层一层的叠放在木桶里，再盖上一层层叶子，用几块干净的石头压在上方，然后将大量的盐和水混合成高浓度的盐水浇在叶子上。这样做是为避免鱼肉与空气接触，起到密封的作用。

一般鱼腌制三个月后便可以食用，腌鱼腌制的时间越长，口感也就越好。经过长期的腌制，鱼肉中的细菌已被消灭，腌鱼从木桶中取出来就可以直接食用，不需要任何的加工。刚从木桶中取出食用的腌鱼肉质红润松软，味道酸香，深得大歹村男女老少的喜爱，同时也是村民用于接待外来宾客的必备美食。除此以外，在小孩子满月时，孩子认亲等仪式环节中也都会运用到腌鱼。

2. 野外烧烤

相信居住在城镇上的大家，在日常的生活中烤鱼都随处可见，也尝试过不同口味的烤鱼。但大歹村的烤鱼所需的材料可不像是城镇夜市中的烤鱼那样在市场上可以获得。大歹村烤鱼的材料几乎都是来自大自然的馈赠，就地取材。

大歹村的村民在农忙时，都会叫上自己的亲戚好友一起来帮忙，例如在插秧、折禾、开田等时。在这些农忙时期，田里略大的老口鱼将会被村民们拿来做烤鱼款待来帮忙的亲朋好友。村民们会带上糯米饭、辣椒（一般都带生的青辣椒，村民们觉得生辣椒的口感远比干辣椒的口感要好）、盐等必要的佐料，还会带上自家酿的米酒，不带任何的菜肴。

个案4：潘祥你谈烤鱼①

2020年6月8日访谈了二组村民潘祥你，男，21岁。潘祥你说："我们这里的鱼不拿去卖，有时候你去收米的时候叫亲人帮忙去收，田里面的鱼有五十多条你要拿些来烧鱼吃。没有其他的食物，只能吃烧鱼。我们去坡上都会拿一个大盆，去弄蘸水，要拿那个生辣椒去才好吃，生辣椒味道比较好。在坡上还会用到其他的香料，这些香料山上都有。"经过辨认，发现潘祥你所说的香料有鱼香菜、折耳根、薄荷和一些叫不出名字的野菜。

① 访谈地点：潘祥你家。

六、鱼的生态价值

大歹村的村民充分认识和利用种植糯禾的稻田养鱼生态功能。稻田养鱼的目的在于充分地利用稻田中的一切微生物和非微生物资源，调节农田生态系统的结构和功能。

稻田养鱼对稻鱼鸭混合种养的方式有以下功效：第一，减少田中杂草的滋生和害虫对稻作的危害。鱼的饵料就是田里的杂草，农家肥投入产生的一些有机物、糯米杆上掉落的昆虫、水中害虫的幼体都是鱼类最具有营养的饵料，当鱼在田间游动的时候身体会撞在糯禾上，糯禾上的害虫掉落，便成了鱼儿的盘中餐；第二，防治水稻纹枯病。当鱼在游走时，鱼身上的黏滑物质会遗留到糯禾秆上，可以有效地保护稻秆，控制水稻纹枯病；第三，鱼可以使土壤疏松，起到增氧促根和持续中耕的作用；第四，鱼类的排泄物为稻田提供了养分；第五，稻田养鱼促进了生态环境的优化，增强了抵御自然灾害的能力。由于稻田里面养鱼需要相应地加高加固田埂，大大地增加了稻田蓄水的能力，同时也有助于防洪抗旱。

第三节　让鸭跳跃于生计、生命和生态中

鸭，在大歹苗族的生计、生命和整个生态系统中占有重要位置。在稻鱼鸭混合种养的传统生计中，鸭扮演着重要的角色。

一、鸭的培育

大歹村的鸭子都是村民自己孵化养殖的。雏鸭，几乎都是在家里自己孵化出来的，不需要到市场上购买和引进。大歹村的鸭蛋孵化较为简单直接，只要在一个能够遮风挡雨的地方放上杂草，把数十个受精鸭蛋放在杂

草上，让母鸡去孵化鸭蛋。当我们问到为什么用鸡孵化鸭蛋时，村民潘季里告诉我们“那个鸭蛋我们都是拿出来，拿去给鸡抱（笔者注：孵化的意思），那鸭子傻得很是不会抱的，都是拿母鸡来抱。”[①] 正是因为如此，在大歹村的羊肠小道上看到小鸭子时，几乎不会看到旁边有鸭妈妈的陪伴，偶尔看到旁边站着一只母鸡。刚进入田野时我们对这种现象不以为然，通过调查访谈之后我们才恍然大悟。

由于母鸡的体积较小，通常一只母鸡就孵化10个鸭蛋，最多的孵15个。由于母鸡孵化鸭蛋的数量有限，所以大歹村每家每户养鸭的数量不会超过15只。鸭蛋孵化的时间通常是一个月，当雏鸭孵出来之后，鸡妈妈带小鸭长到一个月之后才会离开。

二、鸭的管理

雏鸭长到四五天的时候，就可以把它们放到稻田里养了。把小鸭带到稻田里放养的过程十分简单，小孩子都可以做。刚出生的小鸭子体积较小，体重也很轻，放养他们时都是将小鸭放置在鸭笼里，小鸭的重量还没有鸭笼重。放养小鸭子时，都要带上它们的鸡妈妈，鸡妈妈会在它们遇到危险时保护它们。村民们去稻田里干活时，就会带着小鸭子和鸡妈妈一起；从田里回来时，也会带它们一起回家。随着时间的推移，小鸭子飞速地成长，一两个月的时间鸭子的体重达到了每只一斤到两斤左右，一个鸭笼只能放置三四只鸭子。由于鸭子走路慢，所以如果田就在近处，可以赶着鸭子到水田里放养；若田在远处，就得将鸭子分别放在几个鸭笼中，用人挑到稻田里放养。由于大歹村交通道路的改善和硬化，村民们普遍利用三轮柴油车代步到坡上干活，因此鸭的放养也就从人挑变成了“坐车”。

刚出生没几天的小鸭身体抵抗力较差，面对天敌的袭击很难躲避和抵挡，这时它们需要人的看护和鸡妈妈的保护。待小鸭长大后，虽然不需要

① 访谈对象：潘阶列，男，46岁，大寨人。访谈地点：潘阶列家。访谈时间：2020年6月9日下午。

鸡妈妈的保护了，但是也需要人们密切关注，因为鸭子产蛋非常随机，它们不像鸡一样固定在一个地方产蛋。当村民把鸭带到稻田里放养时，水中、路边的草丛、田里的草场都会成为鸭产蛋的场所。所以，放鸭者必须时刻观察和记住每只鸭子的出行规律和去向，只有这样才能找到它们产下的蛋，否则许多鸭蛋将捡拾不到。

三、鸭的利用

根据大歹村的风俗习惯，养殖的鱼和鸭都是为了满足自身的生活需求，很少将这些鱼和鸭对外出售。鸭在村民的生活中充当着重要的角色，它既是男女青年谈情说爱时重要的馈赠品，也是过年过节、人生礼仪、祭祀活动不可或缺的祭祀品和用于接待宾客的食材。大歹村民过新米节时要举行祭祖活动，在祭祖仪式中必须用鸭肉，即使用的是鸡肉，在念请祖先享用祭品时也会把鸡肉说成鸭肉。在人生礼仪中，也会使用鸭子，如诞生礼中，在小孩子出生三天之后会给小孩子办三朝酒，外婆家的人来看望外孙返家时，女婿家要给外婆家带一只鸭子回去。满月的孩子第一次出门，通常都是由家族下的一个男孩或女孩抱着出门，这时要准备好鸭腿和糯米饭送给抱婴儿的孩子。在婚姻礼仪中，当回门的女儿要返回夫家时，女方家会送给女婿两只鸭带回去。

四、鸭的生态价值

大歹村的村民都知晓，鸭是吃鱼的。当田里的水变浅时，放鸭子进去，鱼容易被鸭子捕食。如果鱼太小，抵抗能力弱，面对鸭子的侵袭，它们很容易被捕食，所以稻田里放养的鸭子的大小和数量都是以对鱼生长不构成威胁为前提。对于稻鱼混合种养的传统生计而言，稻田里养鸭具有丰富的生态价值。

首先，在稻田里放养鸭子能够起到除草的作用。鸭子的除草效果在插秧后的十多天较为明显，在这一时期鸭子的大小和糯稻的大小正好合适，鸭子能够轻松地在糯稻之间游走，在游走的过程中它们会用自己宽大的嘴吃掉一些杂草，即使不吃杂草，它的脚和嘴也会将田里的杂草踩进泥里埋掉。鸭子在稻田里来来回回地游动使田里的水体浑浊，降低水体的透明度，妨碍水底杂草的光合作用，抑制杂草发芽，从而减少杂草的生长。

其次，在稻田里放养鸭子能够起到耙田薅秧、保温的效果。对于种植水稻的耕种者来说，用除草机犁一次田，薅一次秧，都比施一遍肥要强得多，稻田里养鸭正是起到了这样的效果。鸭子在田里搅动时增加了水中的氧气，田间表面的氧化层因不断地搅动而逐渐变厚，不断搅动的泥水促进了微生物的活动和有机物的分解，使稻田能够有充足的养分可吸收。在耙田之前，大歹村的村民都会挑上几挑农家肥撒在田里。耙田之后，田里的土壤要是没有经过翻动的话容易产生大量的沼气，对糯稻植株造成伤害。好在村民在稻田中放养鸭子，鸭子长期在田里搅动使得沼气的危害逐渐消失，同时被搅浑的水在夜间有保温的作用。

再次，在稻田里放养鸭子能够起到防治害虫、减少病变的效果。在不放鸭的稻田中会产生很多的害虫，常见的有稻飞虱、潜叶蚊、负泥虫、稻苞虫、铁甲虫等，为了保障糯稻的生长，人们不得不在田里打农药。而放养鸭子的稻田里这些害虫会少很多，甚至没有害虫的危害。这主要是因为这些害虫都成了鸭子的盘中餐，因此在放养鸭子的稻田里不用担心会受到害虫的危害。鸭子在糯稻植株间长期的游动，经常刺激到植株的生长，促进稻秆变得坚硬，减少了无效的分蘖，田间通风透光减少一些病变的发生。

最后，在稻田里放养鸭子能够给稻田提供充足的养分，促进糯禾的生长。鸭子在稻田中游走，田里的草和害虫都成了喂养鸭子的饵料，吃喝拉撒是人间常态，鸭子也不例外。鸭子的排泄物能够增加稻田中氮磷钾等有机物的含量，是水稻生长难得的养分，能够促进水稻的生长，减少化肥的投放。

余论：稻鱼鸭复合种养的生态系统的功能

稻鱼鸭复合种养的系统中，稻、鱼、鸭具有各自鲜明的生态价值，它们共生共长，相互促进，缺一不可。这个生态系统对于生态环境、生产、社会文化方面都有着积极的功能。

第一，稻鱼鸭生态系统具有丰富的生态环境功能。这些生态环境功能主要表现在：1.能够有效地防控病虫鸟害，减少农药污染。2.能够增加土壤的肥力，全方位循环，无废物污染，且不用过多使用化肥，从而减少化肥造成的食物、水体、环境污染。3.能够高效利用和截留水资源，具有隐形水库的作用。要想保证稻鱼鸭的共生，需要稻田高位蓄水，因此尽可能地在雨季截留降水，这种方式具有蓄洪和储养水源的双重功效，深水稻田就像是一座座隐形的水库。4.保护生物的多样性，最大限度保护生态环境。

第二，稻鱼鸭生态系统具有重要的生产功能。稻鱼鸭生态系统不仅为大歹村民提供了纯天然的、有机无污染的、口感好、营养价值高的稻、鱼、鸭，村民还可以从稻田里获得其他的水生动物、水生植物，如虾、蟹、茭白等，在稻田附近还可以种植其他的农作物（如，红薯、玉米、黄豆）和蔬菜瓜果等。

第三，稻鱼鸭生态系统具有重大的社会文化功能。稻鱼鸭生态系统可以带动经济发展，促进和带动非农产业的发展和农村剩余劳动力的就业，从而缓解农村剩余劳动力给社会带来的压力，让农民增收。经过历史的积淀和人们的世代传承，在稻鱼鸭生态系统中形成了较为丰富的生产民俗、宗教礼仪、饮食习俗，这些都是生态农业、观光农业、乡村旅游产业中的文化资源，可以加以利用吸引游客，从而实现村寨产业的发展和村民的富裕。

参考文献

一、著作

[1] 马居里，陈家柳. 京族：广西东兴市山心村调查[M]. 昆明：云南大学出版社，2004.

[2]刘锋，龙耀宏. 侗族：贵州黎平县九龙村调查[M]. 昆明：云南大学出版社，2004.

[3]费孝通. 生育制度[M]. 北京：商务印书馆，2008.

[4][德]恩格斯. 家庭、私有制和国家的起源[M]. 中共中央马克思恩格斯列宁斯大宁著作编译局译. 3版. 北京：人民出版社，1999.

[5]麻勇斌. 阐释迷途：黔湘江交界地苗族神仙妇女研究[M]. 贵阳：贵州人民出版社，2004.

[6]杨正文. 苗族服饰文化[M]. 贵阳：贵州民族出版社，1998.

[7]周梦. 黔东南苗族侗族女性服饰文化比较研究[M]. 北京：中国社会科学出版社，2011.

[8]贺琛. 苗族蜡染[M]. 昆明：云南大学出版社，2006.

[9]吴安丽. 黔东南苗族侗族服饰及蜡染艺术[M]. 成都：电子科技大学出版社，2009.

[10]罗德启. 贵州民居[M]. 北京：中国建筑工业出版社，2008.

[11]麻勇斌. 贵州苗族建筑活体研究[M]. 贵阳：贵州人民出版社，2005.

[12]陈连山. 游戏[M]. 北京：中央民族大学出版社，2000.

[13]邓平 等.体育游戏[M]，北京：高等教育出版社，1996.

[14]古禾.智力游戏[M].北京：北京出版社，1982.

[15]刘礼国，朱琳.黔东南苗族侗族斗牛文化研究[M].北京：民族出版社，2013.

[16]罗康智.保持与创新：以传统应对现代的黎平黄岗侗寨[M].北京：民族出版社，2014.

二、学位论文

[1]许向东.农村留守儿童家庭教育及其对策研究[D].绵阳：西南科技大学硕士学位论文，2018.

[2]赵磊磊.农村留守儿童学校适应及其社会支持研究[D].上海：华东师范大学博士学位论文，2019.

[3]方菲.中国贫困地区农村家庭养老的社会学分析[D].武汉：华中农业大学硕士学位论文，2001.

[4]刘翠玲.农村家庭养老的困境及其走向[D].南京：南京师范大学硕士学位论文，2016.

[5]康彩芳.我国欠发达地区农村家庭养老变迁研究[D].北京：北京交通大学硕士学位论文，2007.

[6]严易平.农村少数民族已婚育龄妇女生育意愿研究[D].贵阳：贵州大学硕士学位论文，2006.

三、论文

[1]龙圣，李向振.病患：变婆故事的社会隐喻[J].民族文学研究，2019（3）：5–15.

[2]高燕.秩序与和谐贵州少数民族“扮变婆”活动之教育价值研究[J].民族教育研究，2012（5）：47–50.

[3]张琳杰 等.传统农业生态系统的农业面源污染防治作用：以贵州从江稻鱼鸭共生模式为例[J].生态经济，2014（5）：131–134.

[4]李艳.稻鱼鸭共生系统在水土资源保护中的应用价值探析——以从江县侗族村寨调查为例[J].原生态民族文化学刊，2016（2）：27–32.

[5]詹全友，龙初凡.贵州从江侗乡稻鱼鸭系统的生态模式研究[J].贵州民族研究，2014（3）：71–75.

后　记

本书是在田野调查报告的基础上，经修改而成。

2020年6月，凯里学院学报编辑部副主任罗康智老师、凯里学院人文学院潘梅老师以及笔者带领凯里学院人文学院民族学专业2017级民本班学生（雷天生、王灵、杨国富、王火莲、杨度、张严艳、黎萍、钟金霞、罗秀英、林泽凤）、2018级民本班学生（杨亚、岑道琪、龙德、王文胜、唐薇薇、潘姣姣）、2019级民本班学生（吴贵英、马博进、王奔、李雪、梁念、秦胜菊、杨沛佳）一行26人，对从江县大歹村进行了为期14天的田野调查。初入大歹，田野调查工作面临前所未有的困难，村内走访、村干部接洽都不是很顺利，这种状态一直持续了4天，后来随着罗康智老师与村民潘党往交流的深入，局面开始打开，潘党往积极地向村民们大力宣传我们师生此行的目的和作用，至此以后，村内入户走访开始顺利进行，村民们变得健谈起来，田野调查取得了较为丰硕的第一手资料。调查期间，罗康智老师、潘梅老师以及笔者对学生的疑问和获得的资料进行解答分析。与此同时，罗康智老师通过自己的认真观察和思考，指出了大歹村的人群结构及人群关系，以此为契机，学生们和老师们的访谈渐渐地有了明晰的思路，并在访谈过程中不断地验证、丰富这个思路，最终那些为外人所困惑的、匪夷所思的大歹村显现出来的现象都找到了答案。如果没有罗康智老师的思考，没有潘梅老师的鼎力帮助，没有此次田野调查，也就没有此书的问世，为此向参加大歹村田野调查的所有老师及学生，表示由衷的感谢！

在大歹村14天的田野调查期间，得到了驻村干部、村委会、时任大歹幼儿园潘园长、大歹幼儿园老师石真梦、大歹小学老师（贵阳南明小学支教团成员）赵发勇、时任大歹小学校长王绍东、西部计划志愿者孟强华、大歹村卫生室乡村医生王俊宏、村民潘具你以及其他同志的大力支持和帮助，在此，一一谢过。尤其要感谢驻村干部为我们一行女生提供了住宿、洗漱的地方。潘园长为我们调研的男生提供了住宿和办公的地方，还为我们介绍了大歹幼儿园的办学、师资、学生、家校合作等方面的情况。赵发勇老师积极地向笔者介绍大歹小学的办学情况、南明小学支教团队的支教情况、大歹小学生的教育情况，以及后期大歹小学部分学生到贵阳游学的情况，这些都使笔者对大歹的小学教育有了较为清晰和具体的了解。时任大歹小学的王绍东校长为我们师生提供了丰富的关于大歹小学的基础设施、师资、学生等方面的信息。西部计划志愿者孟强华性格温和非常热情且极有耐心，他把自己的工作内容事无巨细地向我们讲述，把知道的村民生活情况向我们详细描述，为本书提供了丰富的第一手资料。大歹村卫生室的乡村医生王俊宏看到学生工作条件较为艰苦，他主动请学生到其暂时闲赋的办公室打字和整理调查报告，当我们一行人对其访谈关于大歹村卫生医疗情况时，他都知无不言言无不尽地为我们介绍情况和解答疑惑。村民潘具你不顾白天干活的辛苦，晚上带我们到村民家走访。由于许多村民尤其是年纪较大的村民几乎不会说汉语，我们又不会说大歹苗语，因此潘具你积极主动地担任我们的翻译，他能够很好地理解我们的问题，又能够很准确地把村民的回答告诉我们，使我们的访谈收获满满。此外，潘具你还把自己知道的信息毫无保留地告诉我们。在撰写此书的过程中，由于信息的不完善和不确定，笔者又多次与潘具你沟通，每次他都不厌其烦地告诉我事实为我解惑释疑。在此，对驻村干部、潘园长、赵发勇老师、王绍东校长、志愿者孟强华、乡村医生王俊宏、村民潘具你表示诚挚的敬意和衷心的感谢！

而关于拙著中存在的问题，全由本人承担。因本人才疏学浅、学术素养不高，拙著或许未能达到大歹人的期望，在此只能深表歉意。因个人能力不及，又囿于民族志的桎梏，未能写出符合学术专著的标准，反而有点画虎类犬、不伦不类，因此，敬请海内贤达，批评指正，鄙人定将不胜感激。

李孝梅

2022年6月20日于凯里